STIEG LARSSON

FSC
www.fsc.org
MISTO
Papel produzido a partir de fontes responsáveis
FSC® C019498

A marca FSC® é a garantia de que a madeira utilizada na fabricação do papel deste livro provém de florestas que foram gerenciadas de maneira ambientalmente correta, socialmente justa e economicamente viável, além de outras fontes de origem controlada.

JAN-ERIK PETTERSSON

Stieg Larsson

A verdadeira história do criador da Trilogia Millennium

Tradução
Maria Luiza Newlands

COMPANHIA DAS LETRAS

Grafia atualizada segundo o Acordo Ortográfico da Língua Portuguesa de 1990, que entrou em vigor no Brasil em 2009.

Título original
Stieg

Capa
Alceu Nunes

Foto de capa
Per Jarl/ SCANPIX/ Sipa Press

Preparação
Leny Cordeiro

Índice remissivo
Luciano Marchiori

Revisão
Isabel Jorge Cury
Ana Luiza Couto

Dados Internacionais de Catalogação na Publicação (CIP)
(Câmara Brasileira do Livro, SP, Brasil)

Pettersson, Jan-Erik
Stieg Larsson - A verdadeira história do criador da Trilogia Millennium / Jan-Erik Pettersson ; tradução Maria Luiza Newlands. — 1ª ed. — São Paulo : Companhia das Letras, 2012.

Título original: Stieg
ISBN 978-85-359-2184-7

1. Escritores suecos - Biografia 2. Fascismo 3. Jornalistas - Biografia 4. Larsson, Stieg, 1954-2004 I. Título.

12-11518 CDD-839.738

Índice para catálogo sistemático:
1. Escritores suecos : Vida e obra : Literatura sueca 839.738

[2012]

EDITORA SCHWARCZ S.A.
Rua Bandeira Paulista, 702, cj. 32
04532-002 — São Paulo — SP
Telefone (11) 3707-3500
Fax (11) 3707-3501
www.companhiadasletras.com.br
www.blogdacompanhia.com.br

Sumário

Apresentação

Stieg nem sempre tinha razão. Nos quatro anos em que trabalhamos juntos na revista *Expo*, discutíamos com frequência, ainda que amigavelmente. Ele tinha suas ideias sobre como a *Expo* deveria evoluir e que artigos deveríamos publicar, e eu tinha as minhas. Às vezes eu ganhava, outras vezes era ele. As discussões eram sempre produtivas.

Em um ponto, sem dúvida, ele provou ter razão: seus livros foram um sucesso. Lembro-me de uma noite na casa de Stieg e Eva, quando os outros convidados já haviam saído ou deixado de participar da conversa. O uísque estava em cima da mesa e, por uma razão qualquer, começamos a falar sobre rendimentos. Stieg não era propriamente um gênio financeiro. Agora, que deixara seu emprego na agência de notícias, eu me perguntava como ele se arranjaria financeiramente e se teria feito alguma reserva para o futuro. Ele declarou, confiante, que iria escrever uns romances policiais que o deixariam multimilionário. Quase não pensei mais nos planos dele depois daquela noite, mas, quando ele me mostrou o contrato de seu editor, percebi que bem poderia ter razão.

Hoje, a Trilogia Millennium é conhecida quase no mundo inteiro. O sueco do norte que gostava de discutir e de contar histórias de repente se tornou um superastro. É incrível, gratificante e ao mesmo tempo um pouco triste.

Stieg era muito mais do que seus romances policiais. Todos nós que convivemos e trabalhamos com ele sabemos que não era nem dinheiro nem fama o que o motivava. Com seu sucesso editorial por trás, ele hoje estaria ocupando uma posição excelente como comentarista franco e independente. Mas não era para ser. Só me resta lembrar aos milhões de leitores que ficaram fascinados com suas tramas e seus personagens que Stieg tinha um outro lado.

Não se trata de coincidência que seus romances policiais tenham uma crítica social incisiva. Stieg era um animal político. Era um defensor ardoroso dos direitos femininos. Era antifascista. Apesar do sucesso desenfreado de seus livros de suspense, sempre considerei seus artigos sobre o extremismo de direita sueco e internacional mais interessantes — e mais importantes...

Mas tudo está ligado. Os romances de Stieg nunca teriam tratado dos assuntos que trataram sem o envolvimento dele com as questões sociais. Para aqueles que quiserem compreender a gestação das desventuras de Lisbeth Salander e Mikael Blomkvist, as respostas estão nos artigos, investigações e levantamentos publicados por Stieg; estão no projeto da Fundação Expo; estão em suas palestras, em suas histórias e em sua biografia.

Estão neste livro.

Mikael Ekman

Mellerud, abril de 2010

Prefácio do autor

Esta não é uma biografia no sentido convencional. É um livro sobre a pessoa pública de Stieg Larsson, sobre sua obra e seus escritos, sobre a interação de sua vida e obra com a sociedade como um todo.

A Trilogia Millennium tornou-se um fenômeno extraordinário. Nenhum romance sueco anterior irrompeu de forma tão explosiva no cenário internacional nem alcançou esse nível de quase mito. O fenômeno não surgiu do nada, é claro: foi o resultado do amplo crescimento da ficção policial sueca, que por sua vez está estreitamente relacionado à sociedade sueca, a seus valores e às mudanças políticas e sociais que de modo tão incansável vêm testando seus ideais. Desdobramentos no comércio de livros nesses últimos anos, tanto na Suécia quanto no mundo inteiro, também desempenharam seu papel.

No entanto, sem levar nada disso em consideração, nem a questão de os livros de Stieg Larsson ainda serem lidos dentro de dez ou vinte anos, Mikael Blomkvist e sobretudo Lisbeth Salander serão decerto encontrados em futuros compêndios internacionais de personagens famosos de ficção. E a batalha contra as forças que se recusam a ver todos os seres humanos como criaturas fundamentalmente iguais vai continuar, não importa o que o futuro nos traga.

Gostaria de aproveitar esta oportunidade para agradecer a todos que concordaram em ser entrevistados para o livro. Um agradecimento especial à minha editora, Agnete Danneberg, por toda a sua ajuda; e meus mais calorosos agradecimentos também a Annika Seward Jensen, editora da Telegram Förlag, e à *Expo*.

Ativista

Bjursele parecia uma publicidade viva da vida rural de Västerbotten. A aldeia era composta de umas vinte casas, relativamente próximas, que formavam um semicírculo na extremidade de um lago. No meio havia um cruzamento com uma placa indicando "Hemmingen, 11 km", e outra apontando "Bastuträsk, 17 km". Ao lado do cruzamento, uma pequena ponte cruzava um riacho que Blomkvist supôs ser o *sele* de Bjur*sele*. Nessa época, em pleno verão, era tão bonito como um cartão-postal.

Os romances de Stieg Larsson se passam sobretudo nas ruas e praças de Estocolmo, nas salas das redações e nos cafés da metrópole. Mikael Blomkvist, o jornalista, está em casa ali, é a sua base, e ele faz viagens para locais mais afastados no interior quando a tarefa em curso assim o exige. Foi numa dessas ocasiões que ele foi parar nesse lugar idílico de cartão-postal. No primeiro livro da Trilogia Millennium, *Os homens que não amavam as mulheres*, ele viaja para as paisagens do norte da Suécia que o autor conhecia bem desde a infância. Um mundo distante do coração urbano de Estocolmo: um povoado, um lago, um chalé mergulhados no interior rural de Västerbotten.

PASSEIO A BJURSELE

Estou a caminho de Norsjö e Bjursele, vindo de Umeå, com Erland Larsson, pai de Stieg, ao volante. É difícil acreditar que esta estrada calma que atravessa a paisagem costeira seja a autoestrada E4 europeia.

Västerbotten compreende litoral, campos e pastagens, florestas fechadas, pântanos e charnecas e cobre um sétimo da área total da Suécia. Rios e córregos em sequência paralela cruzam o país na direção sudoeste a caminho das montanhas para o mar. Há centenas de lagos, mas são todos pequenos, a maioria deles com os nomes terminando em *träsk* (lago pantanoso).

O que hoje chamamos de Västerbotten foi inicialmente colonizado no século XV ao longo da costa, onde o solo é fértil e os verões muitas vezes surpreendentemente quentes. Depois as pessoas se mudaram mais para cima, para os vales dos rios, e os mais pobres — ou os mais aventureiros — continuaram rumo ao norte para o interior e colonizaram as grandes e silenciosas regiões agrestes.

Quando saímos de Umeå, Erland mostra onde ele e a mãe de Stieg, Vivianne, costumavam se encontrar com outros participantes a fim de se preparar para as manifestações de protesto do Primeiro de Maio. Sendo artista gráfico e decorador, era ele quem tinha de pintar todos os cartazes, pois era a maneira mais simples e rápida de produzi-los. Ele e a mulher costumavam marchar na passeata dos sociais-democratas.

Mas não seu filho mais velho. Stieg marchava sob bandeiras mais militantes com seus camaradas do Partido dos Trabalhadores Comunistas. Desde o turbulento ano de 1968, quando tinha apenas catorze anos, ele já era politicamente comprometido. Usava no peito um emblema redondo púrpura com uma estrela dourada, o símbolo do movimento FLN (Frente de Libertação Nacional do Vietnã do Sul). Era relativamente jovem para se engajar em política com tanto fervor. A maioria dos ativistas estava na faixa dos vinte anos. Mas ele já era extremamente independente e passava grande parte de seu tempo num quarto no porão de casa, lendo, escrevendo ou discutindo com seus amigos politizados.

Os debates políticos na casa de seus pais se tornaram cada vez mais acalorados, em particular por causa da Guerra do Vietnã. Erland diz que foi quando ele perdeu uma discussão para o filho pela primeira vez. Acha que foi porque os grupos esquerdistas eram de fato treinados para defender seus pontos de vista.

A política era parte integrante da vida doméstica deles, algo a que Stieg estava acostumado desde a mais tenra infância por causa do avô materno, Severin Boström, um comunista fiel. Erland e Vivianne eram ambos sociais-democratas e ativos na Federação de Empregados do Comércio de Varejo. Vivianne também estava envolvida na política local, fazia parte do conselho municipal e de sua comissão para os deficientes físicos, além de membro fundador da primeira comissão de direitos humanos em Umeå.

Portanto, nada mais natural que Stieg e seus pais debatessem o que estava acontecendo na Suécia e no mundo, e discussões veementes irrompessem de vez em quando em torno da mesa da cozinha. Para Stieg, os socialistas — ou seja, seus pais — eram reacionários e traidores dos ideais do socialismo.

Claro que era importante desafiar a geração dos pais em todas as esferas possíveis, não apenas na política. Em certa ocasião, pouco antes do aniversário de dezoito anos de Stieg, Erland chegou do trabalho noturno de porteiro de cinema e deu com Vivianne em prantos diante da pia da cozinha. "Você precisa falar com

Stieg", disse ela. Stieg tinha nas mãos uma folha de papel, para os pais assinarem, solicitando seu afastamento da Igreja da Suécia. Erland não achou que fosse um problema tão grave, porque Stieg faria dezoito anos dali a poucos meses e, de qualquer maneira, ele próprio poderia solicitar sua saída. (Na Suécia, o indivíduo é integrado automaticamente à Igreja oficial a menos que faça um requerimento solicitando seu desligamento.) "Ainda assim, eles haviam brigado por causa disso durante três horas, o que mostra como essas questões provocavam tensão naquela época", disse Erland.

Stieg tentou mais tarde convencer seu irmão Joakim a sair da Igreja, o que ele de fato fez com cerca de trinta anos. "Depois da morte de Stieg, ponderamos se seria aceitável fazer um enterro religioso, já que ele não era ligado à Igreja oficial", conta Joakim. "Mas descobrimos que ele ainda era. Nunca se deu ao trabalho de requerer sua saída. Tive a impressão de que ele estava rindo de mim lá no céu dele."

Agora estamos deixando Umeå, Erland Larsson e eu, e continuando rumo ao norte para Bjursele. Percorremos de carro a paisagem litorânea de Västerbotten, onde a terra vai subindo gradativamente do mar até a planície costeira, com sua mistura de pinheiros e floresta decídua, seus campos e pastagens. Uma região ainda próspera.

Passamos por Lövånger, com sua igreja medieval e vilarejo paroquial pitoresco, e, alguns quilômetros adiante, Erland saiu da estrada principal e seguimos para leste. Chegamos quase de imediato a Önnesmark, onde Erland tem um chalé de verão que ele e Vivianne compraram em 1987. Stieg vinha sempre aqui quando queria escrever e ser deixado em paz. Erland costumava trazê-lo, pois Stieg não dirigia. Partes da Trilogia Millennium foram escritas no chalé de Önnesmark.

Ao voltar para a estrada principal, paramos para uma visita aos vizinhos mais próximos, Gunnar Nilsson (cujo homônimo era o vizinho de Mikael Blomkvist na ilha Hedeby) e sua companheira, Birgit Granlund. Não é possível passar sem parar para dizer alô. E, quando o fazemos, somos logo convidados para um café, com pão ázimo feito em casa e finas fatias de carne de um alce que o próprio Gunnar abateu.

Gunnar tem mais de oitenta anos e diz que agora está saudável e bem-disposto. Estava pior antes da cirurgia de ponte de safena. Fala num dialeto interiorano próprio da região, que nem sempre é fácil de compreender. Os dois estão exuberantes, mas o vilarejo não. Os velhos estão morrendo e não há gente nova se mudando para lá.

Agora estamos de volta à E4, na direção norte rumo a Skellefteå. Pouco antes de Bureå, nos dirigimos para o interior na direção de Hjoggböle. Vamos dar uma espiada no que Erland chama de a "casa do vovô", uma fazenda onde seu pai morava quando criança. Seguimos para Sjöbotten e Ersmyrliden. É um tanto difícil localizar e parece um lugar isolado, apesar de estarmos bem perto do aeroporto de Skellefteå.

Afinal, encontramos o chalé vermelho junto ao lago. Dali, só uma casa é visível, uma construção amarela caindo aos pedaços do outro lado da estrada. Erland ia sempre lá quando criança e se lembra de brincar com um menino alto e magro conhecido pelas iniciais, P. O., o neto das pessoas que moravam na casa ao lado. Quando adulto, P. O. se tornaria um dos mais importantes atletas da Suécia, especializado em salto em altura, e mais tarde escritor e dramaturgo, cada vez mais bem-sucedido com o passar dos anos e por fim mundialmente famoso.

De modo que esse pedacinho de terra tem seu lugar na história da literatura sueca. P. O. Enquist reflete sobre isso e sobre as duas casas em sua autobiografia, *Ett annat liv* [Outra vida]. Escrevendo sobre si mesmo na terceira pessoa, ele diz:

A avó dele mora a quase 4,5 quilômetros, em Bjursjön. A casa está sozinha junto ao lago, apesar de haver outra casa menor a uns cem metros de distância, no limiar da floresta. Só há essas duas casas: a Casa Velha e a dos Larsson. Na casa dos Larsson, a cem metros da casa de sua avó Joanna, mora o pai do jovem Stieg, que será escritor de romances policiais. Todo mundo acha que o fato de as duas casas na floresta produzirem dois escritores é estatisticamente normal nas redondezas; escritores são mais abundantes do que úberes de vacas naqueles vilarejos. Em Hjoggböle, que é maior, em breve teremos cinco deles. Todo vilarejo tem um escritor.

Erland Larsson acha que Enquist confundiu as duas casas e que a Casa Velha era na realidade o nome da casa da infância de seu pai. Mas talvez isso não seja importante. Extraordinário é o fato de todos esses autores serem oriundos dessa paisagem erma e escassamente povoada.

Åke Lundgren, um escritor de Kågedalen, escreve sobre o milagre literário que é Västerbotten no Anuário de 2001 da Associação Turística Sueca, dedicado a essa província. Calcula um total de cinquenta escritores vivos e consagrados que nasceram lá. Também fornece um mapa mostrando os locais onde nasceram. O curioso é que a maioria dos escritores não vem do sul, da cidade universitária de Umeå, mas da população esparsa ao norte e a oeste da cidade industrial de Skellefteå. E não só a maioria como também os mais conhecidos. Três dos incontestavelmente maiores nomes da moderna literatura sueca — Sara Lidman, Torgny Lindgren e P. O. Enquist — são originários da região de Skellefteå. Mas o autor sueco mais bem-sucedido comercialmente de todos os tempos — Stieg Larsson — nem foi computado, porque na época em que o anuário saiu só existiam alguns fragmentos de seus primeiros romances no seu Mac.

Deve haver alguma coisa especial naquele solo; algo que fomenta escritores, por mais improvável que pareça. Talvez seja a língua, aquele dialeto peculiar com seu fraseado abrupto e expressivo, ou todas as leituras, ou o estudo da Bíblia, nesses povoados de devotada religiosidade dissidente. Ou simplesmente a vida isolada e monótona, o que faz muitos sentirem uma vontade súbita de contar ou escutar alguém contar uma história. Como escreve Åke Lundgren: "Eu não sabia o que era um escritor, e no entanto havia escritores por toda parte. Eram os vendedores ambulantes, que nos vendiam roupas de baixo e nos traziam notícias ao mesmo tempo. Eram os pregadores, que distribuíam revistas vistosas e afirmavam que o fim estava próximo mas que o Paraíso nos esperava". E há ainda a explicação absolutamente simples de P. O. Enquist: "Endogamia!". Todo mundo é parente de todo mundo nesses lugares. E originalmente todos têm parentesco com Ol'Zackri, um camponês do século XVIII chamado Nils Zacrisson, antepassado de alguns dos mais conhecidos pregadores de Västerbotten.

Erland Larsson, um genealogista aplicado, não conseguiu descobrir provas de tais laços familiares. Mas encontrou vestígios de ligações com outra família conhecida de Västerbotten, o clã dos Bure. Sua figura mais proeminente foi Johannes Bureus, chefe do Conselho Nacional de Antiguidades, medievalista e um dos gigantes da vida acadêmica sueca durante seu período de grande potência, no século XVII.

Chegamos a Skellefteå, a cidade onde os pais de Stieg foram criados. Já que nasci em Småland, no sul, encontro algo muito familiar nessa cidade, com suas numerosas igrejas dissidentes, seu patriotismo local, sua proliferação de sociedades, suas muitas pequenas casas comerciais. Cruzamos a cidade e seguimos para o interior. De Skellefteå, saem estradas para Boliden, Jörn, Bastuträsk e Norsjö. O outono chegou e já se pode notar a primeira neve nos campos. É um pouco preocupante, porque Erland ainda está com os pneus de verão no carro.

As florestas vão ficando mais densas. São essas as florestas que tiveram tão grande importância na história e na economia da região.

Nunca houve escassez de árvores, e assim o governo sueco podia se permitir doar grandes extensões de terra para os que queriam colonizá-las. No século XIX, no entanto, as florestas de repente se tornaram valiosas e a indústria voltada para a exportação de fato deslanchou. As serrarias se multiplicaram ao longo de toda a costa e os barões da madeira e as firmas comerciais enganavam os fazendeiros donos das florestas. As derrubadas de árvores se transformaram em devastação. Tudo isso logo passou a ser conhecido como *Baggböleri*, nome de um vilarejo no campo não muito distante de Umeå, local de uma serraria envolvida num famoso processo de superexploração.

Alguns enriqueceram da noite para o dia; outros ficaram arruinados. Um dos que especularam no setor florestal no fim do século XIX, quando a construção de estradas de ferro estava começando, foi Erik Lidman, o avô de Sara Lidman (e que serviu de modelo para um dos personagens de sua série de romances históricos da década de 1970 sobre a situação do norte da Suécia e a chegada das estradas de ferro). Ele se saiu mal naqueles anos de investimentos e especulação, foi à falência com dívidas enormes e depois preso por ter desviado dinheiro de ajuda do governo enquanto exercia o cargo de presidente do conselho local. A família precisou se mudar para "o interior" e instalou-se em Missenträsk, a cidade ao norte de Jörn que sua neta Sara iria colocar no mapa literário da Suécia.

Mas a região esparsamente povoada a oeste de Skellefteå não é composta apenas de florestas. Nem a área em torno de Boliden.

Ainda na direção oeste e rio acima, junto ao rio Skellefteälven, encontra-se o campo de minério de Skellefteå, um dos mais ricos do mundo. Os primeiros anos do século XX foram tempos difíceis em Västerbotten. A indústria da madeira estava em crise e havia um pesado índice de desemprego nos arredores de Skellefteå. No período 1918-24, no entanto, um intenso programa de prospecção levou a descobertas promissoras de minérios ao longo do rio. Havia muito cobre no minério encontrado, mas infelizmente não de qualidade que justificasse a mineração. Então, em 1924 os depósitos minerais de Boliden foram descobertos, mostrando que seu valor podia quase literalmente ser medido em outro. A descoberta de minério contendo ouro resultou na fundação da Boliden Aktiebolag, a empresa que acabou sendo tão predominante na região. Tratava-se de minério de composição complexa, que continha não apenas ouro e prata mas também sulfito e arsênico. Progressos na tecnologia metalúrgica, porém, permitiam que o minério já não precisasse ser exportado, e uma enorme usina de fundição de minério foi construída em duas ilhas na costa leste de Skellefteå. E assim nasceu a gigantesca indústria Rönnskärsverken. Foi ali que o minério passou a ser refinado na Suécia, criando uma imensa quantidade de empregos para uma população subempregada. Era para lá que os rapazes vindos das fazendas do município inteiro podiam ir e encontrar trabalho com facilidade. Um povoado completamente novo, Skelleftehamm, cresceu aqui, com modernos apartamentos de dois quartos, cozinha e banheiro para os funcionários. Na década de 1930, as pessoas viajavam muitos quilômetros só para ver como era ter um banheiro dentro de casa.

Até a Segunda Guerra Mundial, a produção de ouro era de uma lucratividade generosa, mas, quando a Suécia foi isolada do resto do mundo nos anos da guerra, a produção caiu. Em troca, aumentou a demanda por chumbo e cobre e também por alumínio. Depois da guerra, a Rönnskär investiu pesado em modernização e substituição de maquinaria gasta. O minério era comprado no exterior, a firma continuou a se expandir e, em meados do século XX, firmara-se como a indústria predominante na região.

Erland conheceu Vivianne Boström, moça da mesma idade que ele, num baile em 1953. Ia fazer o serviço militar em Solna, mas, quando voltou para casa de licença no outono, durante o período da colheita, ele e Vivianne se viram outra vez e começaram, como ele disse, "a sair". Vivianne logo ficou grávida e Erland precisou arranjar bem depressa um emprego. A escolha, na época, era bastante óbvia: Rönnskär. O pai de Erland, que já morrera, havia trabalhado lá, assim como o pai de Vivianne, Severin Boström.

Severin ajudou o jovem casal e, através de contatos, encontrou um lugar para eles morarem em Skelleftehamm, ao lado da Rönnskär, no conjunto residencial construído para os operários e para o pessoal do grande complexo industrial. Em 15 de agosto de 1954, Vivianne deu à luz um menino que foi batizado de Karl Stig-Erland.

Assim, Stieg Larsson nasceu em Skelleftehamm, e o primeiro filme da série Millennium estreou nessa comunidade, que agora tem cerca de 3 mil habitantes, uma sombra do que foi. A vida que esperava a família Larsson não era nenhum mar de rosas. Moravam apertados e em condições ultrapassadas. A casa não tinha aquecimento central e, quando o frio do inverno chegava, Erland precisava levantar cedo e acender o fogo no fogão de azulejos, e só então Vivianne se levantava, botava o mingau para cozinhar e trocava a fralda de Stieg.

A fábrica da Rönnskär também tinha a fama de ser o lugar mais sujo para se trabalhar na Suécia. Os salários eram considerados altos, mas era igualmente alto o preço que os funcionários tinham de pagar em doenças. As más condições ambientais eram imediatamente evidenciadas pelo cheiro. A sorte é que o vento costumava soprar da praia para o interior; se assim não fosse, era consenso geral, teria sido difícil viver naquele bairro. Mas os que estavam dentro da usina não podiam escapar. Eram expostos dia após dia a todos os gases produzidos pelo processo de refino por fusão e a toda a poeira na atmosfera. Arsênico, chumbo e outras substâncias tóxicas eram manuseados ali. Dizia-se que, quando um verdadeiro homem de Rönnskär assoava o nariz, havia sempre sangue no lenço. Gases e partículas de pó corroíam a mucosa e podiam até destruir o septo nasal. Muitos sucumbiam ao câncer de garganta, dos seios da face ou dos pulmões. Falava-se também que, se uma pessoa vivesse o suficiente para retirar sua pensão, não duraria muito, porque o corpo estava tão acostumado às toxinas que não resistiria sem sua dose diária delas. No entanto, a usina assumira um papel central naquela área. A pergunta que não queria calar era o que aconteceria caso a Rönnskär fechasse. E todos sabiam a resposta.

"Era um lugar deprimente", conta Erland. "No trem das cinco para a cidade, a gente encontrava velhos que haviam estado ali um tempo enorme. Alguns tinham perdido toda a cartilagem das narinas por causa do arsênico."

A saúde do próprio Erland logo se deteriorou, provavelmente por causa do arsênico, e ele decidiu pedir demissão. Mas naquele lugar não havia muita coisa mais em matéria de emprego para pessoas sem treinamento ou formação especializados. Disseram-lhe que, se fosse para Estocolmo, poderia inscrever-se no Instituto de Varejo e estudar para ser decorador de interiores, o que era um atrativo para sua propensão estética.

Havia uma grave escassez de moradia na Suécia nos anos 1950, e Estocolmo era a cidade mais afetada. Erland e Vivianne não podiam nem pensar em conseguir um apartamento. Quartos alugados eram o máximo que eles, como muitos outros, podiam esperar obter. Mas havia uma profusão desses quartos disponíveis, pois muitos precisavam pagar suas próprias acomodações com esses aluguéis. Através de um parente de Vivianne, eles conseguiram arranjar um quarto em Enskede, dividindo a cozinha e o banheiro com o senhorio. Os três se mudaram e moraram lá durante alguns meses antes de chegarem à conclusão de que não era uma situação satisfatória.

"Não havia nada de errado propriamente, mas não era jeito de se viver com uma criança", diz Erland.

Conversaram com os pais de Vivianne, Tekla e Severin, que estavam morando em Ursviken, entre Skellefteå e Skelleftehamm, sobre a impossibilidade de viver daquela maneira. O casal mais velho achou que poderia tomar conta do menino sem dificuldade até que os pais se organizassem melhor. Severin trabalhava durante o dia, mas Tekla era dona de casa.

Assim, a questão estava decidida. Não parece ter havido grandes discussões a esse respeito.

"Uma porção de gente se surpreendeu por deixarmos Stieg", diz Erland. "Mas não havia nada de estranho nisso naquela época. O próprio Severin havia morado com a família de um parente quando criança."

Depois de um período em Estocolmo, Erland aceitou um emprego em Uppsala na cadeia varejista Tempo, mas ele e Vivianne queriam mesmo era voltar para o norte, onde o filho e a família estavam. Portanto, quando surgiu a oportunidade de trabalhar em decoração de interiores para a loja de departamentos Åhlens em Umeå, não havia razão para hesitar. Não era Skellefteå, mas pelo menos era na parte certa do país. Como sempre, conseguir acomodação foi mais difícil, e tiveram de se contentar com outro quarto alugado, para o qual se mudaram pouco antes do Natal de 1956. Mais uma vez, era pequeno demais para uma família com crianças. Vivianne mais tarde encontrou emprego numa loja da cidade.

* * *

Norsjö, aonde chegamos em seguida, fica cerca de oitenta quilômetros a oeste de Skellefteå, na terra dos lagos e dos mosquitos. Foi nessa localidade, mais precisamente no povoado de Raggsjö, que Torgny Lindgren nasceu. Autor muito apreciado por seu público leitor de Västerbotten, trata-se de um grande nome não só em toda a Suécia mas também internacionalmente, é membro da Academia Sueca e recebeu o famoso Prix Fémina francês. Seu primeiro sucesso importante foi o romance *O caminho da serpente*, ambientado em Raggsjö e em parte baseado numa história que o autor ouvira quando criança. Um homem chamado Isak conta como ele, seus pais e irmãos, muito tempo antes, foram expulsos de sua casa, cujo dono era um lojista do local. Eles não podiam pagar o aluguel e acordaram certa manhã escutando barulhos no telhado: o lojista e seu empregado estavam começando a demolir a casa. A família teve de se refugiar numa cabana na floresta.

Torgny Lindgren escreve sobre esses povoados de Västerbotten numa linguagem carregada de dialeto, com imagens e fraseologia bíblicas. É rusticidade numa forma extremamente literária.

Norsjö é hoje um lugar com certa animação e população de cerca de 7 mil pessoas. Mikael Blomkvist vem aqui à procura de alguém que pode ter trabalhado numa marcenaria e pode ter sido a pessoa que tirou as fotografias amadoras que ele está tentando localizar. Descobre que a oficina fechou uns vinte anos antes.

Pode não haver mais nenhuma marcenaria em Norsjö, mas a rua principal tem várias lojas, bancos e uma loja estadual de bebidas alcoólicas. O restaurante está fechado, portanto vamos ao quiosque de cachorro-quente junto da parada de ônibus, onde Blomkvist comprou um hambúrguer. Erland esteve aqui há seis meses com uma equipe da televisão francesa, que se espantou com o fato de o cozinheiro dos sanduíches falar francês. O cozinheiro ainda está lá e se lembra dos franceses, mas nunca ouviu falar de Stieg Larsson.

"E do filme, *A menina que brincava com fogo*?"

"Não, desculpe. Nunca ouvi falar."

É em Norsjö que Blomkvist acaba descobrindo uma pista: ele encontra alguém que trabalhava na misteriosa marcenaria, um carpinteiro aposentado que exclama: "É o filho de Assar Brännlund!". Acontece que o tal sujeito morreu num acidente de trabalho na fábrica de Rönnskär, mas a mulher dele ainda está viva e mora em Bjursele.

Vamos para lá também, exatamente como Blomkvist fez, voltando de Norsjö para Skellefteå, e, cerca de dezenove quilômetros antes de Bastuträsk, chegamos ao vilarejo de Bjursele. É onde fica a casa vermelha, a terceira depois da ponte, onde Blomkvist foi no encalço da mulher que tirou a foto em Hedestad. Ele estacionou no espaço aberto junto à antiga mercearia, mas não havia ninguém em casa. Sua segunda tentativa foi mais bem-sucedida, e ele conseguiu outra fotografia que acabou sendo decisiva para solucionar o mistério.

Esse lugar em frente à mercearia, apesar de não ser mencionado no livro, era bem conhecido de Stieg Larsson. Seu avô Severin Boström tinha uma oficina no prédio comprido e baixo ao lado.

Severin, que havia trabalhado na usina de cobre durante muitos anos, não estava nada saudável em meados da década de 1950 (Erland tem certeza de que isso se devia às emanações da fábrica). Ele saiu do emprego em 1957 e mudou-se com Tekla e o neto, Stieg, para Bjursele, que era o povoado natal de Tekla. Ele já vinha fazendo consertos de bicicletas, pequenas motocicletas, motosserras e similares paralelamente ao emprego de tempo integral. Eles compraram uma velha propriedade na periferia do vilarejo, num lugar chamado Mågglíden.

Deixamos o carro à beira da estrada e seguimos a pé pelo caminho que leva a Mågliden. Como tantas outras construções, fica no alto de uma colina. As pessoas aqui costumam construir em terreno elevado para que o gelo não estrague as batatas e as outras plantações. É um lugar bonito, com uma vista ininterrupta do lago lá embaixo. Mas nem sempre foi assim, diz Erland. As árvores foram cortadas; antes, havia uma floresta densa.

Måggliden consiste na verdade em apenas duas casas. A mais velha e maior, onde Severin, Tekl e Stieg moravam, está em mau estado e inclinando-se de modo alarmante. A mais nova está mais bem conservada e parece ser agora um chalé de veraneio. Ainda há toalhas penduradas no varal, como se os moradores um dia tivessem simplesmente se cansado do verão e ido embora.

Erland e Vivianne Larsson vinham sempre a Måggliden. Depois que se mudaram para Umeå, não ficava tão longe assim. Com alguma ajuda do patrão de Erland, eles conseguiram arranjar um apartamento adequado no bairro de Sandbacka, Hagbergsvägen número 36. Em 1957, Stieg ganhou um irmão caçula, Joakim. Erland e Vivianne queriam que Stieg voltasse para eles, agora que afinal sua situação estava um pouco mais satisfatória. Mas não era para ser.

"Stieg criara raízes com seus avós e não queríamos puxá-lo para direções diferentes", explica Erland.

Assim, Stieg permaneceu no campo com a avó e o avô. Umeå precisava esperar.

Era uma vida livre e fácil em Måggliden, e havia uma porção de outras crianças ao redor com quem brincar. Ele era muito mimado por vovó e vovô, e as regras sobre o que era e o que não era permitido estavam longe de ser rigorosas.

Depois da morte de Stieg, sua companheira, Eva Gabrielsson, contou ao jornal *Norra Västerbotten*:

Seu avô havia sido operário de fábrica. Agora, sustentava a mulher e Stieg consertando pequenos aparelhos e bicicletas, fazendo bicos na região, além de pescar e caçar um pouco. Depois de ter estado detido, na década de 1940, no campo de concentração de Storsien, que foi transformado em campo de trabalho depois da guerra, ele e os outros prisioneiros tiveram dificuldades em ser aceitos pela sociedade. O incompreensível silêncio que os cercava ainda é o mesmo nos dias de hoje. O avô de Stieg optou por se afastar. Este foi o fardo que Stieg carregou: defender a igualdade de direitos das pessoas, lutar pela democracia e pela liberdade de expressão e garantir que o que acontecera com seu avô nunca mais se repetisse na Suécia.

Storsien, perto de Piteå, era uma de um total de oito companhias chamadas de trabalho, compostas de trezentos homens aptos para o serviço militar mas considerados de "patriotismo não confiável" — sobretudo comunistas mas também um pequeno número de sindicalistas e sociais-democratas nelas confinados. Os reclusos as viam como uma modalidade branda de campo de concentração. O verdadeiro perigo, na opinião deles, era evidentemente uma invasão alemã e a ocupação da Suécia, o que parecia bastante provável àquela altura da guerra. Caso tivesse acontecido, sem dúvida as coisas teriam ficado difíceis para eles.

As companhias de trabalho existiram durante um período bastante curto em 1939-40, mas Olof Thörnell, comandante supremo das forças armadas suecas, tinha planos já bem adiantados para estender o sistema a fim de que muitos milhares de comunistas pudessem ser confinados. O governo, porém, deu um basta no assunto quando soube das intenções dele. Erland insiste que não é verdade que Severin tenha sido confinado em Storsien. "Ele com certeza era comunista, na verdade era sem dúvida nenhuma um stalinista, mas em Rönnskär, naquela época, todo mundo era. Só que ele nunca foi para nenhum campo de detenção, tenho certeza."

Infelizmente, agora parece mais ou menos impossível saber a verdade sobre o assunto, já que os antigos documentos secretos tornados públicos que estão nos arquivos militares não incluem uma lista abrangente de todos os detidos em Storsien. O nome de Severin Boström por certo não aparece nas listas remanescentes. Em seu cartão de convocação está escrito que ele teve adiamento do serviço militar nos recrutamentos de 1939, 1940 e 1941 e que foi convocado em janeiro-abril de 1942. A despeito dos fatos, a lembrança do avô e de sua posição política teve um efeito duradouro sobre Stieg. Muito mais tarde, ele iria usar o nome Severin como pseudônimo quando escrevesse para a publicação trotskista *Internationalen.*

Stieg morou com os avós perto de Bjursele de 1957 a 1962. Foi para a escola em 1961, com sete anos. Quando se vai um pouco além de Mågglíden pela estrada sinuosa, chega-se a um vilarejo chamado Pjäsörn, onde ficava a escola. O prédio ainda está lá, mas hoje parece ser usado como uma espécie de centro de atividade comunitária.

Apenas um ano depois de Stieg iniciar a escola, sua vida rural em Bjursele chegou ao fim. Numa certa manhã do verão de 1962, Severin Boström foi encontrado morto na cama. Morrera de ataque cardíaco com 56 anos. E ficou então decidido que Stieg iria morar com o pai e a mãe em Umeå. A avó também foi, e no início morou com eles.

UMEÅ

Stieg tinha oito anos quando chegou a Umeå. Falava um dialeto rural carregado e vinha de um ambiente completamente diferente do urbano.

"Ele vivia como um espírito livre em Bjursele, fazendo mais ou menos aquilo de que gostava. Mas a vida aqui em Umeå era um pouco mais rigorosa", diz Erland.

Em entrevista para um jornal, o amigo de infância Bosse Lindh, que morava na mesma rua, conta seu primeiro encontro com Stieg: "Ele entrou correndo em nosso apartamento, falando uma língua que eu nunca ouvira antes. Nem sequer bateu na porta. Achei aquilo muito esquisito. Nunca o vira antes".

Além do mais, ele não tomava mais os grandes goles de café a que estava acostumado em Bjursele. A avó e o avô tomavam muito café e sempre davam um pouco para Stieg. Ele próprio admitiu mais tarde que, depois que chegou a Umeå, foi totalmente privado de cafeína. Começou o terceiro ano na escola Haga, em Umeå. Era um menino capaz, mas não extraordinário. Um colega de classe se lembra dele como sendo ligeiramente diferente e alguém que defendia os fracos. "Se alguém fosse hostilizado ou agredido, ele tomava a frente e tentava resolver o problema. Não com briga — havia outros que faziam isso — mas com conversa."

No curso secundário, ele respondia com insolência aos professores de quem não gostava. Teve uma discussão com a professora de civismo porque achou que ela estava lhe dando notas baixas demais, e ameaçou denunciá-la ao Conselho Escolar. A professora era filha de um antigo membro do movimento Lappo na Finlândia, de extrema direita, e eles eram diametralmente opostos em questões políticas. Mas suas notas foram aumentadas.

Suas matérias favoritas eram desenho e redação. Sua professora de sueco, Manne Lidén, tinha ideias modernas e deixava os alunos realizarem trabalhos em conjunto e prepararem o próprio jornal, o que Stieg gostava de fazer.

Também tinha um vivo interesse pelas ciências e novas tecnologias. Tudo o que tivesse a ver com o espaço o fascinava. Na casa de um amigo, ele lia a revista *Allers*, de histórias de encontros com o desconhecido, espaçonaves e discos voadores.

Examinando uma caixa de papelão com objetos de Stieg, Erland encontrou um telescópio e mapas detalhados das estrelas e suas posições. Lembrou que Stieg chegou a obter permissão para pegar as chaves da escola para que ele e seu amigo Bosse pudessem entrar lá à noite e usar o telescópio. Stieg tinha um poder de persuasão muito grande. "Herdou isso da mãe", acha Erland. "Ela era uma vendedora até a raiz dos cabelos."

Stieg era um radioamador entusiasmado, e envolvido em algo chamado DX, que, naquela época, meados dos anos 1960, era um passatempo popular entre meninos adolescentes. Os ouvintes de rádio em geral querem escutar programas populares com a melhor recepção possível, mas os praticantes do DX gostavam do inverso. Eles tentavam encontrar as estações de rádio mais distantes e inaudíveis que pudessem, sobretudo em ondas curtas. O "dexisista" então enviava um relatório de escuta para a estação transmissora e esperava receber em resposta o que se chamava cartão QSL. Era mais fácil receber cartões do bloco oriental: União Soviética, Polônia e Alemanha Oriental.

O irmão de Stieg, Joakim, também gostava do radioamadorismo, mas sobretudo porque o irmão gostava. "Foi Stieg quem começou com aquilo, e eu só fui atrás. Fazia tudo o que ele fazia", recorda Joakim Larsson.

Stieg e Joakim adoravam ir ao cinema e tinham oportunidades de sobra para isso por causa do trabalho extra do pai como funcionário do cinema. O interesse de Stieg pelos filmes iria continuar e, no fim dos anos 1960 e nos anos 1970, ele começou a colecionar música de cinema. Seu filme favorito era *2001: Uma odisseia no espaço*, de Stanley Kubrick, baseado no romance do escritor americano de ficção científica Arthur C. Clarke.

Stieg e Joakim dividiam um quarto quando estavam em Hagmarksvägen. Os meninos dormiam em camas-beliche, Stieg na de cima e Joakim na de baixo. Notívago desde criança, Stieg costumava manter o irmão menor acordado inventando histórias de aventuras. Continuou fazendo isso quando se mudaram para um apartamento maior e mais novo em Ersmarksgatan.

Às vezes ele escrevia histórias. É ambientada nos Estados Unidos uma de suas histórias manuscritas de detetive, embora se possa reconhecer cada pedra e cada curva da estrada no caminho que desce para o mar em Nydala. A certa altura, depois disso, quando Stieg tinha doze anos, Erland e Vivianne decidiram comprar-lhe uma máquina de escrever. Logo o matraquear persistente das teclas passou a ser ouvido dia e noite vindo do quarto dos meninos.

Stieg preferia escrever no fim do dia até as primeiras horas da madrugada, e então, para poupar Joakim de ser muito perturbado, os pais alugaram um cômodo no porão antes usado como local de reuniões, onde ele poderia ficar sozinho e ler, escrever ou escutar seu rádio de ondas curtas.

No início dos anos 1960, o presidente americano John F. Kennedy declarou que os Estados Unidos colocariam um homem na Lua antes do fim da década. O programa Apolo, como foi chamado, parecia ser a ponta de lança de tudo o que era novo, tecnológico e voltado para o futuro. Era um sonho de menino, uma revista de ficção científica tornada realidade.

Stieg Larsson ficava sentado em seu quarto no porão escutando estações de rádio do mundo todo e sabia exatamente o que estava se passando. Mas, como todos os suecos daquela época, vivia dentro de uma bolha: a bolha do crescimento econômico sem limites e da crença no futuro. Os suecos desfrutavam de uma posição especial a seus próprios olhos e aos olhos do mundo em geral.

A Suécia era o "meio do caminho", nem capitalista nem socialista de fato, mas um país onde um partido socialista estava no governo havia décadas, aparentemente invencível, quase como se fosse a ordem natural das coisas.

O verdadeiro debate estava terminado. O que havia para se esperar? Mais progresso tecnológico e a continuidade da expansão do fornecimento de bem-estar público? Um futuro cintilante, mas nada inspirador. Era difícil imaginar qualquer coisa nova, radicalmente diferente. Ou essa não era a maneira certa de ver a situação?

Talvez os próprios avanços tecnológicos se revelassem mundos desconhecidos. Talvez a tecnologia e a imaginação estivessem ligadas.

Isaac Asimov, professor russo de química residente nos Estados Unidos e um dos maiores nomes da ficção científica, havia publicado sua famosa Trilogia Fundação nos anos 1950, bastante elogiada pelos leitores pela profundidade das ideias. Asimov criava tramas para seus livros com uma complexidade que encanta alguns leitores e exaspera outros. A trilogia se passa num império galáctico que abrange milhares de planetas habitados, que estão à beira de um colapso quando a história começa. O herói dos romances, Hari Seldon, percorre metaforicamente a galáxia para salvar o mundo, ou os mundos, por meio de um conjunto enciclopédico de conhecimentos e uma teoria matemática que permite a explicação e previsão de tudo o que acontece no universo.

Os livros de Asimov são animados por um profundo racionalismo: a razão pode e deve prevalecer, mas a crença na razão de alguma forma se transforma em religião e misticismo. Há, porém, outro lado que diferencia Asimov dos proponentes de ficção científica mais empedernidos, obcecados por tecnologia. Sua escrita incorpora uma espécie de homenagem ao forasteiro. Hari Seldon não quer se situar no centro do palco com seu conceito do poder do conhecimento. Ele decide transportar o que chama de Fundação para um planeta distante, nos limites do império. Com isso, não está interessado no poder imperial, mas em criar um oásis para o cotejo do conhecimento, em que a sabedoria e as faculdades mentais têm mais valor do que a tecnologia.

Os livros de Asimov se tornaram uma leitura cultuada por Stieg e outros fãs de ficção científica quando afinal foram traduzidos para o sueco, cerca de vinte anos depois do lançamento. A essa altura, Stieg já havia começado o ensino médio e ia sempre ao Konditori Mekka, o café na Rådhusesplanaden em Umeå. Era lá que ele e seu amigo Rune Forsgren planejavam seu fanzine inspirado em Asimov e feito com estêncil, que eles chamaram de *Sfären* [A Esfera]. A tiragem era pequena, só vinte ou trinta exemplares, mas não importava. O importante é que eles fizeram contato com outros entusiastas de ficção científica e se tornaram parte desse mundo. Havia talvez algumas centenas deles muito ativos no país, publicando suas próprias revistas, contribuindo para as revistas uns dos outros e participando de convenções sobre ficção científica. *Sfären* teve vida curta. Stieg e seu amigo abandonaram o projeto depois de quatro números, embora Stieg tenha permanecido atuante nos círculos de ficção científica mesmo depois de se mudar para Estocolmo; foi presidente da Associação de Ficção Científica Escandinava durante um ano, em 1980, e editor de seu jornal.

VIETNÃ

Em 1970, quando tinha dezesseis anos, Stieg deu mais um passo à frente para a sua independência e mudou-se para um quarto alugado próprio. Foram seus pais que o alugaram para ele e ficava na diagonal do lado oposto ao apartamento deles em Ersmarksgatan. Stieg costumava fazer as refeições lá, mas de resto ele praticamente cuidava de si mesmo. Se os pais chegassem à sacada tarde da noite, podiam ver se ele já fora dormir. Na maior parte das vezes, não fora.

Stieg escolhera a especialização em ciências sociais no ensino médio e já era uma espécie de veterano do movimento contrário à Guerra do Vietnã, com envolvimento ativo desde 1968. Sua colega de escola Ingela Mattsson-Löfbom diz que parte da turma deles leu um livro de Vilhelm Moberg em seu grupo de estudos, uma tarefa que se completou com uma visita a Kittelfjäll. Durante o dia, todos iam esquiar — exceto Stieg, que ficava dentro de casa datilografando sem parar em sua máquina de escrever. Estava escrevendo sobre a revolta estudantil de Paris em 1968. Era um menino magro de óculos redondos, jaqueta de couro negro e mochila no ombro. Vestia-se como muitos deles na época. Era engajado politicamente, adorava uma discussão, mas era sempre descontraído e sociável. A máquina de escrever era sua companheira constante. Conheceu Eva Gabrielsson através do movimento FLN. Ela também era da região de Skellefteå e eles se ligaram quase de imediato. Não partilhavam apenas o interesse pela política — Eva também gostava de escrever, ler ficção científica e colaborava com textos na publicação de Stieg.

O desembarque americano na Lua se deu, exatamente como fora previsto, antes do final dos anos 1960: em 20 de julho de 1969. A família Larsson inteira assistiu a ele na TV. Mas não foi o triunfo que Kennedy esperava. As multidões que se reuniram naquele ano em frente às embaixadas dos Estados Unidos em todo o mundo não estavam lá para glorificar e comemorar aquela mágica façanha tecnológica. Não: elas sacudiam os punhos cerrados e gritavam de raiva para os prédios das embaixadas protegidos por barricadas.

Um incrível número de acontecimentos se dera em poucos anos a partir de meados daquela década. Uma geração nova e mais jovem descobrira que a estrutura da sociedade não era o que tinham sido levados a acreditar. O mundo que conheciam cambaleava e um império estava num beco sem saída — não o império galáctico, mas o predominante em nosso próprio mundo.

A geração mais velha achava que a Guerra do Vietnã era somente mais um conflito entre grandes potências e distante demais para ser compreendido, portanto a melhor atitude a adotar era a neutralidade. Os jovens viam a situação de modo muito diferente. Muitos reconheciam algo que tinham presenciado no pátio da escola: um aluno mais forte batendo em um mais fraco e os outros ao redor assistindo — ou fingindo não ver o que estava acontecendo.

Não foi de modo nenhum a maioria da juventude sueca que se juntou ao movimento de protesto contra a guerra americana no Vietnã, mas o número de pessoas foi significativo, e seu engajamento era inspirado por uma profunda paixão pela justiça e pela revolta de ver que atrocidades estavam sendo perpetradas com a anuência dos líderes democratas ocidentais.

Logo, jovens ativistas passaram a ser vistos de guarda do lado de fora da loja estadual de bebidas alcoólicas de Umeå e em todas as outras cidades de qualquer tamanho. Com uma das mãos ofereciam o *Vietnam Bulletin* e na outra apresentavam uma caixa de coleta com as cores do movimento FLN, vermelho, azul e amarelo. Stieg Larsson estava entre eles. Hoje, ninguém mais levantaria uma sobrancelha ao ver um jovem distribuindo panfletos ou recolhendo dinheiro, mas naquela época o estado de espírito era outro, nitidamente hostil aos jovens ativistas contra a Guerra do Vietnã. Palavras iradas eram trocadas com frequência, as pessoas cuspiam e havia até violência física. A classe operária, principal alvo dos ativistas, nem sempre era muito receptiva, embora muitos operários no fundo achassem que os americanos deveriam voltar para casa imediatamente e deixar o povo vietnamita em paz. Mas o slogan "Tage e Geijer — lacaios de Lyndon" (Tage Erlander era primeiro-ministro, Arne Geijer era presidente da Federação do Sindicato do Comércio e Lyndon Johnson era presidente dos Estados Unidos), que se destacava tanto em todas as manifestações públicas, teve um efeito que os manifestantes não previram. Afastou da causa centenas de milhares de leais defensores do Partido Social-Democrata e muitas vezes era a única coisa de que as pessoas se lembravam com relação às primeiras manifestações de protesto contra a Guerra do Vietnã.

Era óbvio que os slogans e folhetos também se dirigiam aos sociais-democratas suecos, o partido que dera à Suécia seu magnífico Estado de bem-estar social. O movimento pró-Vietnã crescera a partir da luta contra o sistema, e o que poderia ser mais sistema do que o Partido Social-Democrata? As vozes exaltadas em torno da mesa da cozinha dos Larsson comprovavam isso. Stieg achava que seus pais estavam traindo os princípios do socialismo.

No entanto, se os políticos e a geração dos pais haviam fracassado, novas autoridades estavam chamando a atenção. Eram os escritores, artistas e atores que agora se tornavam os ídolos dos jovens. As pessoas assistiam e ouviam as aparições públicas de Sara Lidman. Frágil e esguia, com cabelo cortado curto, ela era um farol brilhante clamando pelos direitos de defesa do povo vietnamita. E era bem conhecida em Västerbotten: nossa Sara de Missenträsk, perto de Skellefteå, famosa por seus romances. E ela não se contentou em ficar limitada a assistir ao conflito a partir de horizontes suecos. Foi ao Vietnã em meados dos anos 1960 e em 1966 publicou um livro chamado *Samtal i Hanoi* [Conversas em Hanói]. Isso fez o conflito distante adquirir uma feição humana e permitiu aos leitores suecos encontrarem "o povo do Vietnã", aquela abstração sobre a qual tanto se falara e escrevera na mídia e nas publicações do movimento contra a Guerra do Vietnã.

Até o fim dos anos 1960, o movimento de esquerda na Suécia se ocupara basicamente com a solidariedade internacional, mas de modo bastante repentino esse foco se deslocou para uma greve nas minas de ferro de Norrbotten antes do Natal de 1969. Trinta e cinco operários da mina Leveäniemi, em Svappavaara, que pertencia à empresa estatal LKAB, puseram de lado as ferramentas de trabalho em 9 de dezembro. As queixas deles não se referiam apenas a salários mas também ao ambiente de trabalho, à fiscalização constante, aos cortes severos e às análises de tempo e movimento. A greve depressa se espalhou para todas as minas da LKAB em Norrbotten e, no auge, chegou a envolver umas 5 mil pessoas. Havia reuniões de grevistas num estádio esportivo em Kiruna, e a imprensa sueca ia até lá em massa a fim de transmitir diretamente daqueles encontros explosivos. Sara Lidman estava de novo no alto das barricadas e falando pelos operários, tendo dois anos antes publicado um livro de entrevistas em que descrevia as condições de trabalho deles: *Gruva* [A mina].

A situação era bastante inusitada. A Suécia era o país das negociações trabalhistas pacíficas e institucionalizadas, regidas por acordos centralizados e contratos nacionais. Desde a grande greve de 1945 na indústria do aço, reinava a calma no setor de mão de obra, com a maioria dos operários suecos leal ao Partido Social-Democrata e à Federação Nacional do Sindicato do Comércio. Agora tudo parecia estar pendendo na balança, tamanho era o efeito do choque causado pela greve dos mineiros. É possível que a drástica reestruturação da indústria nos anos 1960 tivesse fermentado a insatisfação sobre a qual ninguém tinha controle, mas que agora estava prestes a explodir em mais greves e atos de protesto, sobretudo na indústria pesada.

Para os diversos grupos da esquerda, os acontecimentos nas minas se encaixavam bem até demais em sua análise do rumo que a sociedade estava tomando. Estavam convencidos de que a classe trabalhadora se sublevaria a qualquer momento a fim de abraçar o socialismo, não só em países pobres mas também na Europa e nos Estados Unidos. Estados de bem-estar social reformistas como a Suécia não eram vistos como exceções. A greve dos mineiros e as greves descontroladas que se seguiram desencadearam uma atividade política febril.

Entre os novos grupos de esquerda, havia o maoísta KFML [Associação Comunista Marxista-Leninista], que exercia uma poderosa influência sobre o movimento contrário à Guerra do Vietnã através da organização de vanguarda De förenade FNL-grupperna [Grupos Unidos FLN]. O KFML foi fundado como uma dissidência do partido parlamentar existente, o VPK [Vänsterpartiet Kommunisterna, Partido Comunista Esquerdista], e era composto de uma mistura de comunistas ortodoxos mais velhos e jovens ativistas contra a Guerra do Vietnã. Mais à esquerda ainda havia diversos grupos, inclusive o dos trotskistas, novos na Suécia e conhecidos como Revolutionära Marxisters Förbund [Associação Marxista Revolucionária].

O trotskismo inspirava-se em Liev Trótski, o principal líder da Revolução Russa depois de Lênin. Logo depois de Stálin subir ao poder, Trótski foi expulso da Rússia, porém mesmo no exílio continuou seus incessantes ataques verbais às políticas stalinistas. Não admira que Trótski fosse a figura mais detestada da União Soviética na época. Ser acusado de trotskismo podia valer uma sentença de morte. E por fim Stálin acabou conseguindo mandar matar Tróstski, despachando ao seu encontro um assassino a quem se garantiu imunidade para o crime, que ele cometeu com um furador de gelo, no México, em 1940.

O trotskismo representara apenas um papel secundário na Suécia antes dos anos 1970, apesar de ter alguma relevância no continente. Na Espanha, no período republicano e na subsequente Guerra Civil, os grupos trotskistas e anarquistas tiveram inicialmente uma enorme influência, mas os comunistas leais a Moscou viam esses grupos como *agents provocateurs* e opunham-se a eles com veemência — tanta, na verdade, que levou à completa guerra civil entre as próprias forças de esquerda em Barcelona, em maio de 1937.

Durante a rebelião de Paris em 1968, o partido trotskista francês, La Ligue Communiste, impressionou muita gente jovem com seu estilo militante. Havia diversos grupos trotskistas na Grã-Bretanha, tendo como seu principal porta-voz o paquistanês Tariq Ali, ao mesmo tempo orador inteligente e ícone para os ativistas militantes da Nova Esquerda. Era ele o "Street fighting man" cantado pelos Rolling Stones e quase transformou John Lennon em trotskista, certamente o convencendo a compor uma canção sobre a necessidade de uma revolta popular: "Power to the People".

No início da década de 1970, os trotskistas conseguiram conquistar uma posição segura em vários lugares onde a influência do KFML era mais fraca, inclusive Umeå. Stieg Larsson era um ativista comum pró-Vietnã que vendia o *Vietnam Bulletin* e lia o jornal do KFML, *Gnistan* [A Centelha]. Mas a esse jornal logo se juntou — e depois o absorveu — o jornal trotskista *Mullvaden* [A Toupeira], o órgão da Associação dos Marxistas Revolucionários. Quando surgiu, em 1970, já havia em Umeå algumas pessoas atraídas pelas ideias trotskistas, sobretudo na Organização da Juventude Social-Democrata, que vivia um processo de radicalização, e menos no movimento FLN. O ano de 1972 marcou a formação do Grupo Vermelho de Umeå, o primeiro passo para a filiação à organização trotskista nacional na Suécia. Pode causar estranheza o fato de Stieg unir-se tão cedo ao movimento trotskista. Seu amado avô fora um comunista ortodoxo de Moscou e seus pais eram ambos militantes do Partido Social-Democrata. Stieg, porém, era essencialmente um indivíduo birrento, sempre em luta pela independência e tomando suas próprias decisões. Portanto, a decisão de ligar-se a uma organização bastante crítica a essas duas tendências do movimento trabalhista era bem coerente.

A década de 1970 foi um período de intensa atividade, com os trotskistas se espalhando através de círculos organizados de estudos e encontros bem assessorados. Houve um fórum sobre as eleições em 1976 que superou em tamanho o de todos os outros grupos de esquerda juntos, e um dos seus maiores eventos foi uma palestra do lendário líder camponês peruano Hugo Blanco, trotskista, que atraiu uma plateia de setecentas pessoas.

Em Umeå ainda existe um núcleo de ativistas dos anos 1970 no Partido Socialista. Erik Pettersson, Jan Olof Carlsson e Stig Eriksson se lembram de Stieg Larsson quando eram todos eles jovens ativistas trotskistas. Dão três razões que podem ter sido decisivas para a adesão dele ao trotskismo.

Para começar, como Stieg não dispunha de muito tempo para o socialismo estatal, basicamente via o trotskismo como a alternativa óbvia, uma forma de socialismo liberado. Em segundo lugar, para ele, vinha a ênfase no internacionalismo. E, em terceiro lugar, os trotskistas eram mais abertos à cultura do que a maioria dos grupos de esquerda.

Stieg não gostava do conceito de politicamente correto, nem do realismo social clássico, nem do conceito de uma "cultura popular" como definido pela esquerda maoísta. Estava muito mais interessado no elemento subversivo da cultura popular, na maneira como livros e filmes lidavam com as tendências sociais.

Tinha aquele seu entusiasmo por ficção científica e era admirador de Robert Heinlein, autor de vários romances polêmicos desse gênero. Heinlein começou como partidário da esquerda, mas aos poucos adquiriu reputação de pensador reacionário. Para

Stieg, porém, era um escritor importante e fascinante cujos livros costumavam conter críticas às estruturas de poder existentes.

Stieg também era fã ardoroso de cinema e gostava de filmes que eram condenados pela esquerda. O filme *Meu ódio será tua herança*, por exemplo, de Sam Peckinpah, com suas cenas expressionistas de brutalidade, e até os filmes italianos de Sergio Leone, chamados depreciativamente de "westerns spaghetti". Leone era então ridicularizado na indústria de cinema norte-americana e seus filmes eram quase sempre lançados primeiro fora dos Estados Unidos; aliás, o novo astro que ele apresentava, Clint Eastwood, era muito mais popular na Europa que em seu próprio país. No futuro, contudo, ele seria cada vez mais apreciado como um dos precursores do gênero chamado de western revisionista, que apresentava um retrato da época sem romantismo, naturalista.

O gosto de Stieg pelos filmes de Peckinpah e Leone é fácil de compreender. Quando Peckinpah mostra a violência com detalhes horripilantes, pretende ao mesmo tempo desromantizar um mito americano e nos lembrar da outra selvageria que estava sendo perpetrada todos os dias num país distante do leste da Ásia. Tanto Leone quanto Peckinpah põem sistemas de valores em conflito em seus filmes e retratam seres humanos numa sociedade cética em que ninguém pode confiar mais em ninguém, em que o herói tem de tomar seu rumo próprio se quiser manter uma posição ética.

Em 1975-6 Stieg prestou serviço militar em Umeå. Muita gente da esquerda tinha aversão instintiva a qualquer coisa ligada aos militares, e na época um grande número de pessoas estava optando por não se alistar, alegando questões de consciência. Mas Stieg não tinha receio de ser convocado. Não era pacifista e achava que o uso da força era justificado ou necessário em determinadas circunstâncias. Defender-se contra um opressor era uma atitude correta. Não havia dúvida, é claro, de que os escalões superiores de um país como a Suécia estavam do lado das classes mais altas, mas sempre se podia imaginar que, numa situação extrema, os soldados da infantaria pudessem apontar suas armas para seus líderes.

Nos anos 1970, os trotskistas tentaram fomentar insatisfação no regimento de Stieg em Umeå. Provocaram agitação em apoio a várias exigências de melhorias por parte dos soldados rasos, a mais significativa delas sendo a de que todos deveriam receber mil coroas suecas ao serem convocados. Essa campanha causou sérias preocupações tanto no meio militar quanto na polícia de segurança, que a via como uma ameaça à segurança nacional. Stieg Larsson estava entre os que vendiam em segredo o jornal do partido trotskista, *Röd Soldat* [Soldado Vermelho] no quartel — sem ser apanhado.

Um ano e pouco antes, em outubro de 1974, a polícia de Umeå dera uma batida na livraria trotskista Red Room e confiscara todos os exemplares do *Röd Soldat* por causa de um artigo defendendo a solicitação em massa de pedidos de licença por motivo de doença a fim de forçar a aceitação da exigência referente às mil coroas suecas. Os jornais confiscados foram logo devolvidos com um buraco numa das páginas. A polícia havia se dado ao trabalho de cortar o artigo transgressor em cada um dos exemplares.

Quando Stieg se mudou para Estocolmo, cerca de um ano depois, seus contatos com os trotskistas de Umeå diminuíram, embora ele continuasse sendo membro do partido e escrevesse para a publicação deles, o *Internationalen*. Stieg saiu do Partido Socialista no fim dos anos 1980. Foi uma ruptura sem dramas: ele simplesmente parou de pagar sua contribuição de filiado.

Mas continuou a encontrar seus velhos camaradas de partido sempre que ia a Umeå.

"Era evidente que ele ainda lia o *Internationalen* e respeitava o trabalho que estávamos realizando, e até que ainda se sentia ligado à nossa causa. Acho que, se tivesse voltado à política partidária, teria terminado onde começou", opina Jan Olof Carlsson.

A atenção da imprensa de repente se voltou outra vez para o Partido Socialista depois que Stieg Larsson morreu, quando se soube que, antes de uma viagem ao exterior, ele redigira um testamento sem testemunhas no qual declarava que, caso morresse, seu espólio deveria ir para a Associação Comunista dos Trabalhadores, como o partido era então chamado.

O Partido Socialista de Umeå não tinha ideia de que existisse esse legado. Mas, como Stieg não era mais membro do partido, eles acharam que a conduta moral apropriada seria não reivindicar dinheiro nenhum.

Foi provavelmente em algum momento de 1973, durante o ensino médio, que Stig se transformou em Stieg.

Havia outro Stig Larsson em Umeå mais ou menos da mesma idade que ele, também oriundo de Skellefteå e também ativista de esquerda, mas membro do ainda mais revolucionário KFML. Era inevitável que seus caminhos se cruzassem em uma cidade pequena como Umeå. A correspondência deles muitas vezes era entregue no endereço errado, e as mães dos dois acabaram se conhecendo por causa disso. Em 1973, Stig era um dos expositores numa mostra de fotografia que foi notícia nos jornais e muitos atribuíram as fotografias a Stieg. Deve ter sido então que ele se cansou da confusão constante e decidiu alterar a grafia de seu nome.

Existe uma história muito repetida segundo a qual os dois se encontraram e jogaram cara e coroa com uma moeda para decidir qual deles mudaria de nome. Pode bem ser uma das brincadeiras de Stieg, pois Stig Larsson não se lembra de tal encontro e acha que Stieg mudou de nome por livre e espontânea vontade.

"Ele poderia ter escolhido o nome Karl", reflete Erland Larsson, que nunca apreciou muito o novo nome. "Não haveria nada de errado com Karl Larsson."

Na ocasião havia somente um Stieg conhecido na Suécia, e, por incrível que pareça, era também um escritor de romances policiais: Stieg Trenter, que também não usava o nome de batismo. Seu nome verdadeiro era Stieg Johansson. Seria lógico supor que Stieg Larsson, sendo um leitor voraz de ficção policial, conhecesse Stieg Trenter, mas não há como provar que Trenter estivesse entre seus autores favoritos.

O outro Stig Larsson logo abandonou a política e passou a se dedicar à arte e ao teatro. Estudou direção no Dramatiska Institutet [Faculdade de Cinema, Rádio, Televisão e Teatro] em Estocolmo e mais tarde, junto com Horace Engdahl e Anders Olsson (hoje ambos membros da Academia Sueca), fundou o jornal literário *Kris* [Crise], que foi muito influente na Suécia, apresentando teóricos do pós-modernismo como Derrida, de Man e Blanchot. Seu romance de estreia, *Autisterna* [Os autistas], teve sucesso imediato e durante alguns anos ele foi um dos autores mais festejados do país.

Quando *Le Nouvel Observateur*, em 1989, incluiu Stig Larsson numa lista das cem pessoas no mundo que eles achavam que seriam especialmente importantes para a cultura europeia nos anos 1990, Stieg Larsson ainda era um empregado de agência de notícias totalmente desconhecido e um ativista antirracismo.

PELO MUNDO AFORA

Em 1972, o cartão InterRail começou a ser usado. Por um preço fixo, qualquer pessoa com menos de 21 anos poderia fazer viagens ilimitadas durante um mês e percorrer uns vinte países europeus. Foi o nascimento de uma nova geração inteira de usuários. Mas é claro que havia um limite: não se podia usar o cartão fora da Europa. E, para muitos da geração de 1968, as viagens de longa distância eram o objetivo. Eram os países distantes que atraíam, aqueles que haviam sido chamados de Terceiro Mundo. A periferia tinha de ser o centro: era onde o futuro estava tomando forma, e muitas vezes essa forma era de intensa radicalidade.

Desde a época do ensino médio, Stieg já estava determinado a sair para ver o mundo e aceitava todo tipo de trabalho temporário para fazer dinheiro. Entregava jornais, lavava louça em restaurantes e trabalhava numa loja de serralheiro.

Sua primeira tentativa de viajar terminou de modo humilhante. Pediu carona até Estocolmo, entrou num café e lá sua carteira foi roubada, com todo o dinheiro da viagem, que chegava a quase mil coroas suecas.

Em 1972, chegou a hora de tentar outra vez. Foi até a França e a Espanha e dali para a Argélia. Lá, encontrou um grupo de pessoas a caminho do Saara de caminhão e motocicleta. Atravessar o deserto do Saara em veículo motorizado, alcançar Níger e a África negra passando pelas montanhas Hoggar e pelo lendário oásis tuaregue de Tamanrasset era uma das grandes aventuras da época. No caso de Stieg, porém, a viagem nunca se completou. O caminhão quebrou e a pessoa a quem se confiou dinheiro para ir de motocicleta a Oran comprar as peças necessárias nunca mais apareceu. Assim, o melancólico grupo teve de fazer uma caminhada penosa de volta para a cidade, onde Stieg vendeu sua jaqueta de couro nova a fim de arranjar dinheiro para comer. Atravessaram o Marrocos e a Europa de carona e Stieg chegou em casa magro e infeliz, vestido numa calça jeans esgarçada de tanto uso.

Umeå era uma cidade universitária, até mesmo conhecida como a "universidade vermelha". O que seria mais natural do que Stieg candidatar-se a um lugar ali? Mas ele nunca o fez. "Seguir o rumo acadêmico", até então visto como algo desejável a se fazer, não tinha mais esse prestígio, sobretudo aos olhos de um jovem trotskista para quem um operário de fábrica ocupava uma posição mais alta do que um acadêmico. O único assunto que lhe interessava estudar em seguida era jornalismo, portanto inscreveu-se para a Faculdade de Jornalismo, mas não passou na prova de seleção e não foi aceito.

Ainda assim, o mundo era agora uma grande universidade que estava abrindo as portas para os que tinham confiança e mentes indagadoras. A geração que crescera durante a Segunda Guerra Mundial era uma gente caseira, que não saía de casa — por necessidade, já que as fronteiras estavam fechadas. E a maioria dos que eram jovens na ocasião não dispunha de recursos para viajar. Mas uma nova era estava despontando e o mundo se tornava acessível de novo; os jovens viam países estrangeiros em filmes na TV e agora queriam explorá-los na realidade.

Ao terminar seu serviço militar, Stieg começou a trabalhar na fábrica Hörnefors de pasta de celulose, e depois arranjou um emprego nos Correios. Mudou-se de seu quarto e passou a ganhar muito dinheiro. Mas seu objetivo final ainda era abrir caminho no mundo lá fora.

Data dessa ocasião o início de seu interesse pelo nordeste da África. Em 1973, imagens assustadoras de pessoas morrendo de fome na Etiópia começaram a ser transmitidas pela televisão. O país fora assolado por uma seca terrível, e o isolamento e a ineficiência do governo faziam que o auxílio externo só chegasse esporadicamente aos necessitados. Os jornais escreviam sobre uma guerra de libertação no norte da região, na província da Eritreia. Em 1977, Stieg decidiu ir para lá. Por intermédio de alguns eritreus, fez contato com a organização marxista FLPE, a Frente de Libertação do Povo da Eritreia, e também foi incumbido de levar documentos e dinheiro para a organização na Eritreia. Fez um testamento antes de partir, o único que redigiu, e sem dúvida não estava de brincadeira. Viajar para a Argélia, mais tarde tão notória por sua violência, não era tão arriscado nos anos 1970. Mas a situação na Etiópia e na Eritreia era bem diferente. Naquele momento, eram lugares muito perigosos para visitar.

O conflito entre a Etiópia e a Eritreia era duradouro, remanescente dos tempos do colonialismo. O que hoje chamamos Etiópia é um dos reinos mais antigos do mundo, antes conhecido pelo nome de Abissínia. Mas pode-se dizer que a história da Etiópia moderna começou em 1930, quando um jovem chefe, Ras Tafari Makonnen, foi declarado o verdadeiro imperador da Etiópia, descendente direto do rei Salomão e da rainha de Sabá. Ao assumir o trono, adotou o nome de Hailé Selassié I.

A Itália tinha interesses coloniais nessa região desde o século XIX e controlava a província da Eritreia. Em meados da década de 1930, a Itália fascista mobilizou quase toda a população masculina da província para um ataque à Etiópia.

Quando se deu a invasão, Selassié, que suplicara em vão pela ajuda da Liga das Nações, liderou a resistência, mas foi obrigado a desistir e fugir. Quando os ingleses expulsaram os italianos, em 1941, entretanto, ele voltou em triunfo com a reputação de defensor da liberdade na África. Na realidade, a Etiópia então se tornou feudal, uma autocracia cada vez mais despótica, com ambições militares e recebendo sólida ajuda militar norte-americana. A Etiópia considerava a Eritreia como sendo historicamente parte de seu país. Os eritreus não pensavam o mesmo, mas ainda assim foram impelidos a formar uma federação com a Etiópia, por recomendação das Nações Unidas, o que logo acabou com a independência da Eritreia. Sob o ponto de vista dos eritreus, o mundo não moveu uma palha enquanto a Etiópia os engolia, de modo que formaram sua própria resistência através do movimento FLE, a Frente de Libertação da Eritreia, que foi desafiado no princípio dos anos 1970 por uma nova organização com membros mais jovens, FLPE, de orientação marxista, como mandava o espírito da época — que, em consequência, ganhou o apoio de vários grupos solidários no Ocidente.

Nesse ínterim, aumentavam as críticas internas a Selassié, sobretudo no exército, ao qual ele destinara amplos recursos. Seu governo havia apodrecido de dentro para fora, e o golpe foi levado a cabo sem dificuldades em setembro de 1974. O imperador foi simplesmente levado embora num pequeno Volkswagen e posto numa espécie de prisão domiciliar, onde morreu em circunstâncias misteriosas. Os restos mortais de "Sua Majestade Imperial, Rei dos Reis, Leão de Judá" foram enterrados numa cova anônima, que foi selada com concreto e em cima da qual um mictório foi depois construído.

Quando Stieg chegou à Etiópia, os militares estavam no poder. Um general antes desconhecido, Mengistu Haile Mariam, assumira o governo em 1977, eliminando seus principais oponentes. Mengistu dava a entender que faria reformas radicais no país, declarando-se marxista-leninista e rompendo de imediato as velhas relações com os Estados Unidos.

No entanto, era uma estranha forma de socialismo que vinha vestida com uma farda militar e era conduzida por uma organização sem rosto chamada Dergen, não muito diferente da misteriosa Angka do Khmer Vermelho, que naquele mesmo instante submetia o Camboja a um reinado de terror.

E exatamente como no Khmer Vermelho, Mengistu iniciou o imediato extermínio de todos os dissidentes e daqueles apenas suspeitos de sê-lo. Os acontecimentos que se seguiram no decorrer de quase um ano receberam o nome funesto de Terror Vermelho. Milhares de pretensos opositores, na maioria jovens, em grande parte ativistas de esquerda, foram capturados, torturados, sumariamente executados e seus corpos muitas vezes deixados à vista nas ruas para instilar medo na população.

Milhares de jovens eritreus haviam se juntado à luta pela libertação, agora inteiramente dominada pela FLPE. O exército etíope recuava e a vitória parecia próxima. Mas as comemorações foram prematuras. Mengistu, o marxista, decidiu reunir todas as suas forças para esmagar as igualmente marxistas guerrilhas da Eritreia. Se Stieg Larsson tinha alguma apreensão quanto a essa viagem, isso não serviu para impedir que a fizesse. Ele viajou via Moscou, voando para o Sudão e de lá para Adis Abeba. Percorreu o país de ônibus na companhia de uma jovem da Nova Zelândia e viu grandes comboios militares nas estradas. Quando voltou para Adis, foi subitamente detido pelo serviço secreto britânico e levado ao consulado britânico na periferia da cidade. Queriam que dissesse o que vira em matéria de preparação militar nas estradas. Mas ele se recusou. Foi então posto para fora do consulado e teve de fazer a pé todo o caminho de volta para o hotel.

Conseguiu depois chegar a Asmara, na Eritreia, estabelecer contato com as guerrilhas e ser levado a uma de suas bases nas montanhas. Lá, encontrou um grupo de guerrilheiras às quais ensinou a usar morteiros, o que aprendera durante o serviço militar e o treinamento como oficial em Umeå. As mulheres desempenhavam um papel ativo no exército guerrilheiro da FLPE, e constituíam cerca de 30% de suas forças de combate. Veem-se moças em muitas fotografias da luta pela libertação da Eritreia. A FLPE fez um esforço consciente para envolvê-las no que de outro modo seria uma sociedade patriarcal ferrenha, e dar e elas as mesmas responsabilidades dos homens.

Stieg então caiu doente com nefrite e foi para um hospital em Adis Abeba, onde as condições eram incrivelmente precárias. Não se cogitava nem sequer que os pacientes fossem alimentados — isso cabia aos parentes; entretanto, uma mulher mais velha no hospital ficou com pena dele por não ter parentes ali e deu-lhe comida para ajudar sua recuperação. Ele voltou para o hotel, recolheu seus pertences e entrou num comboio de ônibus para o Quênia. Lá, conseguiu entrar em contato com seus familiares, que não sabiam de seu paradeiro havia um bom tempo, e pediu que enviassem dinheiro para que pudesse voltar para casa, o que ele fez passando pela Uganda de Idi Amin.

Os anos que se seguiram à viagem de Stieg foram terríveis tanto para a Etiópia quanto para a Eritreia. Megistu realizou uma grande ofensiva contra as guerrilhas da Eritreia e obrigou-as a recuar para as montanhas do norte. No entanto, apesar dos ataques em grande escala, agora com o apoio da União Soviética, eles não conseguiram erradicar a resistência.

A Etiópia continuou sendo uma ditadura rígida ao longo dos anos 1980 e foi atormentada por enormes problemas internos, como a catastrófica estiagem de 1984, quando 1 milhão de pessoas morreram de fome, e quando os músicos de rock europeus liderados por Bob Geldof formaram a Band Aid e lançaram uma campanha para ajudar a salvar os famintos. Com Gorbatchov no poder na União Soviética, a ajuda econômica aos militares etíopes logo se extinguiu e o regime de Megistu caiu. Em 1991, tropas rebeldes tomaram Adis Abeba e o ditador fugiu para o Zimbábue, onde ainda mora. Em 2006, um tribunal etíope o condenou à morte por genocídio. Com sua queda, as guerrilhas podiam afinal descer de seus esconderijos nas montanhas. A resistência agora estava muito mais fraca. A FLPE logo tomou a capital, Asmara, e a liberdade da Eritreia foi declarada em 1993. Seu líder, Isaias Afewerki, tornou-se chefe do partido único e também presidente. A ideia era que o partido governasse o país por um período de transição antes que as eleições livres fossem anunciadas. Mas nunca se realizou eleição nenhuma e houve uma nova guerra sangrenta com a Etiópia. A permanente tensão entre os dois países era o pretexto para se deixarem de lado os planos de um sistema multipartidário. Em vez disso, o partido de Afewerki aboliu toda e qualquer oposição, o que foi feito enquanto a imprensa estava entretida com o ataque do Onze de Setembro em Nova York. A medida teve como resultado o fechamento de jornais e a prisão de críticos do governo. Entre eles estava o jornalista sueco-eritreu Dawit Isaak, que está preso sem julgamento nem sentença desde então.

A Eritreia passou trinta anos lutando pela liberdade. Os líderes que tomaram posse estavam endurecidos pelas experiências da guerra. As qualidades que levaram à vitória — determinação, prontidão constante, firmeza implacável contra os opositores — são agora o que impede que a prometida democracia seja implantada.

A história da aventura de Stieg Larsson na Eritreia teve um pós-escrito notável em 2009, quando o antigo chefe do RP e editor de jornal para a neonazista Frente Nacional Socialista, Björn Björkqvist, publicou um artigo no site Newsmill com o título "Hora de examinar as bondosas ações de Stieg Larsson?". Björkqvist disse que escreveu esse artigo por causa do Prêmio Dawit Isaak, concedido à revista de Stieg, a *Expo*, pelo Publicistklubben Väst [Clube da Imprensa Nacional Oeste].

"Então Stieg Larsson ajudou a treinar o exército que permitiu a subida ao poder de Isaias Afewerki — o homem que agora mantém Dawit Isaak na prisão", escreve Björkqvist.

É meio estranho insinuar que Stieg Larsson poderia ter previsto em 1977 o que o movimento para libertação da Eritreia e seu líder Isaias Afewerki fariam vinte anos depois. Nem Stieg nem os muitos eritreus que participaram do movimento de libertação ou o apoiaram, e que agora definham na prisão ou no exílio.

AGÊNCIA DE NOTÍCIAS TT

Em meados dos anos 1960, quando ficaram prontos os blocos de edifícios comerciais de dezenove andares na praça Sergels, Estocolmo ganhou seus primeiros arranha-céus. Foram vistos como sinal de que a cidade estava se tornando uma metrópole moderna e chamados de "os cinco toques de clarim", um nome de que quase ninguém se lembra hoje em dia. Foi ali, no edifício localizado mais ao norte, que se situou o coração da imprensa sueca durante muitos anos: TT, Tidningarnas Telegrambyrå, a Agência de Notícias. Foi onde Stieg Larsson conseguiu um emprego em 1979, que seria o mais longo e talvez o mais importante de sua vida.

Quando se mudou para a capital vindo de Umeå, aos 22 anos, e foi trabalhar nos Correios, seu patrão o ajudou a encontrar um apartamento num recém-construído bairro residencial fora do centro, no sudoeste de Estocolmo. Era uma época de reestruturações, fechamentos e caminhonetes de mudanças. O Conselho do Mercado de Trabalho, AMS [Arbetsmarknadsstyrelsen], estava oferecendo apoio financeiro para as pessoas se transferirem e, no norte do país, Norrland, brincava-se que as iniciais significavam All Move South [Mudem-se todos para o sul]. Stieg Larsson, junto com Eva Gabrielsson, que também se mudara para Estocolmo, mais tarde moraram em Rinkeby, um dos bairros residenciais mais multiculturais de Estocolmo, que abrigava o maior número de famílias de imigrantes.

Na TT, Stieg começou a escrever sobre resultados de partidas esportivas e assuntos afins até que, substituindo um colega, teve oportunidade de exibir seu talento para ilustrar artigos com gráficos, quadros e outros recursos, o que levou a uma proposta de cargo permanente. Ele ficaria vinte anos na TT.

A TT era a agência de notícias da própria mídia, um modelo de objetividade e de atenção aos fatos na mídia sueca. Estabeleceu o padrão de como se deveria escrever um texto de notícias direto e imparcial. Na mente do público em geral, foi durante décadas associada em especial ao rádio. A TT detinha o monopólio da transmissão de notícias de rádio da Suécia e, sobretudo durante os anos dramáticos da guerra, as pessoas se aglomeravam em torno de seus aparelhos de rádio quando escutavam as palavras mágicas "as notícias da TT".

Stieg Larsson não havia estudado jornalismo e não foi contratado como repórter. Criou seu próprio nicho — a "arte", ou seja, artes gráficas aplicadas às notícias —, no que foi uma espécie de pioneiro na TT. Sempre se interessara por desenho e na escola tivera suas notas mais altas em arte. Seu pai, Erland, tinha um talento semelhante e durante algum tempo chegou a ter a mesma profissão, ilustrador gráfico de artigos no jornal interiorano *Västerbottenskuriren.*

Stieg lidava principalmente com trabalhos urgentes para notícias de última hora. Se um avião caísse em Guadalupe, ele desenhava um mapa da área com o local do acidente assinalado.

Trabalhava sozinho, produzindo mapas, gráficos e diagramas em forma de caixas ou círculos com seu material especial — canetas de ponta fina, letras decalcáveis, uma máquina de legendagem, um bisturi. Era um verdadeiro artesanato, pelo menos até o fim dos anos 1980, quando a Adobe lançou seu programa Illustrator, que revolucionou toda a atividade gráfica relacionada às notícias. As ilustrações dele, que eram vendidas individualmente para os jornais, eram uma lucrativa linha de vendas que trazia muitos milhares de coroas por ano para a TT. Stieg desenvolveu outro conceito lucrativo — uma pasta de mapas dos países do mundo que podia ser atualizada — que também foi um sucesso comercial.

Durante esse período, o início dos anos 1980, Stieg ainda era membro ativo do Partido Socialista e começara a escrever para a *Internationalen*, a revista semanal do partido. Forneceu artigos sobre serviço militar para mulheres, o movimento New Age e a superstição; desenhou um mapa das bases militares e das instalações de armas nucleares dos Estados Unidos e da União Soviética no mundo todo. A princípio, usava muitas vezes o nome do avô, Severin, como pseudônimo.

O internacionalismo era parte de sua concepção de vida. Kenneth Lewis, um dos membros fundadores da organização trotskista na Suécia, diz que a tendência maoísta da esquerda manteve o foco na teoria de que toda atividade deveria ser concentrada no Vietnã. O resultado foi que os trotskistas atraíram para o seu meio muitos ativistas de esquerda que discordavam dessa falta de visão e estavam interessados em outros tópicos e outros países, e em movimentos de libertação de outras partes do mundo.

Essa era uma atitude fundamental que combinava bem com a de Stieg Larsson. Quando abraçava uma causa, era mais frequentemente algo a que chegara por sua própria conta e que podia fugir do lugar-comum.

Eram os acontecimentos bem distantes da Suécia que davam aos sonhos de revolução de Stieg um rumo concreto e o estimulavam a escrever mais.

> Lisbeth Salander pôs o livro no colo, pegou seu copo e bebericou um gole de café antes de se inclinar para apanhar o maço de cigarros. Sem virar a cabeça, deslocou o olhar para o horizonte. Do seu lugar na área da piscina, avistava uma nesga do mar do Caribe em meio a um conjunto de palmeiras e rododendros em frente ao muro do hotel. Um veleiro singrava ao largo rumo ao norte, na direção de Santa-Luzia ou Dominica. Mais adiante, distinguia o vulto de um cargueiro cinzento a caminho das Guianas ou de algum vizinho.

Na abertura do livro *A menina que brincava com fogo*, Lisbeth Salander acabou de pôr as mãos em 1 bilhão de coroas suecas saídas da fortuna não declarada do vilão, Wennerström, e se pôs a viajar pelo mundo. Chegou ao Caribe, mais especificamente à ilha de Granada. Ali, anda pela quilométrica praia de Grand Anse e perambula pelas ruas estreitas da capital, St. George, tomando a cerveja caribenha, provando as frutas nativas e esperando uma possível catástrofe sob a forma do furacão Matilda.

Lisbeth lê sobre a revolução que começou ali em 1979 e que "o guia de turismo diz ter sido inspirada pelas ditaduras comunistas de Cuba e da Nicarágua". Mas ouve do dono da pensão onde passa os primeiros dias na ilha uma versão diferente da história.

Hoje em dia, as ilhas do Caribe são anunciadas como um paraíso turístico para americanos e europeus ricos. A história é apagada, os episódios sangrentos e dramáticos são esquecidos.

A descrição experiente de Granada e de sua capital em *A menina que brincava com fogo* revela que Stieg Larsson conhecia bem a ilha e sabia mais do que os guias turísticos costumam mostrar.

Há uma fotografia tirada em Barbados, em 1981, de um Stieg de 27 anos, equipado com a obrigatória bolsa a tiracolo, a caminho de Granada. Ele e Eva estavam indo para lá em viagem de estudos, para mostrar sua união com uma ilha que era símbolo da permanência do sonho de solidariedade e do espírito de revolução, onde um partido chamado New Jewel Movement (NJM) havia feito sua própria revolução alguns anos antes e se encaminhara para uma variante nativa de socialismo. A revolução teve repercussão quase nula na grande imprensa ocidental. Mas o governo dos Estados Unidos acompanhou os acontecimentos com certa apreensão. No mesmo ano em que o NJM assumiu o poder em Granada, o ditador da Nicarágua, Somoza, foi derrubado por um movimento radical de libertação. Os círculos conservadores nos Estados Unidos interpretaram a situação de modo exagerado, dizendo que uma segunda Cuba estava nascendo em seu próprio quintal.

Os hóspedes suecos tiveram um programa completo de visitas a cooperativas agrícolas e organizações femininas, encontros com políticos e funcionários públicos. Encontraram até o primeiro-ministro, Maurice Bishop, e tiveram contato direto com seu carisma pessoal.

Stieg mais tarde escreveu um artigo na *Internationalen* sobre a revolução desconhecida de Granada, que derrubara um governo extraordinariamente corrupto e ganhara apoio popular impressionante. Também discorreu sobre o novo governo, que introduziu mudanças significativas em áreas fundamentais de atendimento a necessidades sociais e na economia em curto espaço de tempo. Todas as mensalidades escolares foram substancialmente reduzidas, o número de médicos dobrou e criou-se um sistema de assistência à maternidade sem igual na região. Granada caminhava agora para uma reforma fundiária abrangente, e também para o término do rentável cultivo de maconha lá existente, como em tantas outras ilhas das Índias Ocidentais.

Tudo indicava que os pobres caminhavam para uma vida melhor, foi a impressão de Stieg, mas os funcionários do governo, acostumados a encher os bolsos, tiveram seus salários cortados, e o próprio Bishop circulava no mesmo carro velho e gasto que possuía antes da revolução.

Na Suécia, Stieg Larsson e Eva Gabrielsson foram dois dos membros fundadores da Associação da Amizade Suécia Granada. O que significa que Stieg acompanhou toda a sequência radical da revolução de Granada, uma história incrível e trágica de idealismo e coragem, traição e fratricídio.

Granada, no arquipélago das Granadinas, é um lugar de beleza incomum no sul do Caribe, rodeado por mar azul e reluzentes recifes de coral. A paisagem natural é espetacular, com altas montanhas cobertas de florestas e vulcões adormecidos no interior. Suaves ventos alísios amenizam o calor tropical, mas as forças da natureza revidam de vez em quando com furacões violentos, que quase sempre causam ampla devastação, mas também mobilizam a ajuda mútua para a reconstrução do que foi arrasado.

Em Granada, a história tem sido dramática e sujeita a erupções como na natureza. Há muito tempo, espanhóis, ingleses e franceses farejaram o ar e detectaram o cheiro de grandes lucros vindo das Índias Ocidentais. De certa forma, foi ali que começou o colonialismo, sob a forma característica de grandes plantações, escravos negros e feitores cruéis, tudo isso controlado por um grupo de administradores relativamente pequeno, que poderia ser da Espanha, da Grã-Bretanha ou da França.

Os habitantes originais foram logo seduzidos por falsas promessas e acordos não cumpridos. Mas, afinal de contas, eram apenas pagãos e, como Colombo já havia declarado, *caribes*, canibais. Na verdade, não havia canibalismo nenhum nas ilhas, mas isso era um detalhe sem importância: a questão principal era estabelecer a condição bárbara dos nativos. Os habitantes originais, na realidade, eram eles próprios colonizadores. Tinham vindo da região do rio Orinoco, onde hoje é a Venezuela. Chamavam-se *kalinagos*, eram bastante belicosos e certamente pareciam intimidantes, com suas tatuagens e pintura corporal. Rechaçaram com sucesso um contingente de ingleses que chegou a Granada no princípio do século XVII em três grandes navios. De modo que os europeus precisavam pensar com cuidado antes de se instalar nessas ilhas — os lucros potenciais, no entanto, eram um fator decisivo.

Os grandes lucros para os colonizadores estavam nas plantações, em especial para cultivar cana-de-açúcar, o que dera tão bons resultados na ilha Barbados dos ingleses. Os franceses, que tinham conseguido se instalar naquela ilha em especial e a renomearam La Grenade, também tentaram a sorte com o açúcar, junto com o índigo, o pequeno arbusto cujas folhas produziam um maravilhoso corante azul.

A única questão era quem poderia ser levado para trabalhar nas plantações. Logo perceberam que os nativos não o fariam. Talvez fosse possível levar para lá sentenciados dos países natais, mas a verdadeira solução veio na forma de escravos negros da África, que foram enviados de navio para as Índias Ocidentais de meados do século XVII em diante a bordo de imensos navios infernais. A combinação do comércio de escravos e do cultivo de cana-de-açúcar, algodão e café foi o que levou a efeito a sinergia colonial. Até os franceses mais indolentes tiveram lucros razoáveis em Granada, expandindo seu comércio de escravos e cultivando uma variedade ainda maior de produtos. Mas no final a Grã-Bretanha ganhou e a França perdeu a batalha colonial. O Reino Unido controlava as águas e Granada era um petisco apetitoso quando os ingleses decidiram tomar posse dela em 1762, durante a Guerra dos Sete Anos.

Os ingleses eram astuciosos e poderosos e tratavam seus escravos como se pensava que deveriam ser tratados: com excepcional selvageria. De tempos em tempos, eles se rebelavam, com atos desesperados de vingança, a que seus senhores respondiam com as medidas repressivas condizentes, tais como esmagar os rebeldes nos moinhos de açúcar ou deixá-los morrer em gaiolas de ferro tão apertadas que era impossível mexer um membro sequer lá dentro.

A história do mundo, porém, às vezes tem reviravoltas inesperadas. Os acontecimentos mais espantosos tiveram lugar na França por volta do fim do século XVIII — as classes média e baixa criaram uma causa comum e derrubaram o velho regime. Em agosto de 1789, a recém-formada Assembleia Nacional Constituinte aceitou o extraordinário documento intitulado Declaração dos Direitos do Homem e do Cidadão. O primeiro artigo afirmava: "Os homens nascem e permanecem livres e iguais em direitos". As consequências dessa declaração tiveram longo alcance, é o mínimo que se pode dizer. Mas os revolucionários franceses não ousaram, ou não desejaram, dar-lhe continuidade até sua conclusão lógica. O que significaria abolir a escravatura em suas próprias colônias.

As ideias da Revolução Francesa, contudo, se espalharam aos quatro ventos, e os escravos das Índias Ocidentais Francesas logo começaram a tentar resolver as coisas por conta própria. Em 1791, na ilha de Santo Domingo (hoje Haiti), economicamente próspera, um escravo liberto, Toussaint L'Ouverture, conhecido como General Negro, liderou uma rebelião de milhares de escravos e obrigou os franceses a abolirem a escravidão — ainda que apenas temporariamente. Ainda assim, representou uma vitória assombrosa poder declarar, em 1801: "Não há escravos neste território".

A essa altura, Granada era britânica, mas como ideias não respeitam fronteiras nacionais, as mesmas opiniões se difundiram lá. Granada também se tornara gradualmente uma sociedade muito mais misturada, na qual até mesmo alguns dos escravos libertos e mulatos tinham subido de posição e adquirido propriedades. Julien Fédon, filho de um francês e de uma mulher negra que possuía uma extensão considerável de terra na ilha, com escravos próprios, detestava o domínio inglês, e as novas ideias vindas da França aos poucos o convenceram de que a revolução era necessária.

Em 2 de março de 1795, ele achou que havia chegado a hora. Liderou um grupo de escravos e ex-escravos, que atacaram e mataram vários ingleses donos de plantações e depois se refugiaram nas terras de Fédon. Ele recebeu apoio quase imediato de setores da população francesa católica, o número de revolucionários se multiplicou e eles se apoderaram de áreas cada vez maiores da ilha. Uma penosa guerra se seguiu, com extrema crueldade de ambos os lados, durou mais de um ano e terminou com a vitória dos ingleses, cuja superioridade de recursos acabou fazendo-os levar a melhor.

Os ingleses prontamente enforcaram os incitadores da rebelião, mas nunca apanharam o próprio Fédon. Ele desapareceu misteriosamente e logo se transformou numa lenda e num fantasma, visto cavalgando seu cavalo branco de batalha no meio da noite. Vive na imaginação popular até os dias de hoje como santo padroeiro dos negros da ilha.

Durante um século e meio, Granada continuou sendo uma economia agrícola, cultivando noz-moscada, coco, algodão e café. A escravidão foi abolida, mas os salários continuaram baixos e as condições de trabalho, duras para os antigos escravos e para a mão de obra contratada que trabalhava nas plantações.

No início dos anos 1950, surgiu uma luz no fim de túnel na pessoa de um elegante e poderoso líder sindical negro, Eric Matthew Gairy. Sua imagem pública era uma mistura de beligerante defensor dos trabalhadores e chefe supremo patriarcal dos pobres sob sua liderança, e seu poder cresceu numa velocidade vertiginosa quando entrou para a política. Granada ainda era colônia britânica, mas caminhava para a independência à medida que o sistema colonial se desmantelava aos poucos depois da Segunda Guerra Mundial. As primeiras eleições livres foram realizadas em 1951 e representaram uma vitória retumbante para Gairy e seu partido, o Partido Trabalhista Unido de Granada. Não foi um percurso fácil, o dos anos subsequentes: Gairy perdeu o cargo mas, quando os ingleses cassaram seus direitos políticos por ter perturbado a reunião de um adversário político, ele conseguiu virar isso a seu favor e ressurgir como inimigo perfeito do sistema colonial e protetor dos fracos. O partido de Gairy venceu de novo a eleição em 1961 e, quando os ingleses, para todos os fins práticos, se afastaram da administração em 1967, seu poder se tornou praticamente ilimitado.

A maneira como exerceu esse poder, entretanto, foi se tornando cada vez mais esdrúxula. Exigia lealdade absoluta de seus partidários, ameaçava quem mostrasse alguma tendência a lhe fazer oposição e construiu para si uma imagem de grande místico com talentos sobrenaturais. Dizia-se, por exemplo, que podia andar sobre as águas, e ele próprio se tornou progressivamente mais obcecado pela certeza de que uma espaçonave extraterrestre pousara em sua ilha.

Adversários que não se intimidavam e não se calavam poderiam receber visitas inesperadas, não de extraterrestres mas da força policial particular de Gairy, chamada de Gangue Mangusto. Foi porém enquanto esse bando de semicriminosos surrava ativistas políticos que se vislumbrou o fim do governo de Gairy. Um novo grupo se formou, rapidamente atraiu grande número de jovens e recebeu o sugestivo nome de New Jewel Movement. Jewel era um acrônimo para Joint Endeavour for Welfare, Education and Liberation. Os líderes eram Maurice Bishop e Kendrick Radix, dois jovens advogados que tinham estudado em Londres e foram influenciados pelo marxismo e pelo Black Power.

O NJM afirmava que eles eram os únicos que podiam garantir

liberdade e independência verdadeiras, agora que a Grã-Bretanha estava na iminência de abandonar o domínio sobre Granada. Gairy não era da mesma opinião e deixou seus sabujos à solta para enfiar um pouco de juízo na cabeça dos jovens impetuosos. Mas o resultado não foi o que ele esperava; na realidade, foi o exato oposto. Todos os setores da sociedade se viraram contra ele e exigiram que o governo aceitasse a responsabilidade pelos perversos ataques. Nem isso, porém, afetou Gairy. Certificou-se de que o Parlamento fosse convocado com frequência cada vez menor e atacou a imprensa livre. À medida que mais e mais líderes caribenhos o abandonavam, ele buscava novos amigos — em 1976, por exemplo, o sanguinário ditador chileno Augusto Pinochet fez uma visita oficial. Em março de 1979, Gairy visitou os Estados Unidos. Simultaneamente, correram boatos de que toda a liderança do NJM seria presa. Mas o NJM tinha outros planos. Março era um mês excelente para ação política. Fora quando Fédon fizera sua revolução quase duzentos anos antes; eles iriam fazer o mesmo.

O golpe foi incrivelmente simples. O elemento-chave parece ter sido a ocupação da estação de rádio estatal. Na manhã do dia 13 de março, a população ouviu anunciarem que estava agora escutando a Rádio Granada Livre, que o líder do NJM, Maurice Bishop, era o novo primeiro-ministro e que tinha a seu lado naquele momento Bernard Coard, um jovem acadêmico proeminente que voltara do exterior em meados da década de 1970 para trabalhar pelo NJM.

Cantou-se e dançou-se nas ruas de St. George no primeiro dia da revolução: "Que venha a liberdade, Gairy, vá embora, Gairy, vá embora num disco voador!".

A fase inicial da revolução foi um período de mobilização geral e trabalho voluntário, de reforma de escolas e implantação de programas de alfabetização em áreas rurais. O governo logo estabeleceu relações diplomáticas com Cuba e também recebeu ajuda substancial de lá, o que obviamente foi visto com grande irritação em Washington, onde Ronald Reagan era então presidente.

Granada também recebeu apoio de grupos do mundo inteiro, como a Associação da Amizade Suécia Granada, que Stieg Larsson e Eva Gabrielsson ajudaram a formar. Stieg e outros viam Granada como um novo fenômeno, um país que acompanhava o espírito da época: havia um marxismo relativamente ortodoxo, Black Power e uma ligação com as tradições negras da ilha, liberação feminina e, não menos importante, a alegria inspirada pelo fato de um país tão pequeno atrever-se a levantar o dedo para a superpotência Estados Unidos. Quando Stieg Larsson e outros simpatizantes visitaram Granada, foi acima de tudo com a intenção de dar destaque a tudo de positivo que estava acontecendo na ilha e não estava sendo divulgado na mídia comercial, e defendê-la das críticas de estar revelando tendências totalitaristas. No entanto, as róseas descrições desse comitê de solidariedade não correspondiam inteiramente à verdade. Figuras de oposição em Granada viviam sob repressão, muitos políticos e dissidentes foram presos e a influência de Cuba se espalhava.

Na *Internationalen*, um grupo sueco de solidariedade relatou como foi a comemoração de aniversário da revolução de Granada na primavera de 1983, com as paradas militares e o ritmo vibrante do calipso. Quando o vice-primeiro-ministro, Bernard Coard, começou a falar, a alegria já reinante do povo se transformou em êxtase ao saber que Maurice Bishop acabara de desembarcar no novo aeroporto de Granada, vindo de uma viagem ao exterior, e que em breve estaria presente ali.

O que quase ninguém sabia, inclusive Stieg, é que as divergências dentro do governo vinham aumentando e estavam próximas da ruptura. E que Bishop e Coard já se encontravam em campos opostos.

Havia também tensões latentes numa liderança estimulada

pelo idealismo e devoção à causa, mas que não dispunha de recursos econômicos para satisfazer todas as esperanças despertadas na população. Conforme as críticas ganhavam corpo, o governo reagia com mais repressão, como o fechamento do único jornal importante da ilha, *The Torchlight.* Vários grupos culturais e religiosos, inclusive os rastafáris, que eram uma presença importante na Jamaica e considerável em Granada, começaram a sentir inquietação e desânimo. Os rastafáris, que sempre tinham intrigado os ocidentais com sua mistura de política, fervor messiânico e adoração do príncipe Tafari, mais tarde Hailé Selassié da Etiópia, apoiaram a revolução no início, mas aos poucos foram entrando em conflito com o governo, fundamentalmente porque este queria acabar com o cultivo de maconha, cujo ritual de fumo era difundido na seita Rasta.

Em meados de outubro de 1983, chegou-se a um ponto crítico. A imprensa internacional falava em golpe. Mas o que aconteceu de fato?

Os grupos de solidariedade estavam bastante perplexos. Mas tinham conhecimentos do contexto, o que lhes permitiu investigar mais profundamente acontecimentos difíceis de interpretar no início.

Os três ativistas suecos de Granada, Eva Gabrielsson, Roland Eliasson e Stieg Larsson, tinham contato direto com voluntários que prestavam ajuda humanitária na ilha e divulgaram os acontecimentos dramáticos na *Internationalen.* Seus relatos revelavam enorme confusão e desespero, e por isso mesmo transmitiram uma sensação única de proximidade e autenticidade.

Eles informaram que o primeiro-ministro Maurice Bishop fora posto em prisão domiciliar pelos próprios companheiros do governo e que fora libertado outra vez pelo povo com grande celebração. Todos estavam do lado de Bishop e 10 mil pessoas lhe manifestaram seu apoio. "Nunca vi nada igual antes. Ninguém queria ceder, todos queriam lutar", contou um dos voluntários suecos.

Estava claro que Bernard Coard, que todos supunham ser o braço direito de Bishop e irmão de luta, era agora seu principal antagonista. "Os que falavam a favor de Coard diziam que Bishop não era tão esquerdista assim."

Bishop foi logo preso de novo e então, "quando a multidão estava sendo dispersada, ouviu-se um tiroteio, e foi provavelmente quando atiraram em Bishop". Portanto, Bishop estava morto e o golpe dentro do governo marxista era fato consumado.

"Pessoas com quem falei acham que Coard infiltrou seus homens em diversos cargos do partido. Eles não têm o menor apoio da população. O Conselho Militar é formado por tolos, 'marxistas-leninistas' de vinte anos que vieram direto para o poder.

"Tudo isso é terrível. Ainda não conseguimos compreender que tipo de regime é esse.

"Só nos resta chorar."

A descrição fragmentada, na *Internationalen*, do curso dos acontecimentos estava de modo geral correta, como se comprovou mais tarde quando as circunstâncias foram afinal estabelecidas.

O partido do governo se dividira em duas facções, uma liderada por Bernard Coard e sua mulher, Phyllis. Possivelmente sob pressão de Cuba e da União Soviética, eles insistiram em políticas alinhadas com rigorosos princípios leninistas. Acusaram Bishop de ser desorganizado e ter tendências pequeno-burguesas e social-democratas, o que ele deixara evidente ao se opor ao fechamento de *The Torchlight*. A facção de Coard exigira uma liderança partilhada entre ele e Bishop, com a qual Bishop primeiro concordou e depois não aceitou. Quando, em 8 de outubro, Bishop voltou de uma visita oficial ao Leste europeu, foi imediatamente preso. Numa reunião do Comitê Central à qual ele foi levado à força, acusaram-no de propalar falsos boatos sobre Coard. Ele foi expulso da liderança e, na mesma noite, anunciou-se que renunciara e fora substituído por Bernard Coard no cargo de primeiro-ministro. Bishop foi coagido a falar na rádio durante a noite e negar todos os rumores de uma cisão no Comitê Central. Ninguém acreditou em uma só palavra do que ele disse. No dia seguinte, uma enorme multidão se reuniu e saiu em marcha organizada para a Residence, onde Bishop estava em prisão domiciliar.

Encontraram-no amarrado à cama, meio despido. Foi solto e levado em triunfo para a cidade. Um repórter escutou apenas um murmúrio saindo de seus lábios enquanto as lágrimas lhe desciam pelo rosto: "A multidão, a multidão". Estava fraco demais para falar às massas reunidas. Assim, ele e seus partidários se trancaram no Forte George e se prepararam para transmitir uma mensagem ao povo pelo rádio. A facção de Coard reagiu depressa à nova situação e enviou um destacamento de soldados ao forte. Ouviu-se o som de tiros. A maioria dos partidários de Bishop estava desarmada e muitos foram mortos no ataque. Bishop se rendeu para evitar mais derramamento de sangue. Ele e mais sete pessoas foram levadas ao pátio, onde uma sentença previamente redigida foi lida em voz alta. Eles foram então enfileirados de frente para o muro e executados de modo sumário.

A multidão que libertara Bishop ficou abalada e cedeu diante das ameaças de mais violência. Pouco tempo depois, foi formado um "Conselho Militar Revolucionário" sob as ordens do general Hudson Austin e decretou-se o toque de recolher.

Seis dias mais tarde, na manhã de 25 de outubro, os Estados Unidos invadiram Granada a pretexto de preservar a segurança dos mil cidadãos americanos que estavam em risco na ilha. A invasão foi efetuada com a cooperação e de acordo com a solicitação de vários outros países da região. Veio a público mais tarde que os

Estados Unidos haviam feito forte pressão para obter petições oficiais deles.

Os Estados Unidos derrotaram Granada em cinco dias, um resultado não de todo surpreendente. Não houve praticamente nenhuma resistência do povo, impossibilitado de agir depois do golpe impopular de Coard e da morte de Bishop.

As informações sobre Granada na *Internationalen* atraíram alguma atenção. Ulf B. Andersson escreveu no *Journalisten*: "É notável que um pequeno periódico como a *Internationalen* tenha conseguido esclarecer melhor do que a maioria da imprensa sueca os acontecimentos que levaram à invasão".

Semanas mais tarde, Stieg Larsson escreveu outra vez na *Internationalen* sobre Granada, e sua análise foi inequívoca. Como seria de esperar, os Estados Unidos eram o vilão da peça. Os americanos haviam passado a ver Cuba, Nicarágua e Granada como um triângulo soviético e uma ameaça direta aos interesses americanos. Alexander Haig, ministro das Relações Exteriores, encomendara um relatório urgente em 1980 sobre os pré-requisitos para uma invasão militar do triângulo. Em agosto de 1981, os Estados Unidos distribuíram tropas em formação de combate em um exercício militar chamado Operação Âmbar, numa ilha montanhosa do arquipélago das Ambardinas. O objetivo era ocupar a ilha durante dezessete dias e ali instalar um novo regime favorável aos Estados Unidos.

O objetivo final da invasão de Granada, na opinião de Stieg Larsson, era apagar qualquer vestígio da revolução, a primeira num país de língua inglesa e que estava a apenas um passo dos Estados Unidos.

Stieg não provou que os Estados Unidos haviam organizado o golpe dentro do governo revolucionário nem tentou fazê-lo.

Mas os fatos que desvendou apontam com muita clareza para a existência de preparativos militares. O fato de os próprios revolucionários terem dado aos americanos a desculpa para intervir foi apenas mais uma trágica ironia.

Em setembro de 2009, Bernard Coard e seis de seus partidários saíram da cadeia de Richmond Hill em Granada. Foram presos quando da tomada de Granada pelos Estados Unidos, mas o julgamento das dezesseis pessoas só foi realizado em 1986. Coard foi condenado à morte, mas em 1991 sua sentença foi reduzida para prisão perpétua.

Ele admitiu sua culpa pelos acontecimentos de outubro de 1983 e chegou a encontrar a filha de Maurice Bishop, Angela, pouco antes de sair da prisão.

Hoje, quando se chega a Granada de avião, pousa-se no Aeroporto Internacional Maurice Bishop. Trata-se do local onde as tropas americanas desceram de paraquedas em 1983 e foi renomeado em 2009 em homenagem ao líder da revolução por iniciativa do atual primeiro-ministro, Tillman Thomas, que também esteve preso por algum tempo durante o período revolucionário de Bishop.

Os restos mortais de Maurice Bishop nunca foram encontrados e jamais foi realizada uma cerimônia fúnebre decente.

O furacão que Lisbeth Salander presencia no romance assolou a ilha no outono de 2004 — embora com o nome de Ivan. Poucos meses antes da sua morte, Stieg Larsson enviou um e-mail para seu editor dizendo que ele e alguns amigos estavam restabelecendo o Comitê de Granada a fim de poder organizar a ajuda aos habitantes atingidos pela tempestade, que fora a pior de muitas décadas.

A rebelião de Granada nos anos 1980 foi quase um modelo de revolução, em formato ultracompacto, em suas esperanças e em sua tragédia. Houve a mobilização do povo, em seguida vieram as reformas rápidas e em muitos casos bem-sucedidas, a repressão crescente, tanto externa quanto interna, a luta pelo poder e os expurgos sangrentos e, finalmente, a clássica invasão militar norte-americana.

Foi sem dúvida um período de tristeza e até de decepção para quem tinha tantas esperanças. Mas a reação de Stieg Larsson foi típica dele. Simplesmente se recusou a aceitar que todas as tentativas de estabelecer uma nova ordem social no Terceiro Mundo estavam condenadas ao fracasso, não aceitou que o ditado que afirma que todas as revoluções devoram seus próprios filhos fosse verdadeiro. Ele queria chegar às origens das circunstâncias que estavam por trás da invasão. Como havia sido preparada, quem eram os responsáveis, quais as suas forças motrizes?

ARTICULISTA

Stieg tinha agora um escopo mais amplo para seus textos na Agência de Notícias TT. Em 1983-4, a empresa optou por uma combinação de texto, fotos e artes gráficas, criando um departamento chamado TT Ilustrado [TT Bild]. Produzia artigos especiais mais longos, "TT Reportagens", que podiam ser vendidos a jornais já na forma de textos prontos. O repórter Kenneth Ahlborn foi nomeado chefe do departamento.

Ele logo descobriu que Stieg Larsson transbordava de ideias e incentivou-o a escrever. Stieg tinha um conhecimento quase enciclopédico sobre assuntos como política e história, em especial a Segunda Guerra Mundial. Em outras áreas que não o interessavam — música e esportes, por exemplo —, ele era assumidamente ignorante.

Um colega que trabalhou com Stieg em seus primeiros anos na TT afirmou, num artigo muito citado no jornal *Dagens Nyheter*, em janeiro de 2010, que Stieg não escrevia bem e que mal sabia redigir um artigo curto: "O estilo dele era afetado, a ordem das palavras em geral, incorreta, a estrutura das frases uniforme demais e a sintaxe às vezes totalmente estranha — era uma linguagem que precisava ser reescrita para atender à sua função profissional".

Kenneth Ahlborn faz questão de dizer, porém, que não havia absolutamente nada de errado com o estilo de Stieg; seus artigos precisavam de um pouco de edição, mas não mais que os da maioria dos outros jornalistas. E era sempre muito agradável conversar com Stieg. Ele sabia um bocado de coisas, mas no fundo era um sujeito normal — se bem que dedicadíssimo a tudo o que fazia.

Seus artigos especiais para a TT muitas vezes tratavam de assuntos ligeiramente fora dos padrões, nos quais ele podia se valer do que aprendia em seu amplo leque de leituras. Os tópicos poderiam ser "Assim foi construída a pirâmide de Quéops" ou "Qual a verdade sobre o Triângulo das Bermudas?", textos facilmente digeríveis que os jornais gostavam de comprar. Para Stieg, não eram apenas diversão, mas também ciência popular. Na época, a nova espiritualidade que fora despertada na era dos hippies se tornara o auge da moda sob o rótulo de New Age, e estava se espalhando na imprensa sob a forma de artigos sobre estilo de vida ou de teorias modernas de política administrativa. Stieg considerava aquilo tudo superstição e pseudociência e se irritava. "A gente nem pode atravessar uma rua sem que alguém venha bater no seu ombro e perguntar qual o seu signo astrológico", escreveu ele na *Internationalen* em 1983. Para ele, o fenômeno da New Age também representava algo completamente oposto a toda a sua perspectiva — a ideia de que tudo era previamente determinado por um ser superior, que não podíamos exercer influência sobre nosso mundo com nossas ações.

* * *

O grande interesse de Stieg por ficção policial deu-lhe outra oportunidade. Ele entrevistava escritores e apresentava resenhas de livros recém-publicados, sobretudo durante o movimento dos períodos de pico de consumo, o verão e o Natal, e a imprensa local ficava contente por ter esse material à disposição.

Elizabeth George era uma das prediletas, lembra Kenneth Ahlborn: "Certa vez, estávamos discutindo detalhes de um dos livros dela e Stieg foi direto à fonte. Fiquei impressionado ao ver que ele tinha o número do telefone dela e que podia ligar assim, sem mais nem menos".

Stieg vinha lendo histórias de detetives desde garoto. Consumira com avidez a série aparentemente interminável dos *Tvillingdetektiverna* [Os detetives gêmeos], de Sivar Ahlrud — pseudônimo de dois autores: Sid Roland Rommerud e Ivar Ahlstedt. Na verdade, poucos meninos na Suécia nas décadas de 1950 e 1960 poderiam deixar de ler pelo menos um livro sobre os gêmeos ruivos Klas e Göran Bergendahl, que tinham como base de operações uma pequenina aldeia cujo nome, Vindsele, lembrava os das aldeias de Västerbotten, mas que viajavam por todo o país para solucionar enigmas de interesse sempre atual, como *Tunnelbanemysteriet, Raketmysteriet* ou *Skyskrapemysterie* [O mistério do trem do metrô, O mistério do foguete, O mistério do arranha-céu]. Kenneth Ahlborn também gostava de cultura popular e temas de mistério, e ambos se deliciavam com a série de histórias de detetive publicada por B. Wahlström, com as capas hoje clássicas do ilustrador Bertil Hegland. Divertiam-se com as lembranças dos detetives gêmeos. O livro favorito de Ahlborn era *Skyskrapemysterie*, o de Stieg, *Lördagsmysteriet* [O mistério do sábado]. Numa ocasião, começaram a conversar sobre o que poderia ter acontecido com os heróis de todas essas histórias para crianças e adolescentes quando crescessem. E combinaram, com irreverência, que cada um escreveria um livro para esclarecer o assunto.

Kenneth Ahlborn pensou em começar com uma situação de emergência em que a única opção fosse convocar os detetives gêmeos, Agaton Sax, personagem de Nils-Olof Franzén, Tam Sventon, personagem de Åke Holmberg, e Kalle Blomkvist, personagem de Astrid Lindgren — que encontraríamos chegando de táxi no local escolhido pela polícia para tratar do caso, um a um, acometidos pela gota ou pela surdez, mas com seus antigos poderes de dedução ainda intactos.

Stieg Larsson estava decidido a escrever um livro sobre uma Píppi Meialonga com distúrbio de déficit de atenção e hiperatividade, e o que aconteceria com ela mais tarde, aos vinte anos. Provavelmente não se sairia muito bem na sociedade moderna, receberia um diagnóstico de doença mental e seria trancada numa clínica psiquiátrica, talvez até submetida a maus-tratos físicos ou psicológicos, e sairia de lá com sede de vingança.

No outono de 2004, Kenneth Ahlborn topou com Stieg Larsson, que lhe contou com ar triunfante que terminara seu livro sobre Píppi.

— Primeiro pensei que ele estivesse brincando, depois percebi que falava sério. O livro fora aceito por um editor importante e estava prestes a ser lançado.

No caso de Stieg, seu insaciável apetite por ficção policial continuara, sem interrupção, desde a infância. Os gêmeos Bergendahl haviam dado lugar a Sam Spade e Philip Marlowe, os heróis durões dos livros de Dashiel Hammett e Raymond Chandler. Com o tempo, teve outros favoritos, mas agarrava-se teimosamente a escritores de língua inglesa e à maneira deles de contar histórias. Mais recentemente, ouviram-no comentar: "Os únicos escritores suecos de suspense que valem a pena ler são Sjöwall e Wahlöö — se lidos em inglês".

Mas a essa altura ele já descobrira as escritoras de histórias policiais. Na verdade, elas haviam se tornado quase as únicas que ele lia: Elizabeth George, Sara Paretsky, Sue Grafton, Minette Walters, Patricia Cornwell. Suas favoritas eram George e Paretsky. É claro que são bastante diferentes quanto a estilo e temas, mas ainda assim têm uma nítida relação com os romances policiais que o próprio Stieg viria a escrever. Elizabeth George tem longas e intricadas narrativas com muitas tramas secundárias, e retrata a interação social entre os dois detetives, Thomas Lynley (lorde Asherton) e sua subordinada insubmissa, Barbara Havers, vinda da classe operária. E Sara Paretsky reinventa a tradicional ficção policial americana sem sentimentalismos, introduzindo a crítica social feminista, em que as investigações de sua protagonista, V. I. Warshawski, a levam aos centros do poder, obrigam-na a desvendar escândalos tanto na política quanto na sociedade e a enfrentar os implacáveis interesses do mundo dos grandes negócios.

Além de artigos especiais para a TT, Stieg também produziu um vasto portfólio de artigos de viagem para a revista sueca *Vagabond*. A publicação era nova no mercado na ocasião, e uma de suas primeiras ideias foi enviar um redator competente para fazer a clássica viagem de trem de Moscou a Beijing pela Estrada de Ferro Transiberiana.

Per J. Andersson, editor da *Vagabond*, descreveu num artigo de 2008 como o amigo de Stieg, Per Jarl, que naquela época dividia as instalações com eles e era colaborador independente da revista, logo manifestou interesse em ir como fotógrafo e sugeriu o nome de Stieg como redator.

"Ele é cartógrafo na TT. E é muito talentoso."

"Com mapas, talvez, mas sabe escrever?"

"Nem pensar!", confessou Per Jarl.

Per Andersson continuou cético a respeito de Stieg, o especialista em mapas da TT, mas suas dúvidas se revelaram infundadas quando o texto dele chegou, "datilografado sem nem um erro sequer em catorze páginas tamanho A4!".

E esse texto é de fato um material de reportagem que ainda impressiona, escrito com ritmo e sutileza e a quantidade certa de detalhes e informações factuais.

Stieg conta como os viajantes da Transiberiana viviam duas vidas paralelas: a vidinha limitada dentro do compartimento apertado no meio de gente de diferentes países, tomando chá, comendo no restaurante uma comida abaixo dos padrões, aprendendo canções russas rústicas, discutindo política e se apaixonando. Eram um grupo variado:

> Havia a mulher que abrira uma boate num dos compartimentos; um viajante profissional de Estocolmo cujos preparativos para aquela viagem tinham sido meticulosos ao extremo [...]. Havia o desertor por motivos de consciência de Skåne fugindo para o Tibete e os dois noruegueses que pretendiam pegar um voo para casa assim que chegassem a Beijing. E muitos mais. Devíamos formar um grupo típico de viajantes da Transiberiana.

Ao mesmo tempo, além da janela, o grande e vasto mundo deslizava majestosamente como "um gigantesco videoteipe russo".

Pois a viagem pela Estrada de Ferro Transiberiana "não é apenas pela geografia e suntuosidade da natureza. É acima de tudo uma viagem através do tempo e do espaço na história, a lugares que cumpriram um papel na formação do nosso presente, onde ainda ecoam os sons de proezas heroicas e de tragédias".

A história dessa paisagem é a do trabalho forçado de prisioneiros construindo as estradas de ferro imperiais do czar; do papel decisivo das ferrovias na Revolução Russa; de Kírov, uma estação solitária na linha férrea que ganhou o nome do líder do partido em Leningrado, assassinado em 1934 — por um trotskista, assim disseram, é claro, o que foi o pretexto para a onda de expurgos sangrentos no partido comunista; de Sverdlovsk, antiga Iekaterinburg, onde o último czar foi assassinado depois da revolução.

Stieg conta como a China ganhou sua batalha de propaganda contra a União Soviética recebendo os visitantes com chá, bolos, cerveja e um uísque intragável e permitindo fotografias sem restrições. E assim eles chegaram.

"Às 6h36 da manhã seguinte, completou-se a etapa final e a viagem terminou tão repentinamente quanto havia começado, ao pararmos na Estação Central de Beijing. Temos 9.001 quilômetros de trilhos atrás de nós e estamos quatro minutos atrasados."

O artigo da *Vagabond* foi a verdadeira prova daquilo que Stieg Larsson era capaz de realizar quando o deixavam à vontade para discorrer sobre algo que apreciava. Apesar disso, não eram os artigos especiais nem as viagens o que mais lhe ocupava a mente. Kenneth Ahlborn sabia muito bem que o empenho de Stieg estava direcionado para outra coisa; que, quando ele às vezes chegava à TT para trabalhar no meio do dia, tinha bons motivos para isso: "Claro que eu sabia que ele não bebia às escondidas, que o que estava por trás de suas chegadas tardias não era falta de respeito pela TT nem nada parecido, mas por estar engajado numa espécie de missão de defesa civil contra neonazistas e outros elementos sinistros todo fim de tarde e toda noite".

Cartógrafo

No fim dos anos 1970 e princípio dos 80, o interesse de Stieg Larsson em conspirações e na denúncia de sombrias redes antidemocráticas o levou a setores alternativos do jornalismo, em que mapear um território era algo que se fazia por meio de infiltração e pesquisa sistemáticas, delineando um terreno assustador que poucos sabiam existir, especialmente naquele tempo.

Em 1973, eu próprio testemunhei uma incrível reunião de neofascistas suecos em torno da estátua de Carlos XII no parque Kungsträdgården, em Estocolmo. Em breve faria minhas provas finais na Faculdade de Jornalismo, e uma parte do trabalho desse último período era produzir um jornal em grupo. Um amigo e eu decidimos colher dados para uma reportagem sobre extremismo de direita e neonazismo. Não me lembro de como chegamos à ideia, mas não foi uma escolha óbvia de assunto. A questão estava em voga entre os esquerdistas, e o compromisso político se manifestava mais em outras direções. Naquele ano, a Suécia estava sendo sacudida pelo "Caso IB", a polêmica referente aos serviços de informação suecos, que vinham secretamente recolhendo informações sobre indivíduos vistos como ameaças ao Estado, e os jornalistas Jan Guillou e Peter Bratt tinham acabado de ser presos por espionagem. Naquele outono, pouco tempo antes, o general Augusto Pinochet derrubara o presidente esquerdista eleito no Chile, Salvador Allende, e submetera o país a uma ditadura militar.

Talvez tivéssemos a sensação de que os grupos de extrema direita, por menores que fossem, estivessem começando a enxergar sua oportunidade. Também valia a pena escrever sobre eles porque eram bastante desconhecidos e sua história era ao mesmo tempo fascinante e assustadora. Estariam falando a sério quando diziam acreditar numa revolução nacional, na abolição da democracia e na introdução de um regime autoritário na Suécia?

Fomos encontrar o advogado Ulf Hamacher, líder da renovada Associação Nacional Sueca [Sveriges Nationella Förbund, SNF], na casa dele em Götgatan, Estocolmo. Ele fumava um charuto e estava cheio de expectativas. Tinham grandes planos para o futuro, dizia. A maré esquerdista logo mudaria. Não demorava, e o homem das ruas estaria aflito para retornar às normas e à autoridade. E os nacionalistas eram os únicos que tinham um programa pronto para essa eventualidade.

Num artigo na *Expo*, publicado muito mais tarde, Stieg Larsson escreveu a respeito da evolução da SNF no decorrer dos anos seguintes e sobre o que Hamacher havia dito:

> Em 1974, a SNF iniciou uma campanha nacional para atrair novos membros e acionar os antigos. Foram adotados um novo programa e novas regras. Uma facção jovem havia sido formada, a Juventude Nacional Sueca (SNU), tendo Mikael Kindberg como presidente. Tentou infiltrar-se em associações de tendência moderada, mas também se envolveu em atividades "apolíticas" através de um clube de mergulho, um clube de tiro, um grupo de ginástica, dança e música folclóricas, além de ciclos de estudo para discutir defesa

nacional. Estabeleceu ainda um "tribunal interno", com Ulf Hamacher como presidente.

Essa citação ilustra como a extrema direita estava constantemente buscando plataformas para basear suas atividades, por causa da fragilidade de sua posição fundamental. O que os enchia de esperanças eram os acontecimentos no exterior, principalmente na América Latina, onde o Chile e diversos outros países estavam então implantando ditaduras de extrema direita.

O próprio Hamacher era um forte simpatizante do regime de Pinochet, e alguns anos mais tarde até se estabeleceu como presidente da Sociedade Sueco-Chilena. Chegou até a residir durante algum tempo em sua nova Utopia.

Fomos também escutar o principal adversário da esquerda, Christopher Jolin, que expôs sua teoria dos motivos de a situação ter estado melhor durante a Guerra Fria, na década de 1950, quando havia uma consciência geral da ameaça comunista em todos os setores da sociedade. Jolin era, em vários aspectos, o nome mais importante da extrema direita. Havia publicado, em 1972, um livro intitulado *Vänstervridningen i Sverige: hot mot demokratin* [A mudança para a esquerda na Suécia: Uma ameaça à democracia], no qual afirmava que os extremistas de esquerda tinham se infiltrado no principal meio de comunicação do país, nada menos que a Rádio Sueca. Seu livro teve diversas reimpressões e ele próprio foi muito elogiado nos círculos conservadores por seu trabalho arrojado. Entretanto, quando saiu do armário como fascista de verdade, muitos dos que haviam apoiado seus pontos de vista mais que depressa se afastaram dele. Jolin também fez parte da Associação Nacional Sueca e em seguida trabalhou para a Rádio Islã, antissemita, de Ahmed Rami.

Portanto, em 30 de novembro de 1973, eu estava perto da estátua de Carlos XII para assistir à reunião dos neofascistas. A manifestação foi organizada pela Associação Nacional Sueca e pela Associação Narva (assim chamada em homenagem à vitória de Carlos XII sobre os russos em 1700). Era um espetáculo extraordinário: homens idosos de chapéu e casacão de pelo de camelo, tochas ardendo ao crepúsculo de novembro e um grupo de rapazes envergando uniformes de época dos soldados de Carlos XII. Os trajes haviam sido alugados, soube-se depois, do museu folclórico ao ar livre, Skansen, com o pretexto de que seriam para uma festividade histórica, não para um evento político.

Um dos homens se adiantou solenemente, ajoelhou-se e depositou uma coroa de flores na base da estátua do rei, depois se levantou e se curvou. Houve um rufar de tambores. E com isso o espetáculo se encerrou.

De certa forma, a representação era sintomática. A extrema direita estava se apresentando como um baile de máscaras histórico, algo que em breve acabaria sendo igual a uma exposição no museu Skansen, junto com os uniformes dos soldados de Carlos XII.

Eu próprio não apostaria nem um tostão no futuro dessas pessoas e de suas organizações. Jamais poderia prever os violentos confrontos que acabariam irrompendo entre grandes grupos de neonazistas e jovens antifascistas naquele mesmo lugar, em torno da estátua de Carlos XII.

CARLOS XII E A SUPREMACIA BRANCA

O rei Carlos XII está apontando para o leste, e o faz há mais de 140 anos. Achamos que ele aponta para onde está o inimigo. É provável que não tenha sido essa a ideia pretendida quando a estátua foi erguida, mas hoje é e vai permanecer, como o próprio rei, um símbolo nacional, mais carregada de significado do que qualquer outra figura de bronze do país.

Carlos XII foi na verdade uma anomalia no trono real sueco: um governante autocrático e belicoso, e no entanto um símbolo dúbio de uma cultura sueca maior e unificada. Depois da batalha de Poltava, por exemplo, ele e suas tropas fixaram residência na Bessarábia turca, e ao redor dessa colônia sueca cresceu uma cidade multicultural, Carlópolis (hoje Tighina, antes Bendery; antes pertencente à Rússia, hoje à Moldávia), povoada por todos os grupos étnicos imagináveis: turcos, cossacos, armênios, judeus. Mas isso é fato histórico. Quando a imagem romântica do rei Carlos como jovem herói se formou, no século XIX, e depois lhe atribuíram funções políticas específicas, no século XX, deu-se a criação de um mito.

Há um século, em 29 de abril de 1919, o jornal liberal *Aftontidningen* publicou um artigo que causou sensação. O autor era August Strindberg, e aquele foi o primeiro de seus textos ásperos que provocariam o "Conflito Strindberg", uma polêmica histórico-política, que o autor chamou de "Adoração ao faraó" e que era um violento ataque ao rei Carlos XII: "O fato de o fundador deste reino, Gustaf Vasa, com suas qualidades excepcionais, tornar-se objeto de adulação é mais do que correto e apropriado, mas quando a nação se reúne em torno de seu flagelo e notório destruidor, então existe algo de inegavelmente doentio, para não dizer podre, no ar!".

Em poucos dias, desencadeou-se uma polêmica na imprensa. Cerca de 150 articulistas travaram uma briga de foice, e o debate todo se estendeu por mais de um ano. A Suécia literária e a Suécia política estavam divididas: a favor ou contra Strindberg. E dessa vez era Strindberg quem apontava para o inimigo. Seus principais antagonistas não eram pessoas quaisquer, mas duas das figuras mais reverenciadas do país: Verner von Heidenstam, membro da

Academia e bardo nacional, e o mundialmente famoso explorador Sven Hedin.

Trinta anos depois, ambos estariam expressando sua simpatia pela Alemanha nazista, Hedin de modo menos ambíguo do que Heidenstam. O futuro político estava de certa forma condensado nessa polêmica da imprensa.

Entre os inimigos de Strindberg havia um professor de política da Universidade de Gotemburgo, Rudolf Kjellén. Ele percebeu que havia princípios importantes em jogo na batalha entre Hedin e Strindberg: uma luta entre os tempos antigos, "a Suécia da negação infrutífera e das utopias excêntricas", e os novos tempos, representados por homens como Hedin, "o forte e heroico homem de ação".

Kjellén era conservador, membro da Allmänna valmansförbundet [Associação Eleitoral Geral], o partido direitista da época no Parlamento. Mas era um tipo novo de conservador. Previu a chegada de uma guerra, as massas marchando sob os estandartes vermelhos do movimento operário em vez da bandeira azul e amarela da Suécia. Estava preocupado e concluiu que a direita à qual pertencia precisava ser rejuvenescida, e de modo radical. Não era mais uma questão de classe alta ou classe baixa, operários ou burguesia. Todos precisavam ser acomodados em um mesmo teto, precisavam sentir que dividiam a mesma casa. Chamava a isso de "lar do povo" [*folkhem*] — e assim cunhou um conceito que, sem que viesse a saber, desempenharia um papel fundamental na história da Suécia moderna. Não seria como indivíduos que as pessoas perceberiam a noção de comunidade, mas como parte de um todo maior, quase metafísico: a nação. E a nação por sua vez deveria manter sua posição, conquistar um espaço onde viver, pela força, se necessário. "Os Estados não são batizados com tinta nem letra impressa, mas com sangue." Kjellén achava que o socialismo do movimento operário já vira dias melhores, mas o liberalismo também. Na sociedade moderna, a liberdade se transformara em comodismo; o livre pensar se tornara mais importante do que o pensar correto. Era chegada a hora de mudar de direção, e o povo já estava sentindo "a necessidade de algo sólido a que se apegar, uma doutrina em que acreditar, uma autoridade a que se submeter, o homem forte a seguir".

No outono de 1919, poucos meses depois de participar do Conflito Strindberg, Kjellén escreveu algumas linhas muito citadas sobre "a ideia de socialismo": "O socialismo como política de um partido limita esse conceito para as classes trabalhadoras. Portanto, é um perigo para a sociedade. Estenda-se a ideia a todo o povo — pensemos em socialismo nacional em vez de socialismo de classe —, e o perigo para a sociedade se transforma na grandiosa força da sociedade!".

Kjellén morreu em 1922, portanto nunca veria a ascensão de Hitler ao poder, mas tornou-se um pensador reverenciado na Alemanha nazista, e seu discípulo Adrian Molin levou seus conceitos adiante na Suécia. Molin foi a inspiração mais importante por trás da formação da Associação Nacional da Juventude Sueca [Sveriges Nationella Ungdomsförbund, SNU], em 1915. Se Kjellén foi um dos primeiros nacional-socialistas do mundo, então a SNU foi o núcleo de uma das mais antigas organizações nazistas do mundo.

Nos anos 1930, a SNU rompeu com o partido direitista tradicional e formou a Sveriges Nationella Förbund [SNF, Associação Nacional Sueca], que se fundiu com o partido fascista de Per Engdahl, Nysvenska rörelsen [Novo Movimento Sueco]. Engdahl era o ideólogo mais inteligente e o tradicionalista mais influente dentro do fascismo e do nazismo na Suécia, mas seu partido nunca atraiu grande número de quadros, não mais do que os grupos que se chamavam nacional-socialistas, liderados pelos irmãos Furugård, de Värmland, ou pelo sargento do exército Sven-Olof Lindholm.

Uma característica da extrema direita da Suécia é, apesar do pouco apoio popular, estar notavelmente bem representada na elite e nas classes governantes: cientistas, acadêmicos e militares de alta patente. Não foram apenas teóricos como Kjellén e Molin que se puseram na vanguarda ao formular ideias que depois se tornaram predominantes no Terceiro Reich. Herman Lundborg, o primeiro professor de eugenia do mundo, foi parte dessa tendência, já em 1910, e fundou a Sociedade Sueca de Higiene Racial. Uma década mais tarde, conseguiu fazer quase todas as autoridades o apoiarem quando criou um instituto de pesquisa racial sueco.

O Instituto Nacional de Eugenia começou a funcionar em 1921, com Lundborg na direção, e tornou-se afamado por seus projetos, em larga escala, de pesquisa de campo sobre o povo sueco. Ele e seus colegas viajavam pelo país inteiro fotografando, calculando e tomando notas. Os objetos dessa pesquisa, não vendo nada de mau nela, foram divididos em grupos raciais de acordo com sua constituição física, cor de pele, cor de cabelo, formato do crânio, circunferência do crânio, e assim por diante. E pouca gente duvidava de seu valor científico. Baseado nos resultados, Lundborg empreendeu uma vigorosa campanha em prol de uma política populacional ativa, incluindo esterilização compulsória de indesejáveis, como lapões, ciganos e vagabundos. Se não fosse implementada, a fusão de raças cresceria gradativamente e a cultura entraria em declínio: "Os impulsos sexuais se intensificariam, a imoralidade, o hedonismo, o vício e o crime sobreviriam e deixariam sua marca na sociedade. Mais cedo ou mais tarde, tudo isso levaria a discórdia, divergências, tumultos e revolução" (segundo artigo no *Svensk Tidskrift* em 1921).

Uma razão para o rápido e disseminado apoio que as teorias de Lundborg obtiveram foi a crença profundamente arraigada desde meados do século XIX no parentesco entre os povos germânicos do norte europeu, tendo a Suécia como sua pátria de origem. De modo que, quando os nazistas tomaram a iniciativa e começaram falar em restaurar a honra da nação germânica e defender a raça nórdica, muitos suecos lhes deram ouvidos. E não só membros do partido nazista sueco mas também indivíduos influentes na política, no funcionalismo público, no mundo dos negócios, entre os militares, na polícia, até na família real. Alguns dos grandes admiradores da Alemanha antes e durante a Segunda Guerra Mundial pertenciam às forças armadas suecas. Quando Hitler festejou seu quinquagésimo aniversário, na primavera de 1939, foi cumprimentado por uma delegação sueca de oficiais de alta patente comandados pelo futuro comandante supremo, Olof Thörnell. Estavam acompanhados do nazista declarado Carl Ernfrid Carlberg e de Henri de Champs, como representantes da Sociedade Manhem (uma associação patriótica escandinava batizada com o nome do livro de Olaus Rudbeck sobre especulações góticas, escrito no século XVII) e da Associação Sueco-Germânica, que também ofereceu um presente a Hitler, uma estatueta de Carlos XII, que, dizem, muito lhe agradou.

Na fase inicial da guerra, o governo sueco de coalizão adotou uma política ampla de atendimento às exigências alemãs, com aumento das exportações de minério de ferro, de transporte de tropas por ferrovia e mar, além de censura a todos os jornais suecos que criticassem a Alemanha.

As coisas não andaram tão bem, contudo, para os partidos nazistas oficiais. Generais e coronéis jamais sonhariam em se subordinar ao subtenente Lindholm, nem mesmo sob uma ocupação alemã. E a nação que se pretendia unir não estava muito interessada nas briguinhas constantes entre os próprios partidos nazistas. Mas existia um fundo comum de ideias e atitudes históricas do qual grupos e indivíduos tiravam inspiração, e que fazia que alguns se aferrassem a seu credo fundamental — nacionalismo agressivo, racismo, a convicção de que as elites deveriam governar — enquanto outros amigos da Alemanha tiravam da parede seus retratos de Hitler e se matriculavam em cursos de inglês por correspondência.

No primeiro volume da série Millennium, *Os homens que não amavam as mulheres*, três desses nazistas irredimíveis aparecem sob forma ficcional, os irmãos do industrial Henrik Vanger: Richard, Harald e Greger. Harald, um médico, trabalhou no Instituto Nacional de Eugenia e foi um luminar na campanha para esterilização de elementos indesejáveis na população, além de coautor do livro *A nova Europa do povo*, "um dos livros mais repugnantes já publicados na língua sueca", segundo Henrik Vanger. Harald fez parte do movimento fascista de Per Engdahl, o Nova Suécia, e acompanhou Engdahl por várias organizações ao longo dos anos. Greger disfarçou melhor suas simpatias, mas sabe-se que foi um colaborador influente do Partido Nacional Nórdico, uma facção nazista.

Richard Vanger, o irmão mais velho, deve ter participado da maior parte das associações nazistas do país:

> O nome dele devia constar da lista de membros de todas essas associações conspiratórias repulsivas que existiram, pode ter certeza disso. Em 1933, formou-se o movimento Lindholm, ou seja, o Partido Nacional-Socialista dos Trabalhadores [...] Em 1939, começou a Segunda Guerra Mundial e, em 1940, a Guerra de Inverno na Finlândia. Muitos membros do movimento Lindholm se alistaram como voluntários pela Finlândia. Richard era um deles [...] Foi morto em fevereiro de 1940 — pouco antes do tratado de paz com a União Soviética — e por isso se tornou um mártir do movimento nazista e uma unidade de combate recebeu seu nome. Até hoje, um punhado de idiotas se reúne num cemitério de Estocolmo no aniversário de sua morte para lhe render homenagem.

Richard Vanger tem semelhanças evidentes com o principal propagandista dos verdadeiros membros do movimento Lindholm, Gösta Hallberg-Cuula. Ele foi um dos primeiros voluntários suecos a lutar pela Finlândia, então na Guerra da Continuação de 1941, liderando uma tropa de choque de nazistas suecos, e depois disso foi fundador da associação de extrema direita Sveaborg, de soldados da linha de frente; ficou conhecido por dizer que "a guerra é uma ocupação maravilhosa quando se trata de lutar contra os russos". Acabou sendo morto em 1942 na frente de Svir, em território soviético, e tornou-se uma das figuras cultuadas pelo nazismo sueco, ainda homenageado com discursos e cerimônias de deposição de coroas de flores.

Quando a Segunda Guerra Mundial terminou e o Terceiro Reich de Hitler jazia em ruínas, os sonhos dos nazistas e fascistas suecos também se despedaçaram.

O mais lógico seria achar que tudo estaria acabado hoje em dia, o elo rompido, Carlos XII restrito aos livros de história. Mas não foi o que aconteceu. Enquanto a maior parte dos membros de partidos e simpatizantes nazistas logo apagaram seus rastros, modificaram suas opiniões e se filiaram a partidos democratas, havia pequenos núcleos de "hibernantes" que se mantinham em contato, distribuíam publicações simples e participavam de estranhas cerimônias. Esses nazistas em hibernação não se ocupavam de política, muito menos de política de extrema direita. Ou era o que queriam aparentar. Carl Ernfrid Carlberg, engenheiro e editor, fazia tempo era um especialista nesses subterfúgios. Ele criou a Gymniska Förbundet [Sociedade de Ginástica] no fim dos anos 1920. Muita gente pensava que se tratava de uma sociedade esportiva, e de certa forma pode também ter sido. A ideia, porém, era formar associações escolares apolíticas por fora, mas nazistas na realidade, que buscariam "um estilo de vida idealista dentro de um espírito de ginástica ariana". Ele fundou a Sociedade Manhem, uma associação escandinava quase medieval que, antes e no decorrer da guerra, se tornou um fórum para nazistas suecos de classe alta e os chamados amigos da Alemanha; e depois, pouco antes de sua morte, criou a Fundação Carlberg [Carlbergska stiftelsen], ao mesmo tempo centro financeiro e de reunião de grupos da extrema direita, que procuravam restabelecer seu rumo político e seus apoios depois da guerra.

Um homem que não fazia questão de disfarçar suas opiniões era um jardineiro de nome Göran Assar Oredsson. Ele escutara a mensagem de alguns dos velhos hibernantes e decidiu criar um novo partido, de 1961 em diante, chamado Nordiska Rikspartiet [NRP, Partido Nacional Nórdico], e chegou a até a se casar com a ex-mulher de Sven Olof Lindholm, deixando bem claro com quem tinha uma ligação histórica.

O NRP foi o grupo que promoveu a comemoração em homenagem a Carlos XII em Estocolmo, e de fato deslanchou quando se uniu à restaurada Associação Nacional Sueca. No fim dos anos 1960, começou a atrair alguns opositores declarados, mas não em número significativo. Quem se daria ao trabalho de lutar contra facções nazistas moribundas?

Alguns não concordavam com isso e preveniram que a fera poderia acordar outra vez. Uma dessas pessoas era Armas Sastamoinen, jornalista do jornal sindicalista *Arbetaren* [O Trabalhador], que publicara em 1961 um livro intitulado *Nynazism* [Neonazismo]. "A ressurreição do nazismo, vista em seu contexto mais amplo, é uma realidade que nunca deve ser subestimada [...] O ofício do ódio tem um aliado pronto em toda pessoa que foi ofendida e prejudicada, e quantos de nós não fomos? A batalha contra esse ódio deve ser parte de nossas abluções diárias", escreveu ele na apresentação de seu livro.

* * *

O outono de 1976 trouxe um acontecimento político impactante na Suécia: os sociais-democratas, liderados por Olof Palme, perderam a eleição depois de 44 anos ininterruptos de governo. Perderam também a eleição seguinte, e só em 1982 Palme voltaria como primeiro-ministro. No entanto, a Suécia dos anos 1970 ainda é vista como a Suécia de Palme pelo espelho retrovisor da história. E, nesse país, extremismo de direita era um fenômeno absolutamente marginalizado.

Nem antes nem desde então um político moderno foi visto e ouvido com tanta clareza quanto Olof Palme, e nenhum deu à Suécia uma voz própria tão nítida no cenário internacional, e nenhum falou tanto sobre solidariedade internacional e ajuda aos países do Terceiro Mundo. Apesar de os ativistas da geração de 1968 serem extremamente críticos a respeito de Palme — e vice-versa —, havia um amplo consenso quanto às questões referentes a solidariedade e igualdade.

Já se disse que o movimento de 1968 foi mera conversa fiada. Pode ser verdade, mas durante essa conversa fiada revolucionária e depois dela surgiu uma onda esquerdista consideravelmente mais vigorosa, palpável, nos locais de trabalho, que influenciou os congressos sindicais suecos e ditou grande parte da agenda política. A década de 1970 não foi apenas um tempo de ideologias; foi também a década das reformas igualitárias, com a introdução de impostos distintos para maridos e mulheres, com benefícios para os pais sem distinção de gênero e atendimento à infância muito ampliado. Além disso, no setor de empregos, houve a lei sobre tomada de decisão conjunta em 1976 e, seis anos mais tarde, a lei de proteção ao emprego, que aboliu o direito irrestrito do empregador de contratar e despedir empregados.

Havia, entretanto, um problema fundamental. O sistema de

previdência social sueco fora até então administrado sob a égide da prosperidade do pós-guerra. Depois da primeira guerra do petróleo, em 1973, a idade de ouro terminou. As reformas continuaram, mas numa sociedade na qual um setor da indústria depois do outro era sacudido por crises estruturais e na qual o déficit orçamentário nacional estava crescendo. Não havia, apesar disso, nenhuma alternativa óbvia ao modelo social-democrata. O governo conservador que subiu ao poder em 1976 deu continuidade a políticas que incluíam amplos subsídios a companhias importantes em dificuldades.

A onda de esquerdismo e a radicalização da social-democracia deram motivos de preocupação ao mundo dos negócios. Em 1971, o diretor de informática da Federação dos Empregados Suecos, Sture Eskilsson, redigiu um memorando interno propondo que eles se engajassem na batalha ideológica. Deveriam imitar a esquerda, ele argumentava, e fundar revistas e editoras para serem plataformas de debate e esclarecimento, conquistar primeiro os intelectuais e depois tentar propagar ideias e soluções liberais de livre mercado de um modo mais amplo. Era uma teoria inteligente e nem um pouco prática. Na verdade, a esquerda também teria muito a ganhar com um debate público mais esclarecido.

As propostas de Eskilsson inicialmente caíram em ouvidos moucos. Só em 1976, quando houve uma alteração significativa no rumo tomado pela Federação, foi que se soprou um pouco de vida no documento criado cinco anos antes para transformá-lo em realidade. Mas o contexto geral era então consideravelmente mais espinhoso do que Eskilsson poderia ter imaginado. A clássica fórmula de cooperação entre as organizações de empregados e empregadores — o espírito do acordo de Saltsjöbaden — teve de ser abandonada, e adotou-se a acareação abrangente e indiscriminada com o objetivo de realinhar o foco político-econômico do debate.

O ano de 1976 talvez tenha marcado o começo da década política de 1980. Foi o ano em que o economista neoliberal Milton Friedman ganhou o Prêmio Nobel de Economia, e as ideias que ele representava iriam definir o pensamento econômico do Ocidente nos vinte anos seguintes. Três anos depois, Margaret Thatcher tornou-se primeira-ministra da Grã-Bretanha com uma plataforma que prometia pôr a política conservadora num rumo neoliberal.

O mercado agia sem freios e às vezes parecia um animal predador à solta. Havia um brilho perigoso nos olhos do supercapitalista Gordon Gecko em *Wall Street*, filme de Hollywood, quando ele dizia, com voz sibilante: "Tudo tem a ver com grana, garoto. O resto é conversa". Sua contrapartida na vida real, Ivan Boesky, o "especulador corporativo" cujo negócio era "aumentar o valor do acionista" — ou seja, comprar ações ou assumir o controle de companhias a fim de fazer subir o valor das ações e depois vender no momento certo —, foi aplaudido por um auditório cheio de alunos na Universidade da Califórnia quando declarou, em 1986, que a ganância era a nova virtude cívica.

A Suécia, porém, não era os Estados Unidos. Quando os moderados tentaram introduzir o conceito de mudança de sistema na campanha eleitoral de 1985, sofreram um baque considerável. No entanto, a mudança de sistema era o que de fato acontecia por toda parte, ainda que com outros nomes, ou melhor, os tempos estavam mudando. A segurança do mundo pós-guerra estava se desintegrando; a sensação de que tudo aquilo que fora consertado passara agora a ser instável animava alguns e assustava outros.

A mudança ideológica estava sendo impulsionada pelas federações comerciais que lançaram as editoras Timbro e Ratio, pela Universidade da Cidade para Estudos Avançados e pela Nova Fundação de Assistência Social. Eles produziram suas próprias contrapartidas aos Livros Brancos [White Papers] do governo oficial e os chamaram de Livros Brancos dos Cidadãos [*Medborgarnas offentliga utredningar*], para mostrar onde o verdadeiro poder deveria estar.

Os anos 1980 foram cheios de contradições. A democracia foi reverenciada, não só porque contrastava com o império soviético repressivo, decadente e corrupto, mas ao mesmo tempo a falta de confiança em políticos e em soluções políticas esteve em alta. Individualismo, liberdade de escolha, não conformismo e hedonismo assumiram o controle. As pessoas finalmente deveriam fazer o que quisessem, depois de décadas de coletivismo e regulamentações. Na cultura popular e nas teorias de gestão características da época, havia, no entanto, o renascimento do homem forte, do líder, de mão estendida apregoando a necessidade de trabalhar pela equipe, de remar na mesma direção e determinado a eliminar todos os quintas-colunas, ou seja, todos os não conformistas e individualistas.

O fato de a onda esquerdista ter sido substituída por uma onda direitista não deu um estímulo concomitante à ultradireita. A incessante batalha contra a esquerda e o comunismo fora o elo dos vários grupos, mas agora era preciso lutar contra forças mais poderosas: organizações estabelecidas, economistas, políticos internacionais como Margaret Thatcher e Ronald Reagan. Como o recrutamento de novos membros continuava lento, a extrema direita se transformara em uma máfia de velhos camaradas e num clube fechado, em que a tendência era se acomodar e sonhar com a glória dos dias de outrora.

No entanto, isso também iria mudar. Os anos 1980 acabaram sendo a década em que tudo estava acontecendo para a extrema direita na Europa, em que a conversão para o fascismo pós-moderno se deu em organizações como Le Front National, na França,

Die Republikaner, na Alemanha, Die Freiheitliche Partei Österreichs (o Partido da Liberdade, na Áustria), o Lega Norte, na Itália, o Vlaams Blok, na Bélgica.

Em vez das falanges que marchavam durante os anos 1920 e 30, prestando homenagem a um único líder, surgiram os partidos fascistas pós-modernos, que eram muito mais obscuros politicamente e muito mais flexíveis em suas ações. Suas palavras de ordem eram homogeneidade étnica e valores ocidentais, em vez de superioridade da raça branca; livre mercado, em vez de controle estatal e corporativismo econômico; uma desconfiança generalizada dos políticos em exercício, em vez de antagonismo explícito ao sistema democrático.

Por trás disso, contudo, ainda havia a mesma velha amargura vingativa, a mesma sensação de abandono, de patinhar num mundo que mudava depressa demais. O mesmo ódio aos fracos, aos que não se enquadravam nos padrões, aos estrangeiros, aos diferentes.

"A indústria do ódio tem um aliado pronto em toda pessoa que foi ofendida ou injustiçada", escreveu Armas Sastamoinen. E, nos anos 1980, havia muita gente injustiçada.

JORNALISTA INVESTIGATIVO ANTIRRACISTA

"Onde há fascistas, há também antifascistas", escreveu Stieg Larsson certa vez num artigo para a *Internationalen.*

De repente, havia fascistas na Grã-Bretanha outra vez. Haviam reaparecido nos anos 1950, logo depois do fim da Segunda Guerra Mundial. Todo mundo ainda se lembrava de como fora a união contra o propósito de Hitler de obter a supremacia — a luta, as privações, a resistência mesmo sob o pior dos bombardeios. E ninguém teria deixado de ver fotos do horror absoluto que eram os campos de concentração liberados. Portanto, era inconcebível que alguém quisesse usar um uniforme nazista ou gritar um bordão que pudesse remeter aos odiosos movimentos políticos que haviam levado o mundo à guerra.

No entanto, aconteceu.

Depois da guerra, a Grã-Bretanha não era o país que havia sido no princípio do século. Era possível então dizer que o sol nunca se punha no Império Britânico. O império agora sobrevivia em fragmentos e como relíquia histórica, como uma sombra cor-de-rosa no mapa, mas na realidade se acabara. Depois da guerra, a descolonização foi apenas uma medida administrativa. Um país colonizado depois do outro solicitou e recebeu sua liberdade. A maioria do povo britânico aceitava isso com uma espécie de altiva equanimidade. Mas havia os que não toleravam tamanha mudança na ordem do mundo e na noção de superioridade de origem divina da raça branca sobre povos que, nas palavras de Kipling, eram "criaturas inferiores sem lei", e se reuniram em pequenas rodas cujo objetivo formal era trabalhar pela preservação do império.

O reverso desses acontecimentos também era motivo de preocupação para eles. Não apenas a Grã-Bretanha estava abrindo mão de suas colônias como as colônias estavam vindo para a Grã-Bretanha — sob a forma de um número crescente de imigrantes que agora transformavam bairros inteiros das cidades em enclaves indianos ou caribenhos.

Do Caribe, principalmente, houve imigração em larga escala logo depois da Segunda Guerra Mundial, e um racismo latente começou a vir à tona, explodindo no outono de 1958 em Notting Hill, um bairro de Londres hoje elegante mas na época dilapidado e pobre. A sequência de acontecimentos foi desencadeada por uma gangue de jovens que atacou uma mulher sueca, Majbritt Morrison, casada com um caribenho. Acabou em grupos de centenas de brancos atacando caribenhos nas ruas e em suas casas.

Muitos dos atacantes eram "*teddy boys*" urbanos, uma antiga subcultura entre os jovens ingleses. Mas o que piorou a situação foi o fato de partidários neofascistas de Sir Oswald Mosley já terem se metido, antes desses tumultos, em movimentos contra a imigração sob o mote "Mantenham a Grã-Bretanha Branca". E por trás havia extremistas ainda mais agressivos da direita radical. Foi naquela mesma área de Notting Hill que vivera um ex-veterinário do exército colonial conhecido por duas coisas: a perícia em tratar de camelos e o intenso ódio aos judeus. Depois de sua morte, seu discípulo e admirador Colin Jordan mudou-se para a casa dele e fez dali um lugar de onde o nazismo britânico sairia da sombra. E viu na situação sua grande oportunidade de conquistar novos adeptos.

Os tumultos se extinguiram em uma semana, mas deixaram um presságio terrível: a combinação do destemido fascismo original e de uma xenofobia juvenil pronta para confrontos violentos.

Maurice Ludmer era um jornalista esportivo de Birmingham que havia sido politicamente ativo no Partido Comunista Britânico desde a juventude. Junto com ativistas indianos, criou a primeira organização antirracista na Grã-Bretanha depois dos tumultos de Notting Hill: o Comitê de Coordenação contra a Discriminação Racial.

Ocupava uma boa posição nos movimentos trabalhistas e sindicais e pôde mobilizar grandes contingentes de trabalhadores para participar de manifestações em reuniões racistas. Rompeu com o Partido Comunista no fim de 1960 porque considerava que a posição do partido em questões raciais deveria ser menos ambígua. Em 1975, lançou uma revista, *Searchlight.* Durante alguns anos, no início dos anos 1960, fora publicada uma revista antifascista com o mesmo título por Gerry Gable, que também estava envolvido nesse projeto. A capa do primeiro exemplar trazia o orgulhoso lema das brigadas internacionais da Guerra Civil Espanhola: "*¡No pasarán!*". A *Searchlight* tornou-se uma espécie de instituição por manter o extremismo radical de direita sob rigorosa vigilância, e diversas revistas semelhantes foram lançadas em outros países europeus.

No início dos anos 1980, Stieg Larsson entrou em contato com Gerry Gable e o editor europeu, Graeme Atkinson, com quem ele dirigia a publicação depois da morte de Maurice Ludmer, e começou a escrever para eles em 1983 como seu correspondente escandinavo. Na *Searchlight* ele encontrou um antirracismo linha-dura que era um tanto chocante para suecos cautelosos, acostumados com seus movimentos populares moderados. Parecia mais um serviço secreto de esquerda, que muitas vezes estava mais bem informado sobre a direita radical do que os serviços de segurança britânicos.

O fascismo e o nazismo incipientes eram um mundo distorcido, cheio de conspirações e humor sombrio. A *Searchlight* sabia de tudo o que girava em torno dos líderes nazistas Jordan e Tyndall, até a rivalidade deles pelo afeto da herdeira da Casa Dior francesa. Mas era também um mundo de violência contida que poderia explodir a qualquer momento.

A *Searchlight* foi logo reconhecida por publicar relatos pormenorizados do funcionamento interno de grupos fascistas dos quais os outros meios de comunicação não conseguiam chegar perto. Conseguiam isso se infiltrando nesses grupos. O homem que se infiltrou mais fundo e por mais tempo antes havia sido um fascista de verdade. Ray Hill nasceu no fim dos anos 1930 em uma típica região de classe trabalhadora de Lancashire, na juventude estava quase sempre desempregado e sentia-se um fracasso no papel de provedor da família. Achava que teria encontrado emprego se não fosse o excesso de imigrantes. Decidiu emigrar para a África do Sul, onde entrou para a Frente Nacional Nazista Sul-Africana

(SANF) e participou da expulsão de pessoas de cor de uma área de brancos. Pouco tempo depois, aconteceu de passar por uma família indiana sentada em desespero à beira da estrada. Sua reação espontânea foi ajudá-los, o que o fez perceber no ato que ele próprio tinha uma parcela de culpa pela situação daquelas pessoas. A experiência o abalou de tal modo que ele mudou de lado: não abertamente, mas continuando na organização fascista e fornecendo informações a associações judaicas, já que os judeus eram as maiores vítimas da aversão da SANF.

Quando voltou para a Inglaterra, entrou em contato com a *Searchlight* enquanto ainda era oficialmente membro do principal partido fascista, o Partido Nacional Britânico. Também contribuiu para os trechos mais reveladores de um documentário da Channel Four TV, obtidos com um gravador escondido que levou para reuniões fechadas nazistas, além de deixar vazar detalhes de uma trama para detonar uma bomba na festa popular Notting Hill Carnival, evitando assim uma catástrofe.

A *Searchlight* não era uma revista que enchesse suas colunas com crítica política generalizada ao fascismo. Sua força estava — e ainda está — em fornecer detalhes concretos, a descrição precisa da marcha dos acontecimentos dentro de organizações extremistas e dos atos de agressão perpetrados por elas. Igualmente importantes foram seus estudos mais elaborados, seus artigos de fundo explicando as alianças históricas entre grupos do passado e do presente e seus protagonistas.

Havia tempo que Stieg Larsson se interessava por extremistas de direita. Já nos anos 1970, quando morava em Umeå, descobriu que havia um grupo filiado ao Partido Nacional Nórdico na cidade. Ficou tão fascinado com a ideia de uma coisa tão louca quanto o nazismo de verdade ainda existir na Suécia que começou a ler sobre o assunto. Quando quis escrever uma redação na escola sobre neonazismo, o professor sugeriu que, em vez disso, escrevesse sobre energia atômica. Stieg preferiu seguir seu interesse, foi ver o que havia na biblioteca sobre o assunto e não encontrou quase nada, exceto uns dois livros escritos por Armas Sastamoinen.

O dossiê Odessa, livro de Frederick Forsyth, havia influenciado Stieg desde cedo. É sobre um jornalista alemão que decide localizar um antigo comandante da SS, Eduard Roschmann, conhecido como o Açougueiro de Riga. A busca o põe no encalço da organização secreta chamada Odessa [Organização para Antigos Membros da SS], que ajudara muitos criminosos de guerra nazistas a criar novas identidades e fugir para a América Latina.

Numa entrevista para o jornal *Humanisten*, Stieg disse:

> Por muitos anos achei que eu fosse a única pessoa na Suécia que fazia um estudo sistemático sobre esse assunto. Mas em 1979 foi publicado um livro com o título *Fascism: förtrupp eller eftersläntare* [Fascismo: vanguarda ou soldado desgarrado], do jornalista Hans Lindquist. Então percebi que deviam existir pelo menos duas pessoas intrigadas com essa estranha facção política.

Colaborar com a *Searchlight* foi como fazer um curso universitário sobre teoria e prática da direita radical. Stieg obteve um panorama abrangente de como funcionavam os contatos entre os vários grupos e como as ideias deles se haviam espalhado ao longo do tempo e entre os países. Era uma espécie de quebra-cabeça. Quanto mais nomes, organizações e conceitos se conheciam, mais claro se revelava o quadro geral. Com todos os fatos básicos, era possível avaliar as implicações quando um novo grupo se apresentava ou uma figura até então anônima chamava a atenção da mídia.

A *Searchlight* também era uma espécie de ponto central para a colaboração internacional e troca de informações entre antifascistas na Europa e até na América do Norte. Graeme Atkinson era um dos que coordenavam uma rede de pessoas e organizações determinadas a combater o fascismo, e Stieg Larsson se tornou participante ativo dessa rede.

O que era local era internacional, e vice-versa. Portanto, era interessante para os leitores britânicos terem acesso à notícia sobre o referendo sobre imigração na pequena cidade no sul da Suécia, Sjöbo, em 1988, proposto pelo conselheiro do Partido Centrista, Sven-Olle Olsson: um exemplo de como a xenofobia pode ser incentivada pela opinião local e através de partidos democratas estabelecidos.

Mas quando ele escreveu sobre Ahmed Rami e sua estação de rádio comunitária, Radio Islam, parecia mais o oposto disso: uma pessoa que, no limitado contexto sueco, podia se apresentar como antifascista e defensor dos oprimidos, e de início até ser visto como tal, e que no entanto tinha contatos internacionais de grande alcance com extremistas de direita.

Para Stieg, Rami não era obviamente um defensor radical da liberdade e nunca havia sido. Pelo contrário, o que ele queria era uma plataforma para tornar públicas opiniões que representavam a matéria-prima de redes antissemitas e revisionistas no continente. Rami em breve começou a aparecer em várias conferências ao lado de pessoas que faziam negação pública do Holocausto, como David Irving e Robert Faurisson — sendo que este último chegou a viajar para a Suécia a convite de Rami.

Desde seu início, a *Searchlight* vinha investigando e revelando o às vezes velado e outras vezes escancarado antissemitismo da extrema direita. A revista escreveu sobre David Irving, que se apresentava como historiador sério e até conseguiu que editoras respeitáveis publicassem seus livros na Europa. Contou como organizações da extrema direita, de acordo com o princípio de que o inimigo de meu inimigo é meu amigo, haviam buscado aliados entre nacionalistas de esquerda ou grupos de minorias radicais, em particular os ligados ao Islã. Nos anos 1970 e 80, mantiveram ligações com a Nação Americana do Islã, cujo líder, o pregador negro Louis Farrakham, empregava sua hábil demagogia para entremear seus discursos sobre consciência negra com acusações antissemitas.

Para os antifascistas britânicos, a luta contra o antissemitismo era um fato da história. Os conflitos dos anos 1920 e 30 com os camisas-negras de Oswald Mosley ainda estavam vivos na lembrança, principalmente sua marcha organizada pelo bairro judeu do East End em 1936, quando os adversários lhes opuseram uma resistência vigorosa, o que levou ao acontecimento talvez mais lendário da história do antifascismo britânico: a Batalha da Cable Street. O *Guardian*, num artigo de 2006 sobre o acontecimento, cita uma testemunha ocular:

> Havia uma multidão na passeata. Gente moça, gente velha, todos gritando "*¡No pasarán!*". De repente, ergueram uma barricada ali e puseram um caminhão velho no meio da rua, junto com um colchão velho. As pessoas do alto dos apartamentos, na maioria mulheres católicas irlandesas, jogavam lixo na polícia. Emocionei-me até as lágrimas ao ver judeus barbudos e estivadores irlandeses católicos lado a lado para não deixar Mosley passar. Nunca vou esquecer, até o fim da vida, como gente da classe operária conseguiu se juntar para se opor à maldade do racismo.

Não deixaram Mosley passar pela Cable Street. No fim da década de 1930, a reputação dele e o apoio que recebera começaram a se desintegrar rapidamente e ele foi preso durante a Segunda Guerra Mundial, ressurgindo depois como militante anti-imigração.

No entanto, outrora ele fora visto como pessoa de prestígio, vindo de uma família eminente da pequena nobreza britânica proprietária de terras, eleito membro do Parlamento pelo Partido Conservador com apenas 22 anos. Depois de um período intermediário no Partido Trabalhista, foi sendo cada vez mais influenciado por Mussolini e suas teorias de uma sociedade baseada num governo de elite, em tecnocracia e organização do trabalho em corporações semelhantes a guildas. Junto com seu braço direito, A. K. Chesterton, sobrinho do escritor G. K. Chesterton, conseguiu unir os diversos grupos fascistas e formar a União dos Fascistas Britânicos. Mas tanta oposição tirou a veemência de seus sucessos, e depois da guerra ele se tornou sobretudo uma figura trágica e impotente.

O discípulo Chesterton procurou abrigo na Liga dos Legalistas do Império, um grupo de classe alta ultraconservador que lutava contra a progressiva dissolução do império.

Em 1970, o mesmo legalista do Império, Chesterton, percebeu que o antissemitismo declarado e a milícia uniformizada não conseguiriam nada. Precisavam de um recomeço, uma nova organização. Esta recebeu o nome de Frente Nacional e foi lançada como um partido que, à diferença do nazista, pregava uma crítica da imigração que aparentava ser moderada e sensata. Dessa forma, ele achava que seria possível ao mesmo tempo explorar a tendência xenófoba nos tensos centros industriais e exercer alguma influência sobre a ala direitista do Partido Conservador, em que tais opiniões já tinham um poderoso defensor na pessoa do orador populista Enoch Powell.

Quando Stieg Larsson escreveu mais tarde sobre o Mantenham a Suécia Sueca, o grupo sem rosto que quis formar uma Frente Nacional Sueca no início dos anos 1980, não se sabia muito na Suécia sobre as implicações do fato, mas, para Stieg e outros que vinham acompanhando os acontecimentos na Inglaterra, estava tudo muito claro.

A Frente Nacional Britânica foi provavelmente menos interessante por aquilo que de fato fez que por ter fornecido as sementes de quase todas as ideias da extrema direita que viriam em seguida. É um exemplo de como os fascistas de verdade podiam se fazer parecer aceitáveis e, com a mesma facilidade, retroceder para uma ideologia de violência e disseminar seus pontos de vista a outros grupos extremistas através de contatos internacionais.

Com seu perfil público semidemocrático, porém, a Frente Nacional Britânica teve de fato seus sucessos: 250 mil votos nas eleições inglesas de meados da década de 1970, resultado sensacional, na época, para um grupo de extrema direita. Perto do fim da década, contudo, começou a perder terreno drasticamente, talvez porque a rigorosa nova líder conservadora, Margaret Thatcher, jogou a cartada da anti-imigração e falou abertamente sobre o homem do povo ter medo de ver o país inundado por culturas estrangeiras.

Como sempre acontece em situações de crise, irromperam conflitos internos na Frente Nacional. Uma geração diferente chegara ao topo, homens mais jovens com formação acadêmica, que abandonavam qualquer ilusão de uma carreira parlamentar e voltavam para o nazismo, embora agora sob nova feição: um nazismo anti-Hitler, que louvava os irmãos Gregor e Otto Strasser, líderes de uma ala aparentemente anticapitalista do movimento nazista alemão. Dizia-se que o strasserismo era uma espécie de amálgama dos ideais do movimento operário da esquerda com o nacionalismo da direita. Estavam também relacionados com alguns extremistas neofascistas italianos fugitivos da lei que tinham ido para a Inglaterra na esperança de ali encontrar abrigo seguro.

Um dos contatos dos italianos dentro da extrema direita inglesa era Ray Hill, o espião, que evidentemente transmitia tudo para a *Searchlight*. Logo ficou comprovado que as pessoas que estavam agora na Inglaterra eram as mesmas que tinham realizado o horrível atentado na estação ferroviária de Bolonha em 2 de agosto de 1980, quando morreram 85 vítimas.

Depois de um aviso da *Searchlight*, a polícia os deteve, e presumiu-se que sua extradição para a Itália seria o desfecho obrigatório, mas a justiça recusou o caso por motivos legais, e os terroristas foram soltos para continuar a cooperação iniciada com os neofascistas ingleses.

Os italianos se associaram aos jovens strasseristas na Frente Nacional e os convenceram a adotar a teoria chamada "terceira posição", isto é, como partido eles não pertenciam nem à esquerda nem à direita, eram contra o imperialismo e a favor da pequena escala e do pensamento ecológico, que rejeitavam a divisão hierárquica de raças mas ainda assim defendiam a segregação rigorosa, já que a mistura de raças e o multiculturalismo constituíam a maior ameaça à sociedade moderna. No mundo inteiramente corrompido em que vivemos, argumentavam, não existiam condições adequadas para a atividade política normal; só restava criar uma elite de soldados políticos, que seriam preparados para uma guerra secreta utilizando os métodos do terrorismo.

O líder da Frente Nacional, Derek Holland, resumiu a nova filosofia em seu livro *O soldado político*, que exerceria influência em muitos outros lugares, inclusive na Suécia. Para contrastar com o cidadão decadente, apático e hedonista da moderna sociedade burguesa, ele postulava a existência de um tipo diferente de ser humano: um visionário, poeta e músico que também é soldado a serviço do nacionalismo, alguém moralmente puro, irrepreensível e tão dedicado à causa quanto os guerreiros de Esparta na Antiguidade.

Antes de adotar o método terrorista, a Frente Nacional se empenhara em ganhar influência em círculos direitistas estabelecidos. A atmosfera política dos anos 1980 parecia favorável a essa atitude.

Em 1981, Ronald Reagan tornou-se o quadragésimo presidente dos Estados Unidos. Reagan era conhecido na época por estar na extrema direita e havia, por exemplo, apoiado o senador sulista e racista Barry Goldwater na sua campanha presidencial na década de 1960. Apesar de a Ku Klux Klan e outros racistas declarados terem sentido um sopro de ar fresco, eles teriam uma decepção. Reagan não pretendia cair nessa cilada. Ele queria sem dúvida transformar os Estados Unidos, deslocar a agenda política para a direita, mas seu programa era fundamentalmente econômico — embora fosse bastante óbvio que suas convicções básicas continuassem inalteradas.

No início do seu mandato, Reagan enviou uma carta oficial de agradecimento ao antropólogo inglês Roger Pearson, residente nos Estados Unidos, na qual lhe expressava seu profundo reconhecimento por sua sólida contribuição à manutenção e promoção dos ideais e princípios caros aos americanos.

Tais ideais e princípios estavam longe de ser inofensivos, como mostrou Stieg Larsson num artigo para a *Internationalen* em 1984. Através da *Searchlight*, ele sabia que o homem não era apenas um especialista em ciências naturais com teorias controvertidas, mas "uma das figuras centrais do movimento semissecreto do nazismo do pós-guerra". O Pearson acadêmico e editor de revista também havia adquirido influência política internacional por sua posição na Liga Mundial Anticomunista [World Anti-Communist League, WACL], fundada na Coreia.

O objetivo da WACL era lutar pela democracia e contra a ditadura comunista, e com certeza era o que muitos daqueles que se juntavam à organização pensavam que estavam fazendo. Entretanto, com Pearson como presidente, a WACL dificilmente seria defensora da democracia. Ele fora anteriormente uma figura central da

Liga do Norte, que reunia várias figuras do passado nazista, como os Führers britânicos Colin Jordan e Hans Günther, este conhecido na Alemanha como "Rassengünther", um dos acadêmicos mais admirados do período nazista. Quando Pearson se mudou para os Estados Unidos, nos anos 1960, continuou a publicar livros com títulos como *Eugenia e raça e Raça & raças na Grécia Antiga* e trabalhou com Willis Carto, um multimilionário que era uma das figuras mais proeminentes da extrema direita americana. Durante algum tempo, foi também editor do periódico acadêmico *Mankind Quarterly*, que ainda hoje propaga a opinião de que a genética é o único fator determinante no desenvolvimento da sociedade.

Para Stieg Larsson, a WACL representava um passo importante nas tentativas da extrema direita e dos neonazistas de adquirir respeitabilidade. Não era uma questão de formar partidos e obter sucessos eleitorais, mas de lançar raízes nos partidos conservadores tradicionais. Quase deu certo no caso de Pearson, mas, quando conservadores mais atentos deram o alarme sobre seu passado nazista, ele perdeu o posto de líder da WACL. No entanto, alguns anos mais tarde, a organização conseguiu uma participação mais direta na administração americana ao indicar o general John K. Singlaub para seu presidente, em 1984.

Singlaub era um veterano do Vietnã que comandara o que chamavam de Grupo de Operações Especiais durante a guerra, e fora o cérebro por trás da Operação Fênix, um programa destinado a destruir a infraestrutura das guerrilhas da FLN (Frente de Libertação Nacional) por meio de remoção de população, aldeias arrasadas e execuções de simpatizantes da FLN. Depois da guerra, tornou-se uma figura de destaque num grupo de militares que insistiam que os Estados Unidos não tinham sido derrotados pelo Vietnã mas sim atraiçoados por liberais e outros traidores no Congresso. Eles acreditavam que uma paz duradoura não seria possível enquanto a União Soviética não fosse submetida a uma derrota militar completa, e por isso o grupo tinha a alcunha de "Movimento Guerra Já". Se não fosse possível uma atitude de hostilidade declarada contra a superpotência comunista, a guerra deveria então ser direcionada para aqueles pontos da linha de frente onde o perigo era maior: África do Sul, Afeganistão e, em especial, a América Central.

A revolução na ilha caribenha de Granada estava terminada, mas havia uma violenta guerra civil na Nicarágua, entre o governo sandinista de esquerda e os guerrilheiros Contras, de direita. E em países como Guatemala, El Salvador e Honduras tropas treinadas pelos Estados Unidos combatiam forças guerrilheiras, enquanto guardas paramilitares e esquadrões da morte executavam ativistas políticos e líderes sindicais.

Era o momento perfeito para um homem como Singlaub, com longa experiência em travar guerras com métodos que jamais deveriam ter visto a luz do dia. Mas, em 1981, o Congresso suspendeu a ajuda militar sob a forma de armas às muito criticadas guerrilhas Contras na Nicarágua. Mesmo assim, os veteranos do Grupo de Operações Especiais continuaram suas atividades dentro da Nicarágua. Singlaub gabava-se de ter recolhido tanto dinheiro de doações particulares que poderia ter enviado 500 mil dólares por mês para os Contras.

O fruto amargo colhido foi o efeito que os acontecimentos dos anos 1980 teriam na América Central até os nossos dias, e que se deve ao fato de extremistas de direita terem sido autorizados a dar livre curso às suas atividades sob proteção legal. Eles eram o que Stieg Larsson chamava de "os novos canibais", capazes de demonstrar seu desrespeito à vida humana exibindo a caveira de um guerrilheiro derrotado em El Salvador em uma vitrine de uma feira para amantes de armas e entusiastas da guerra em Las Vegas.

Håkon Blomqvist, hoje historiador na Faculdade Södertörn, no sul de Estocolmo, era então editor-chefe da *Internationalen* e lembra o extraordinário conhecimento de Stieg Larsson sobre a extrema direita:

> Ele era muito produtivo. Podia telefonar numa quinta-feira e dizer que queria escrever sobre a Liga Mundial Anticomunista e, na segunda-feira, um artigo de cinco páginas excepcionalmente bem informado e detalhado estaria em cima de minha mesa. Mas eu não diria que Stieg era nosso repórter mais brilhante; ele era um dos muitos que escreviam para nós. Eu achava útil ter tais artigos, mas não tratavam dos assuntos que eram prioridade para mim.

As colaborações de Stieg para a *Internationalen* eram elaboradas de modo semelhante ao da maior parte de suas matérias sobre a extrema direita: eram pesquisas que transbordavam de nomes de pessoas, de ideias que essas pessoas estavam disseminando, de seus contatos e as organizações para as quais estavam trabalhando. Mas raramente eram apresentadas de uma perspectiva sociopolítica ou conceitual mais ampla. Stieg não expressava sua análise do fascismo em explanações ideológicas, ele apontava influências.

"Podem ser vistas como teorias conspiratórias, é claro, mas acho que têm mais a ver com um modo de pensar que desempenhou um papel significativo para a esquerda alemã de 1968, e até certo ponto para os franceses também", diz Håkon Blomqvist. "Um poderoso estímulo por trás da esquerda alemã da década de 1960 era a enorme força de sua indignação com o fato de pessoas que cometeram os crimes mais odiosos nunca terem pagado por eles. Terem escapado das punições. E, ainda por cima, ainda estarem lá, ocupando uma posição na sociedade. Era assim na Alemanha e também na França de De Gaulle, sem falar na Suécia, que havia cooperado tanto e de tantas maneiras com a Alemanha nazista, e onde a única investigação oficial resultava nas descobertas extremamente hesitantes da Comissão Sandler. Fora isso, tudo continuava como antes na Suécia."

Portanto, o verdadeiro antifascista precisava elucidar de uma vez por todas o que foi iniciado mas nunca concluído: encontrar os fascistas, denunciá-los e fazê-los prestar contas de seus atos.

A NOVA GERAÇÃO

Algo aconteceu com os jovens na década de 1950. Foi como se um profundo mal-estar permeasse uma geração inteira. Os adolescentes ultrapassavam limites e barreiras de classe sem ter o menor senso de orientação. Havia uma inquietação no ar. Uma faísca repentina seria capaz de desencadear uma explosão de violência. Ninguém sabia com certeza por que aquilo estava acontecendo, mas as autoridades estavam preocupadas. Então, na década de 1960 e prosseguindo pela de 1970, os jovens adquiriram um norte, levantaram bandeiras e estandartes e fizeram discursos. Agora as pessoas sabiam do que se tratava, e chamavam àquilo de revolta da juventude, e as opiniões da geração de adultos estavam divididas. Alguns achavam bom e saudável, outros diziam que representava um grande perigo para a sociedade. No fim dos anos 1970 e começo da década de 1980, tudo pareceu ter cessado. Os manifestantes se encaminharam para instituições e carreiras. Os que ficaram nas ruas não expressavam inquietação nem esperança. Apenas uma amargura sombria e pertinaz, com a qual ninguém parecia se importar ou que não despertava interesse.

A Inglaterra, centro da cultura jovem e meca da música pop, era um país em crise, com fábricas fechando e cortes sistemáticos na assistência social para os menos favorecidos. Os jovens alienados raspavam a cabeça, faziam-se tatuar e vestiam casacos de uniformes e botas militares como se fossem para a guerra.

Esses *skinheads* eram os filhos dos anos 1980. Sua existência era um protesto contra a dissolução de tudo: fronteiras nacionais, papéis dos gêneros, normas de coabitação. Mas eram também filhos dos anos 1980 em seu exibicionismo individualista, no fato de não se esconderem e de dizer: olhem para nós, estamos aqui, são vocês que vão ter de se adaptar.

Sempre que os *skinheads* entravam em cena, a atmosfera ficava carregada de ameaça. Qualquer coisinha poderia desencadear uma violência. Como todos os jovens, tinham sua música própria. Os *punks* tinham chegado, desagradáveis, barulhentos, vulgares, um tapa na cara da respeitabilidade. Tendiam em geral para a esquerda, mas não sempre. Ir para a direção oposta seria uma atitude ainda mais rebelde. Qualquer uma dessas opções parecia perturbar a sociedade convencional.

Ian Stuart Donaldson, um cantor de algum êxito de uma banda *punk* que se chamava Skrewdriver, sentia-se muito mais atraído para a direita. Depois de um concerto em Londres que terminou com conflitos raciais e a expulsão da banda, Stuart optou definitivamente por um dos lados. Como a maioria dos que têm pontos de vista semelhantes, ele se voltou para o foco principal da extrema direita, a Frente Nacional, da qual se tornou líder da juventude e ideólogo racista. Criou a rede Rock contra o Comunismo, uniu bandas que tocavam o que veio a ser conhecido como "ruído branco", organizou concertos e gravações. Tudo isso se tornou uma atividade cada vez mais lucrativa para a Frente Nacional, o que aborreceu Stuart, que então decidiu deixar a organização e fundar uma outra, a abertamente nazista e antissemita Sangue e Honra.

A música White Power cresceu e ganhou força, ramificou-se e espalhou-se para outros países. Novas gravadoras entraram em cena: Rock-O-Rama na Alemanha e Rebelles Européens na França. Stuart foi à Suécia ajudar a fundar o Rock contra o Comunismo em Södertälje em meados dos anos 1980, e isso viria a ter um impacto decisivo no desenvolvimento do neonazismo sueco. Algumas bandas suecas já haviam sido formadas e outras mais viriam, formando pontos de convergência de jovens *skinheads* com ideais nazistas.

Isso era inegavelmente novo: nazismo associado a cultura popular moderna, e uma infraestrutura produzindo discos, concertos e revistas. Os velhos da Associação Nacional Sueca nunca teriam imaginado nada parecido.

A música rock com traços nazistas tinha uma afinidade natural com as características cultuadas de algumas das grandes bandas comerciais de rock pesado. Formou-se um novo enclave secreto que tomava emprestados muitos símbolos místicos do nazismo histórico e das mitologias primitivas nórdica e celta. Era um mundo fechado e por isso mesmo desejável. Mas os de fora só podiam olhar para aquilo tudo de boca aberta. O que significava um grupo musical sueco chamar-se Dirlewanger? Provavelmente se tratava apenas de outro nome esquisito de banda de rock. Os iniciados, porém, sabiam que era uma alusão ao nazista alemão Karl Dirlewanger, chefe de uma brigada na Segunda Guerra Mundial que devastou, matou e queimou na Polônia e na Rússia Branca.

A cultura neonazista também abria caminho em outras esferas. Os *hooligans* do futebol, na Grã-Bretanha, que nos anos 1980 se denominavam "firmas" e se mobilizavam para instigar brigas em jogos e surrar os torcedores dos times adversários, também foram influenciados pela propaganda racista e proporcionaram outro ponto de convergência para a Frente Nacional e outras organizações fascistas. Logo os refrões racistas também estavam sendo ouvidos na Suécia, e os supostos torcedores passaram a imitar ruídos de macacos quando um jogador negro do time adversário (e às vezes até do próprio time deles) pegava na bola.

Erik Blücher, um nazista que veio para a Suécia vindo da Noruega, foi o primeiro escandinavo a enxergar o potencial dos *skinheads* para as organizações nazistas. "Não vamos conquistar respeitabilidade colaborando com *skinheads* — mas vamos ganhar respeito", escreveu ele em sua revista de língua inglesa *Nordic Order*. "Nossas forças de jovens *skinheads* salvaram a pele de muitos patriotas britânicos durante manifestações [...] O movimento *skinhead* está se transformando num exército pan-europeu de tropas de assalto nacionais. Rudes e grosseiros, mas também enérgicos e combativos em seu nacionalismo revolucionário, os *skinheads* são os *vikings* da nova alvorada."

O Partido Nórdico Nacional (NRP) aferrou-se a isso, sendo um partido nazista clássico e sabendo como usar tropas de assalto do tipo SA. Em 1984, eles criaram o que chamaram de Riksaktionsgrupper [RAG, Grupos de Ação Nacional], na maioria cheios de *skinheads*. E em breve se verificou uma marcante escalada de violência de extrema direita na Suécia. Os mais atingidos foram os setores da sociedade que os neonazistas realmente detestavam: judeus, imigrantes e homossexuais. Em Gotemburgo, em meados da década de 1980, dois homossexuais foram mortos por neonazistas. Vera Oredsson, a líder do NRP, fez uma defesa dos crimes: "Foi uma limpeza. Não consideramos os homossexuais seres humanos".

No decorrer dessa década, os grupos nazistas perseguiram pessoas com telefonemas e cartas ameaçadores, vigilância, pichações, encomendas não solicitadas e coisas semelhantes. Políticos e celebridades que haviam expressado opiniões contra o racismo eram ameaçados, como o ator e apresentador de TV Hagge Geigert, e igualmente ativistas antirracistas e membros de associações judaicas. Outra das artimanhas favoritas dos nazistas era depredar ou bombardear prédios públicos e livrarias de tendência esquerdista, assim como vandalizar cemitérios judaicos. Cerca de trinta *skinheads* do NRP foram julgados em 1985 por comportamento ameaçador e assédio. A liderança do NRP voltou atrás e recusou-se a assumir responsabilidades por sua tropa de assalto.

A violência chegou ao cúmulo em 23 de junho de 1986, dia da festa do solstício de verão, quando *skinheads* bateram em Ronny Landin, um rapaz de vinte anos, até matá-lo no litoral de Nynäshamn, porque ele tentou intervir numa briga entre imigrantes e neonazistas. Mais tarde, no mesmo ano, no dia de Halloween, a festa das bruxas, um *skinhead*, Ronny Öhman, foi morto por quatro jovens, quase todos de origem imigrante, depois de uma discussão. A violência se tornara parte do cotidiano da Suécia. E o assunto que forneceria um foco unificado para todos os extremistas suecos de direita era óbvio.

Até então, a imigração não havia sido uma questão importante para a extrema direita e os neonazistas. Nem o Partido Nórdico Nacional fizera qualquer tentativa séria de explorá-la. Contudo, havia tradições em que se apoiar. O lema "Suécia para os suecos" fora ouvido já em 1880 durante as campanhas protecionistas da época. Nos anos 1970, porém, só mesmo o decano do fascismo sueco, Per Engdahl, viu vantagens em revivê-lo. Num artigo de peso em *Vägen framåt* [O Caminho Adiante], em 1978, ele escreveu que a imigração poderia trazer graves consequências para o país e pedia que cessasse imediatamente.

Em 1979, foram distribuídos folhetos nos bairros residenciais de Estocolmo em nome de uma organização que se intitulava Bevara Sverige Svenskt [BSS, Mantenham a Suécia Sueca]. Diziam o seguinte: "Há cada vez menos suecos a cada ano. Dentro de quatro anos, não haverá mais uma Suécia dos suecos. Provavelmente teremos um turco como ditador e um negro como primeiro-ministro. A população será uma raça misturada cor de chocolate que não falará sueco, mas uma cacofonia de línguas diferentes". E bem depressa começaram a aparecer as letras BSS por toda parte, como pichações em muros e em locais públicos. Contudo, não havia muita gente que soubesse o que representavam. Tratava-se de uma organização sem rosto na qual os que estavam por trás preferiam evitar a visibilidade. Queriam fazer parecer que a BSS era uma espécie de protesto espontâneo que brotava do povo.

Se a postura dos *skinheads* podia ser definida como "nós somos os párias, os que os suecos comuns detestam e que os detestam em troca", o subtexto em tudo o que a BSS escrevia era: "Nós somos os que dizem claramente tudo o que os suecos comuns pensam".

O argumento de que os imigrantes estavam tomando o lugar dos suecos, em todo caso, não era verdade. No fim dos anos 1960, a Suécia presenciara uma imigração de mão de obra bastante grande, com um pico de 77 mil pessoas em 1970. Mas, na primeira metade dos anos 1980, a imigração era apenas de pouco mais de 30 mil pessoas por ano. O total líquido nos anos 1981-3, levando em conta a emigração, não foi muito além de 2 mil ou 3 mil pessoas por ano. Sem dúvida, os suecos não estavam se afogando num mar de imigrantes.

A BSS foi uma tentativa de provocar o debate público sobre uma questão premente. É o que seu fundador, Leif Zeilon, afirma num livro que escreveu sobre a organização. Tudo o que eles fizeram foi criar um folheto. E então vieram as reações. Mas a verdade foi bem diferente.

Stieg Larsson e Anna-Lena Lodenius, em seu livro *Extremhögern* [A extrema direita], descreveram a BSS como "o primeiro partido sueco moderno contra a imigração", um movimento "formalmente distante do racismo embora fizesse oposição ativa a refugiados políticos e imigração não escandinava". E as pessoas por trás dele não eram nem um pouco novatas em política, mas ativistas com considerável experiência em grupos da direita radical. Leif Zeilon, Niels Mandell, Christopher Jolin e Sven Davidsson eram alguns dos principais personagens, e o invisível Zeilon era a força motriz. Ele vivera na Rodésia e era simpatizante do regime de Ian Smith, provavelmente membro ou aliado do Partido Nacional Nórdico. Mandell fora por algum tempo chefe de um dos grupos RAG do partido. Davidsson, que aparentemente não participara da BSS desde o início mas que se tornou seu primeiro presidente oficial, estivera envolvido com o Novo Movimento Sueco de Per Engdahl. Jolin, como mencionado acima, foi o homem que diagnosticou a virada para a esquerda da Suécia e que depois se revelou fascista e antissemita.

Quando a BSS estabeleceu um programa coerente no início da década de 1980, os principais pontos eram que a imigração só deveria ser permitida para o que eles chamavam de "pessoas sérias de países relacionados cultural e etnicamente com a Suécia", e que só se concederia a entrada no país de refugiados vindos de países etnicamente relacionados com a Suécia. Outros refugiados deveriam ser despachados de volta para casa, ou, de acordo com a terminologia BSS, "repatriados".

Também ficou claro, com a atitude deles quanto a adoções internacionais, que a BSS era de fato racista e não apenas contra a imigração. Crianças adotadas em países do Terceiro Mundo, que costumavam chegar à Suécia com apenas alguns meses de idade, dificilmente poderiam ser vistas como indivíduos portadores de uma cultura estrangeira. Contudo, tais adoções deveriam ser totalmente proibidas e crianças como essas, devolvidas aos países de origem.

A estratégia da BSS tinha semelhanças evidentes com a da Frente Nacional Britânica. Em cartas ao ministro encarregado da imigração, eles escreveram: "Até agora foram distribuídos 13,5 mil folhetos em Estocolmo, e haverá mais se a presente e insana política de imigração não for coibida. Mantenham a Suécia Sueca é o embrião de uma Frente Nacional Sueca que vai continuar na batalha para a sobrevivência de nosso povo". E, da mesma forma como agia a Frente Nacional na Inglaterra, a BSS começou a usar gangues de *skinheads* como guarda-costas quando os folhetos eram distribuídos.

Quando a BSS apareceu num documentário da TV, Leif Zeilon foi despedido de seu emprego na firma de construção BPA. A extrema direita ganhara um mártir, um desdobramento que foi explorado ao máximo.

A BSS também recebeu ampla cobertura através da estação de rádio local, Open Forum, em que Rolf Petersson, um motorista de táxi, propalava suas desinibidas opiniões xenofóbicas e atraía muitos membros e simpatizantes para a BSS.

A organização Mantenham a Suécia Sueca era bastante caótica em suas operações e até na maneira como acabou, em 1986. Mas isso não é tão relevante quanto parece, já que a organização foi antes de tudo um mau presságio. O gênio saíra da garrafa. A extrema direita conseguira conquistar sua grande causa.

De qualquer modo o racismo encontrou resistência. Em 30 de outubro de 1982, realizou-se uma grande manifestação em Estocolmo que atraiu 5,5 mil pessoas. Em seguida, formou-se o Den gemensamma arbetsgruppen mot rasism [Grupo Público de Trabalho contra o Racismo], que em 1985 passou a se chamar Riksförbundet Stoppa rasismen [Associação Nacional para Deter o Racismo]. "A necessidade de deter o racismo era da maior importância para nós", lembra Håkon Blomqvist, editor da *Internationalen*.

> O trotskismo não era só internacionalista e cosmopolita. Acreditávamos que os Estados-nações tinham vivido além do papel que lhes

cabia. No começo dos anos 1970, estávamos empenhados numa campanha a que chamamos "Estrangulem o Fascismo no Nascimento" [Krossa fascismen i ägget], com base em nossa convicção de que o fascismo pode começar a prosperar em tempos de crise econômica caso se apresente como instrumento de ordem e de estabilidade. Quando se acha que esse perigo existe, é preciso fazer que os fascistas não pareçam ordeiros e cordatos. É preciso comparecer e interromper suas manifestações, que foi o que fizemos com a Associação Narva e grupos semelhantes na década de 1970. Houve conflitos, é claro. Primeiro, jogamos as coroas de flores deles na água em Nybroviken, depois levamos uma surra deles em Östermalmstorg. Mas a nossa interferência me deixou cada vez mais cético: não afetou as pessoas comuns, foi apenas uma espécie de espetáculo teatral sectário.

Na década de 1980, no entanto, a situação era diferente. Os racistas eram mais numerosos e os antirracistas tinham de lançar uma contraofensiva muito mais ampla. Um elemento crucial nisso foi o lançamento de *Stoppa Rasismen* [Parem com o Racismo], revista especializada que fornecia informações sobre "casos reais de racismo, discriminação e hostilidade contra imigrantes", mas que também discutia as causas do racismo. Stieg Larsson chegou a trabalhar para essa publicação, embora não como parte da equipe editorial. Os profundos e vastos conhecimentos que tinha sobre ligações e raízes históricas do fascismo do pós-guerra, que pouca gente na Suécia compartilhava, o habilitavam a colaborar na publicação. A revista continuou a ser publicada até o início de 1995.

Em dois artigos fundamentais de 1987, ele escreveu sobre o equivalente neofascista do famigerado Chacal da esquerda extremista, Illich Ramírez Sánchez. Tratava-se de um italiano quase desconhecido na Suécia, Stefano Delle Chiaie, que fora preso à época na Venezuela e extraditado para seu país natal.

Era uma história notável sobre o nascimento do fascismo do pós-guerra na Itália e sobre as conexões secretas entre a polícia de segurança italiana, a loja maçônica P2, católica e de extrema direita, e uma força de elite fanática, a Avanguardia Nazionale. Stefano Delle Chiaie estava envolvido em todas essas organizações.

Os grupos fechados na Itália tinham formulado uma teoria própria de como o fascismo poderia recuperar o poder no país. Chamavam-na de "estratégia de tensão", e Stieg Larsson achava que Stefano Delle Chiaie era o verdadeiro cérebro por trás dela. Seus contatos na polícia, nos serviços de segurança e com os grupos ultraconservadores dentro da Igreja o faziam sob medida para aquele papel.

Seu plano consistia em dividir a organização fascista em dois elementos, um público e respeitável, formado por políticos conservadores, industriais e funcionários públicos, e o outro secreto, composto de soldados de elite que utilizariam métodos impiedosos de terror na luta por seus objetivos. As táticas de violência assustariam as pessoas comuns e as levariam à submissão, semeando a desconfiança da população com os políticos eleitos. Quando essa falta de confiança chegasse a um nível conveniente, a organização fascista oficial estaria pronta para tomar o poder.

A partir do fim da década de 1960 e no decorrer da década seguinte, a Itália iria padecer não apenas com os atos terroristas das Brigadas Vermelhas esquerdistas mas também com os horríveis ataques a bomba, todos anônimos mas associados aos grupos neofascistas, desde o do Banco Nacional da Agricultura em Milão, em 1969, que matou dezessete pessoas, às terríveis explosões na estação de trem de Bolonha em 1980, que fez 85 vítimas fatais e mais de duzentos feridos.

Quando Stieg Larsson relatou esses fatos em *Stoppa Rasismen*, não estava apenas dando uma aula de história geral. Sabia que a BSS tirava grande parte de sua inspiração da Frente Nacional, que por sua vez tinha contatos secretos com os violentos neofascistas italianos. E que a BSS mandara traduzir o livro *O soldado político*, de Derek Holland, o ideólogo da Frente Nacional, e o estava vendendo na Suécia.

Os atos terroristas eram uma possibilidade até na Suécia, embora muito pouca gente acreditasse realmente que pudessem acontecer. E o terrorismo poderia ser usado como parte de uma estratégia mais ampla para solapar a democracia.

Numa Suécia que no início dos anos 1980 fora apanhada completamente desprevenida pela propaganda da BSS, havia, em meados da década, uma profusão de organizações e atividades dirigidas contra o racismo e a xenofobia. Jovens anarquistas criaram um grupo chamado Bevara Sverige Blandat [BSB, Mantenham a Suécia Mista], que saía mudando as pichações de BSS para BSB, e da França e seu SOS Racisme veio o emblema mostrando uma palma de mão aberta com o lema "Tirem a mão do meu amigo". O assassinato de Ronny Landin em 1986 talvez tenha sido o acontecimento mais importante para mobilizar os antirracistas. O número de manifestações de protesto cresceu de modo significativo e, num gesto simbólico, a *Stoppa Rasismen* instituiu o Prêmio Ronny Landin.

As organizações xenófobas, porém, estavam igualmente ativas, e não só o misterioso, semioculto BSS. Ouviam-se slogans semelhantes de outras fontes, como do bando heterogêneo dos chamados partidos descontentes, que se dedicavam a questões únicas, viam-se como porta-vozes de cidadãos comuns e quase sempre defendiam a adoção de soluções simplistas. Queriam mais liberdade, mas também menos — para os que não se encaixavam, que não podiam cuidar de si mesmos ou de algum modo eram um fardo para a sociedade, categorias a que muitos imigrantes pertenciam.

Esses partidos descontentes incluíam os centro-democratas, o Partido Skåne e o Partido Sjöbo. Como eram pró-indivíduo e contra o Estado, as autoridades, as regras e os regulamentos, inseriam-se bem na economia dos anos 1980 e alguns tiveram um crescimento rápido, ainda que efêmero. Os líderes queriam copiar seus modelos da Dinamarca e da Noruega, Mogens Glistrup e Carl Hagen, o que se provou mais fácil de falar que de fazer.

O partido descontente que parecia ter mais potencial era o Partido do Progresso [Framstegspartiet], que tomou emprestado o nome de bem-sucedidos partidos-irmãos da Escandinávia e atraiu uma quantidade de personalidades conhecidas e um número considerável de membros, antes de descambar pelo caminho habitual de divisões e dissensões. Esse partido adotou uma retórica xenófoba mais agressiva no início da década de 1980, sobretudo em suas transmissões de rádio. Deve portanto ter havido alguma lógica na sua fusão com a BSS em 1986 para formar o Partido da Suécia [Sverigepartiet].

As atividades do novo partido começaram na primavera de 1987 com campanhas maciças de distribuição de folhetos em Estocolmo. Kenneth Lewis, hoje advogado, foi um dos principais incentivadores do Parem com o Racismo em meados da década de 1980. Ele recorda os confrontos cada vez mais dramáticos entre racistas e antirracistas:

> No centro de Estocolmo, os racistas ocupavam as calçadas entre a estação e Sergels Torg, vestindo uniformes militares, com botas pesadas e bandeiras da Suécia, distribuindo seu material de propaganda. Fomos contatados por imigrantes que achavam aquilo desagradável e intimidante, de modo que decidimos fazer o mesmo e organizar uma contramanifestação. O que trouxe ampla cobertura da impren-

sa e infelizmente também algumas brigas corporais. Então a polícia decidiu que ninguém poderia obstruir as ruas, e assim tanto os racistas como os contramanifestantes tiveram de se retirar.

Na realidade, os simpatizantes do Partido da Suécia simplesmente se deslocaram rua abaixo para Drottninggatan e os antirracistas foram atrás, o número de pessoas aumentando o tempo todo. O prolongado teste de força continuou até os racistas desistirem.

A essa altura, os antirracistas também já tinham se dado conta do imenso valor simbólico de manifestações em torno da estátua de Carlos XII. Eles prepararam uma enorme manifestação em 30 de novembro de 1987, que se repetiria nos anos subsequentes, contra a marcha da extrema direita rumo à estátua.

Um dos problemas dos que combatiam os racistas era não saber com quem estavam lidando. Uma tática consciente dos racistas, e outros além da BSS a praticavam, era ir a público apenas em circunstâncias excepcionais. Essas ocasiões atraíam pessoas com opiniões racistas que, tudo indica, já vinham no mesmo barco com eles havia anos mas com quem eles não desejavam ser publicamente associados. Alguns adversários achavam bom os racistas ficarem na sombra, pois desse modo atraíam menos atenção para sua mensagem. Outros, como Kenneth Lewis, pensavam o oposto:

> Minha teoria, e pode ser que eu tenha sido o primeiro a apresentá-la, era que não deveríamos espantar os racistas e sim, ao contrário, pôr os holofotes em cima deles. Muitos não iriam querer aparecer. Se apontássemos as luzes para eles, voltariam correndo para suas tocas. E haveria aqueles que abandonariam o barco se fossem exibidos, o que também era um dos resultados que esperávamos.

Para reunir as informações necessárias, havia ativistas ligados ao Parem com o Racismo que se concentravam em investigar indivíduos e organizações da extrema direita. Stieg Larsson era um dos mais esforçados, mas havia também pesquisadores acadêmicos, como Heléne Lööw, que preparava uma tese de doutorado sobre a história do nazismo sueco — apresentada em 1990 com o título *Hakkorset och Vasakärven* [A suástica e o feixe do brasão dos Vasa].

"Todos nós do Parem com o Racismo tínhamos os mesmos objetivos dos que estavam investigando os grupos extremistas, e funcionávamos numa espécie de simbiose com eles. Graeme Atkinson, da *Searchlight*, por exemplo, veio nos visitar, pois aquela revista era um paradigma para nós", conta Kenneth Lewis. "Íamos sempre a escolas falar sobre racismo, e o material coletado por Stieg e pelos outros era muito útil."

Tornava-se claro que era possível distinguir os agrupamentos fascistas e racistas em duas tendências divergentes: uma queria imitar Le Pen, na França, criando um perfil aceitável de fascismo; a outra queria atacar a sociedade, os imigrantes e os adversários políticos por meios violentos.

"Chegamos à conclusão de que havia um acordo tácito entre as duas facções; eles haviam decidido fazer uma divisão de papéis, mas na realidade havia muitos laços fortes entre eles, como ficou evidente com a pesquisa que Stieg e os outros fizeram."

No limiar da década de 1990, mais ou menos por acaso, Stieg Larsson teve a oportunidade de consolidar em forma de livro os vastos conhecimentos que acumulara sobre a extrema direita.

Em 1988, a jornalista Anna-Lena Lodenius havia publicado um livro chamado *Operation högervridning* [Operação Virada à Direita], escrito com o filósofo Sven Ove Hansson, e eles pretendiam escrever um segundo livro juntos com um enfoque mais extenso sobre a extrema direita, mas Hansson recebera outra proposta de trabalho e sugeriu o nome de Stieg Larsson em seu lugar, sabendo-o um especialista no assunto. Os dois autores se encontraram e decidiram fazer uma apresentação abrangente das organizações da extrema direita, sua história e a evolução de suas ideias. Fariam também perfis dos líderes dos partidos, e incluiriam não só organizações abertamente fascistas e nazistas como também partidos descontentes, grupos sobrevivencialistas e outros fenômenos periféricos. O livro também forneceria um resumo do extremismo de direita nos países mais importantes da Europa e dos Estados Unidos.

"Convivemos bastante durante muitos anos e foi fascinante conhecer uma pessoa tão dedicada a seu compromisso", conta Anna-Lena Lodenius.

Stieg tinha uma enorme e incansável disposição quando se tratava de aprender a respeito e desenterrar informações sobre os grupos mais esquivos. Poderia, por exemplo, produzir ele próprio uma convincente revista sobrevivencialista — com três exemplares impressos — simplesmente para entrar em contato com alguém de quem quisesse obter informações sobre tal movimento, e o estratagema daria certo.

Essa motivação excepcionalmente forte significava, entretanto, que ele tinha dificuldade em fazer concessões. "Quando discutíamos a estrutura do livro, não havia quase problemas, mas quando ele me entregava seu texto pronto era algo bem diferente do que havíamos decidido. E se eu lhe mostrava isso, ele não achava nada de mais."

No fim, os autores acabaram dividindo o livro entre si e trabalharam de modo independente em partes diferentes, Lodenius nos capítulos sobre a Suécia e a Escandinávia e Stieg Larsson em todos os aspectos do cenário internacional.

O livro, *Extremhögern* [A extrema direita], teve bastante repercussão quando saiu, com publicidade para os autores, convites para entrevistas na televisão e coisas do gênero. "Mas Stieg detestava essas aparições, e era eu quem tinha de aceitar todas", lembra Anna-Lena Lodenius. "Ele mais tarde ficou craque em falar em público, mas não gostava de fazê-lo sem uma preparação meticulosa."

O livro também pôs ainda mais os autores na linha de tiro dos neonazistas, cada vez mais militantes. Cerca de dois anos depois do lançamento, a revista *Storm*, *skinhead* e nazista, publicou uma lista de nomes, endereços e telefones de cerca de quinze suecos conhecidos, inclusive o chefe da polícia federal e o presidente do sindicato de polícia, com uma exortação de que essas pessoas "deveriam ser encostadas na parede". Anna-Lena Lodenius e Stieg Larsson estavam entre eles. No caso dela, a revista incitava seus leitores a "abreviar sua carreira". O editor depois foi processado e condenado por incitação ao ódio, a primeira vez na Suécia em que alguém foi condenado por uma ameaça formulada por escrito.

Mas Anna-Lena Lodenius achou alto demais o preço desse tipo de notoriedade: "Eu havia acabado de ter um filho e para mim a família vinha em primeiro lugar. Não estava tão preparada quanto o Stieg para me sacrificar. Acho que ele não compreendeu muito bem minha posição. Ele só queria seguir adiante. Os fascistas precisavam ser desmascarados e obrigados a prestar contas de seus atos. Não queria mostrar clemência".

Alguns anos antes, num artigo sobre Harry Bidney, um dos organizadores das redes antifascismo na Grã-Bretanha, Stieg Larsson escrevera: "Pouca gente vai até o fim e dedica todas as suas energias e a vida inteira à luta ativa. São esses os guerreiros que têm plena consciência da dimensão da ameaça que a extrema direita representa para a democracia, para os direitos humanos e para a dignidade humana".

O livro de Stieg Larsson e Anna-Lena Lodenius foi publicado em 1991, ano em que a Suécia entrou numa fase nova e radical. A liberalização da economia havia recebido o impulso da Federação dos Empregados Suecos e dos moderados e depois conquistara defensores também no Partido Social-Democrata. O mercado de crédito fora desregulamentado em 1985, dando início ao período do chamado "crédito de Papai Noel". Fazer grandes empréstimos era considerado uma coisa boa em si, sobretudo se a pessoa não precisasse deles. Financeiras como Nyckeln, Gamlestaden e Independent expandiram suas atividades emprestando grandes quantias para ampla especulação, sobretudo em imóveis — não apenas na Suécia como também em cidades europeias como Londres e Bruxelas. Os preços dos imóveis dispararam, seguindo-se a queda inevitável. Quando a Nyckeln faliu, em setembro de 1990, a crise era um fato: companhias imobiliárias e corporações financeiras fecharam e logo depois até os grandes bancos comerciais começaram a balançar. Vieram então advertências constantes sobre o fato de as pessoas estarem vivendo acima de seus meios, principalmente se não haviam ganhado um centavo sequer com a alta das ações. O programa de emergência implantado pelo governo social-democrata era de cinto apertado, com congelamento de salários, suspensão de impostos municipais e proibição de greves.

A crise trouxe em seu rastro não só desemprego e medo como também extremismo e xenofobia. A agência de notícias TT, onde Stieg Larsson ainda tinha seu emprego de tempo integral, despachava constantes informações de incêndios criminosos, coquetéis Molotov atirados em campos de refugiados e ataques individuais a imigrantes, bombas lançadas em lojas de propriedade de imigrantes, queima de crucifixos em jardins de imigrantes, e assim por diante.

De 1989 a 1991, houve noventa incidentes desse tipo. Eram classificados como uma série de delitos lamentáveis sem nenhuma verdadeira ligação entre si. A Suécia não queria admitir que tinha nas mãos uma onda de terrorismo.

No início da década de 1990, Stieg Larsson já não era colaborador ativo do Partido Socialista, concentrando todas as suas energias na luta contra o extremismo de direita e o racismo. Mas o partido ainda existia. Vivera de fato seus melhores dias em meados da década de 1980, à diferença de outros grupos esquerdistas. Håkon Blomqvist relata como as coisas estavam diferentes no verão de 1991, quando o partido tentou realizar uma reunião eleitoral do lado de fora da loja de departamentos Åhléns, em Estocolmo:

> Foi como estar no fundo do poço, tudo parecia dar errado. Muito pouca gente queria aparecer lá e fazer campanha por nós e, quando tentamos vender a *Internationalen* para alguns jovens que passavam, eles riram com ar de desdém. Então, quando íamos começar nossos discursos, só tivemos microfonia e, no mesmo instante, ouvimos um som altíssimo vindo de Sergels Torg, de um sistema de som que funcionava de verdade: "Todos juntos agora! Lá vamos nós! Todos contra o governo babá!". E acima de nós passou voando uma nuvem de balões de gás amarelos com o rosto alegre de um velhinho. Lembro que a moça ao meu lado pôs as mãos na cabeça e todos nós pensamos: "Meu Deus, como os anos 1970 estão distantes". Uma nova era tinha realmente chegado e a gente não tinha se dado conta até aquele momento.

No outono de 1990, a Suécia passou a ter um partido político diferente de todos os outros de sua história. Foi fundado pelo diretor de uma gravadora da cidade de Skara, que ganhara milhões com música de conjuntos suecos de dança popular, e um bobo da corte ex-diretor executivo de uma empresa, mas que fora demitido e agora queria vingar-se fazendo carreira política. Nova Democracia [Ny demokrati], o nome do partido, era desorganizado, mas um artigo no jornal diário nacional *Dagens Nyheter* o ajudou em seu percurso, e logo se dizia que contava com o apoio de mais de 20% dos eleitores. Se fosse de fato verdade, não era só a economia que estava em crise na Suécia.

A Nova Democracia tinha pelo menos 50% do DNA do neoliberalismo. Ian Wachtmeister fora uma das forças motrizes da Nova Fundação de Assistência Social, o instituto de pesquisas que defendia soluções de mercado e a redução do setor público. Ele pretendia transformar a fundação num partido político, mas sua proposta havia sido rejeitada. Agora tinha outra oportunidade de bancar o político. E, com Bert Karlsson como seu escudeiro, a popularidade estava garantida.

Os dois promoveram reuniões pelo país inteiro, usando uma canção realmente cativante como tema de campanha, o que ajudava a atrair as multidões. A mídia dava cobertura a tudo, pois esse partido, com o velhinho alegre como símbolo, era um sinal dos tempos e bem diferente de todos os outros. Com suas reivindicações de redução de impostos e cortes nos gastos públicos, com suas críticas ferinas ao sistema político, evidentemente eram rotulados de típico partido descontente; a resposta deles é que eram antes de tudo um partido contente porque eram muito mais divertidos do que os outros partidos. Imigrantes e refugiados não estavam nem um pouco tranquilos, porém, já que a Nova Democracia flertava abertamente com a crescente xenofobia da opinião pública.

No outono de 1991, quando a Suécia passou a ter um governo conservador sob a liderança de Carl Bildt, o partido entrou no Parlamento com os nada surpreendentes 7% dos votos e com uma considerável influência potencial, já que nenhum dos dois principais blocos tinha a maioria total. O "Partido da Realidade", como se definia a Nova Democracia, chegara ao centro do poder.

Era, contudo, um partido que, apesar de se gabar de possuir ampla base popular, na verdade só representava um minúsculo setor do eleitorado.

Stieg Larsson fez a seguinte observação pessimista a respeito: "Os interesses que a Nova Democracia representa são óbvios quando se examina a composição de seu grupo no Parlamento: 22 do total de 25 que foram eleitos são homens, e mais da metade desses novos-democratas se dizem diretores. De cada dois novos-democratas no Parlamento, um tem seu próprio negócio, e um terceiro teve falência declarada em algum momento".

Em agosto daquele ano, no meio da mais intensa campanha eleitoral, um estudante eritreu foi alvejado e ferido em Estocolmo. A vítima achou ter visto um ponto vermelho oscilante em seu casaco antes de ser atingida pela bala. A princípio a polícia supôs que fossem jovens irresponsáveis brincando com armas de fogo. Então, em outubro, um estudante iraniano levou um tiro na cabeça mas sobreviveu, e logo depois aconteceram mais dois ataques semelhantes. Parecia haver um louco à solta, mirando pessoas de pele escura com uma arma a laser e atirando para matar. Os jornais o batizaram de Homem do Laser, e publicavam colunas e mais colunas sobre sua figura assustadora à espreita no escuro, mirando o visor do laser em qualquer um da cor errada que estivesse passando.

Enquanto isso, a imprensa também escrevia sobre um novo grupo nazista com uma reputação de crueldade ainda maior do que tudo o que se vira antes. Chamava-se Vitt Ariskt Motstånd [VAM, Resistência Branca Ariana], tomando o nome de um dos grupos mais extremistas dos Estados Unidos. A VAM recrutava seus membros entre os *skinheads* nazistas que tinham servido de guarda-costas para o Partido Nórdico Nacional, o Mantenham a Suécia Sueca e o Democratas Suecos. Os jovens *skinheads* faziam nas ruas o que lhes pediam, porém mal lhes agradeciam por isso. Na verdade, assim que essas organizações decidiram limpar sua imagem, eles foram abandonados e mandados embora.

O ídolo deles era Ian Stuart, o roqueiro White Power, que tivera uma experiência semelhante com a Frente Nacional na Inglaterra. Como Stuart, os *skinheads* suecos decidiram lançar mão de seus próprios recursos. Já tinham música própria e haviam começado a publicar suas revistas, incentivados e até financiados por seu equivalente britânico, o Blood & Honour. E essas revistas, como a *Vit Rebell* e a *Storm*, podiam agora, sem pressão externa nem censura, se encher de invectivas intermináveis contra judeus, comunistas e a grande imprensa, de tributos ao antigo líder nazista Rudolf Hesse e teorias conspiratórias sobre o Governo de Ocupação Sionista.

A VAM foi mais longe que todos. Alguns de seus partidários mantinham comunicação direta com o temidíssimo grupo terrorista americano The Order e, a exemplo dele, se viam como um movimento armado e secreto de resistência que iria libertar a Suécia com uma guerra racial completa. Roubos em lojas militares e assaltos a bancos trariam armas e dinheiro. Mas a polícia localizou o quartel-general da VAM numa casa em Drottningholm, a pouca distância do palácio real. Quando os policiais entraram, descobriram material suficiente para armar um pequeno exército; no entanto, os dois líderes, Klas Lund e Christoffer Rangne, conseguiram fugir. Efetuou-se uma caçada pelo país inteiro e eles afinal foram encontrados em Funäsdalen, no condado de Härjedalen, perto da fronteira com a Noruega, e levados a julgamento na principal cidade de lá, Sveg, sob a acusação de assalto a banco.

No dia do início do julgamento, vários simpatizantes que tinham ido dar apoio à dupla se puseram em posição de sentido na galeria dos visitantes e fizeram a saudação nazista para os acusados, que retribuíram o cumprimento, sem que a corte atônita pudesse fazer algo para impedir.

O julgamento de Lund e Rangne começou em 8 de novembro de 1991. Naquele mesmo dia, um iraniano de 34 anos foi morto com um tiro em Estocolmo. O Homem do Laser tinha conseguido fazer sua primeira morte. No início de 1992, o assassino investiu como um possesso, usando um revólver para matar seis pessoas ao longo de um mês, duas no mesmo dia. Todas as vítimas sobreviveram. Mas o povo estava ficando tenso, e os imigrantes não se sentiam mais seguros nas ruas.

No país inteiro, tanto imigrantes quanto suecos agora achavam que precisavam agir. Uma das propostas de manifestação de protesto, a de Kurdo Baksi, colunista e editor de jornal, era a de greve dos imigrantes durante uma hora sob o slogan "Sem imigrantes, a Suécia teria de parar". Stieg Larsson entrou em contato com Baksi, querendo saber por que os suecos não poderiam também mostrar sua solidariedade aos que agora estavam sob ameaça. Baksi e a comissão de greve fizeram os acertos necessários e incluíram os suecos na convocação às greves e manifestações que começariam em 21 de fevereiro de 1992. As linhas de produção pararam às dez horas da manhã nas indústrias mais importantes da Suécia — na Saab, em Trollhättan; na Scania, em Södertälje; na Volvo, na fábrica de Torslanda, perto de Gotemburgo — e tudo ficou silencioso por uma hora, em alguns casos apenas por dez minutos. Houve manifestações de protesto naquela noite em Estocolmo, Gotemburgo e em outros locais, com ampla cobertura dos meios de comunicação.

Tudo isso aumentou a pressão sobre o governo, que agora acompanhava diariamente os resultados da caçada policial em curso. Conforme a atmosfera se tornava mais tensa, percebeu-se a necessidade de medidas de precaução. Mas fazer discursos antirracistas de exortação não era bem o estilo de Carl Bildt. De modo que, quando Bildt e a ministra da Imigração, Birgit Friggebo, se viram no meio de uma reunião acalorada em Rinkeby, o bairro de imigrantes, no princípio de fevereiro, não souberam como lidar com a situação; numa tentativa desesperada de acalmar os ânimos, Friggebo convidou as pessoas reunidas a cantar "Nós triunfaremos". Como seria de esperar, o pedido não trouxe nem canto nem calma. Precisando fazer alguma coisa, Bildt foi obrigado a falar à nação pela TV sobre os ataques, enquanto a polícia trabalhava sem descanso no que foi a maior investigação policial desde o assassinato de Olof Palme.

As atitudes com relação ao Homem do Laser eram, porém, ambivalentes e assim continuariam nos anos seguintes. Jan Lindström, jornalista do jornal *Expressen*, fez um comentário acertado quando escreveu que ele era "a personificação do estado de espírito predominante na Suécia". Para muitos, porém, era um louco solitário, um indivíduo confuso que poderia apontar sua arma para qualquer um.

Stieg Larsson tinha uma posição veemente contra essa opinião. Ele lera o escritor americano William Pierce, autor dos romances *The Turner diaries* e *Hunter*, o último uma homenagem ao homem solitário adepto da violência que, sem revelar sua ideologia, luta por uma sociedade racialmente pura. Portanto, o Homem do Laser poderia ser visto como um padrão, um exemplo, e assim era louvado nos jornais neonazistas. Era um homem do seu tempo, embora a Suécia não quisesse reconhecer isso.

Depois, Stieg Larsson cogitou escrever um livro sobre ele, mas o projeto nunca foi para a frente. Quem o fez foi o jornalista Gellert Tamas, e o publicou em 2002, descrevendo convincentemente como o criminoso pode ter sido afetado pelos ataques xenofóbicos, pelo crescimento da Nova Democracia e pelas notícias nos meios de comunicação sobre a intensificação do conflito entre suecos e imigrantes.

* * *

Foi no ano de 1992 que o mundo tomou conhecimento dos horrores da guerra na Iugoslávia. Achava-se que a causa era a inimizade mútua entre grupos étnicos diferentes, e portanto eles tinham de ser separados. A expressão "limpeza étnica" começou a aparecer na mídia. Representava exatamente o que os partidos nacionalistas e xenófobos na Europa estavam defendendo. Agora, que estava sendo posta em prática, seu sentido ficou claro.

O cerco a Sarajevo começou naquele ano, e milhares de refugiados começaram a chegar toda semana à Suécia, exacerbando uma situação de crise. O valor da coroa sueca parecia estar inteiramente nas mãos de especuladores da moeda dentro e fora do país. Bengt Dennis, presidente do Banco da Suécia, usou sua força e elevou a taxa marginal de juros a impressionantes 75% em setembro. A medida não teve nenhum impacto e, uma semana depois, um pálido mas determinado Dennis anunciou que agora a taxa iria ser de 500%. No fim, a inútil defesa da coroa sueca foi abandonada e deixou-se que flutuasse livremente contra outras moedas, o que levou a 10% de desvalorização mas também resolveu a acentuada crise monetária. Era uma crise cujo resultado ninguém ousava prever. O déficit orçamentário atingiu níveis sem precedentes, centenas de milhares de pessoas ficaram sem seus empregos, e as perdas de crédito dos bancos estavam sendo assumidas pelo Estado — ou seja, pelos contribuintes. O que mais poderia ser feito? O sistema não podia entrar em colapso. Ainda assim, foi um período gratificante para todos os que desejavam a adoção de novas políticas econômicas com revisões orçamentárias mais rigorosas — e para os que exigiam medidas mais duras contra os imigrantes. A autoridade da divisão administrativa de Solna, na periferia de Estocolmo, que havia recebido elogios por fazer economias que resultaram no menor imposto municipal do país, foi adiante aplicando medidas mais severas para os imigrantes também. Depois da suposta série de furtos na área, ela afirmou, sem pestanejar, que todos os albaneses do Kosovo que se encontravam num campo de refugiados do local deveriam ser extraditados. Alguma coisa mudara de fato, tanto no clima econômico quanto no político. A questão da década de 1980 havia sido se o modelo sueco deveria ou não ser abandonado. Agora não era mais necessário perguntar.

Até a nova esquerda que estava começando a tomar forma entre os jovens antirracistas de então era um típico produto de seu tempo: individualista, militante, extremamente descentralizada, muitas vezes se dizendo autônoma. O movimento não formava organizações com comitês e programas. Os ativistas costumavam ter raízes sindicalistas ou anarquistas e preferiam democracia direta e ação direta. Outros se viam mais como socialistas ou marxistas. E queriam um confronto físico aberto com os nazistas para disputar o controle das ruas.

No verão de 1992, os antirracistas puderam comemorar o fato de ter acabado a caçada ao Homem do Laser. John Ausonius foi detido durante um assalto a banco, e a polícia estava certa de que era ele o temível assassino serial, o que ele afinal confessou ser.

E a Nova Democracia, apesar de sua posição influente no Parlamento, já iniciara sua espiral descendente de autodestruição, com conflitos internos, exclusões, demissões e até xenofobia mais evidente. Mais uma vez, parecia impossível que um partido descontente da extrema direita se firmasse no sistema político sueco.

UMA REVISTA MUITO PEQUENA

Foi um bando bem misturado de gente moça com ambições jornalísticas e militância antirracista que se encontrou em Estocolmo na primavera de 1995 para discutir a possibilidade de lançar uma nova revista. A maioria já se conhecia e tinha alguma experiência em jornalismo, e a maioria também participara ativamente de campanhas antirracistas. Uma dessas pessoas era mais velha e consideravelmente mais experiente do que o resto: Stieg Larsson, que trabalhava para a Agência de Notícias TT e se notabilizara como um dos grandes especialistas em extremismo de direita, na Suécia e no mundo. No fim da década de 1980 e no começo da de 1990, havia poucos jornalistas interessados na direita radical. E uma porção de coisas ruins estava sendo atribuída aos extremistas, de modo que havia bons motivos para ficar de olho neles. Stieg Larsson costumava se encontrar com colegas de profissão no Clube da Imprensa da rua Vasagatan, em Estocolmo, para trocar experiências. Fora isso, não havia praticamente investigação jornalística sobre o neonazismo.

Stieg também notara que havia uma tendência para a dicotomia dentro do antirracismo: um ativismo cada vez mais militante ou uma abordagem mais política e teórica. E havia os que não pertenciam a nenhum dos dois campos: jovens que queriam trabalhar sistematicamente contra o extremismo de direita e o racismo e se preocupavam de modo geral com a marcha dos acontecimentos na Suécia. Os fundadores da *Expo* pertenciam a essa última categoria. Stieg definiu seu papel nesse contexto como o de "uma espécie de consultor", o que foi sem dúvida uma declaração comedida.

Fundar uma revista é um sonho que quase todos os jornalistas acalentam em alguma fase de sua juventude. Fazê-lo de fato exige grande determinação, mas era óbvio que isso não faltava à jovem equipe editorial. Todos também estavam fartos, achavam que já era hora de tomar medidas efetivas para sustar o avanço dos grupos neonazistas e racistas.

Entretanto, não era um projeto muito bem planejado, de acordo com Andreas Rosenlund, um dos organizadores da linha editorial da primeira equipe. A iniciativa se devia mais à energia e à dedicação dos envolvidos do que a algum conceito claro de como o trabalho deveria ser realizado. Ele próprio fora para Estocolmo vindo da província de Småland, onde trabalhara no jornal *Smålandstidningen*, em Mariannelund. Participara do movimento Parem com o Racismo e via a nova revista como a continuação natural daquilo pelo qual já vinha lutando.

Outro integrante do grupo, Tobias Hübinette, usara o nome *Expo* num folheto informativo sobre nazistas e extremistas de direita que fizera com estêncil e publicara. Os outros acharam que soava bem e decidiram que seria esse o nome da revista. Iria se concentrar em monitorar, descobrir e revelar fatos, mais do que em publicar opiniões e discussões.

A *Expo* tinha afinidades com a publicação *Stoppa Rasismen*, para a qual Stieg Larsson trabalhara como articulista, mas a orientação para a pesquisa detalhada sobre a extrema direita e o fascismo seria muito mais forte. Seria jornalismo investigativo para valer.

A *Expo* tinha uma equipe de redatores idealistas e uma profusão de tópicos sobre os quais escrever. O que lhe faltava era apoio financeiro. Mas a equipe editorial conseguiu assim mesmo juntar dinheiro de várias fontes para alugar um pequeno escritório em Zinkensdamm, no bairro de Södermalm, de modo que pelo menos o primeiro número tinha publicação assegurada.

Enviaram formulários para todas as pessoas que conheciam e, como um número surpreendente delas aceitou a oferta de assinatura, tudo indicava que conseguiriam prosseguir por algum tempo.

O trabalho preparatório que levou à publicação da *Expo* foi realizado durante o verão e o início do outono de 1995. Alguns podem ter achado que a iniciativa estava muitos anos atrasada, porque a maioria dos ativistas da linha dura da VAM estava trancada a sete chaves em diversas prisões e a própria VAM fora desmantelada, apesar de ter sido substituída por algo mais parecido com um partido político, a Frente Nacional Socialista. O partido Nova Democracia tivera apenas 1,4% dos votos nas eleições de 1994, tendo perdido portanto todos os seus assentos no Parlamento de uma só vez. A pesquisa de opinião mais recente revelou que o apoio eleitoral tinha caído a 0,5%, um recorde. Os políticos do partido Democratas Suecos, que sucedera o Partido Sueco, gastavam a maior parte do tempo em disputas internas, ameaçando uns aos outros com medidas judiciais, e de modo geral pareciam exauridos.

Mas gente como Stieg Larsson, com experiência sobre o modo de funcionamento da extrema direita, não tinha grandes esperanças de vê-los sair de cena com tanta facilidade. Ele costumava dizer que essas coisas vinham em ondas — uma suspeita que se confirmaria de modo apavorante antes mesmo que saísse o primeiro número da *Expo*.

No meio de agosto daquele ano, um estudante de catorze anos, John Hron, da pequena aldeia de Kode, perto de Kungälv, no oeste da Suécia, foi acampar à beira de um lago com um amigo. Acenderam uma fogueira e estavam sentados conversando. Não muito longe dali, uma gangue de jovens nazistas bebia cerveja, viu o fogo e decidiu verificar quem eram os vizinhos. O mais jovem dos garotos reconheceu John e lembrou que brigara com ele na escola. Seria um bom momento para fazê-lo pagar por isso. A gangue nazista inteira caiu em cima de John, batendo nele e chutando seu corpo e sua cabeça. Ameaçaram matá-lo, obrigaram-no a louvar o nazismo e por fim o jogaram dentro do lago. Mas logo se arrependeram de tê-lo feito ao ver que ele nadava para longe e iria escapar. Então ameaçaram matar o amigo a menos que o chamasse de volta, o que ele fez — e John nadou de volta para a margem, direto para as mãos de seus torturadores, que recomeçaram a surra de modo ainda mais selvagem, uma hora inteira de tortura que terminou com John inconsciente no chão. Eles então o jogaram na água de novo. Dessa vez ele afundou como uma pedra, enquanto seus criminosos calmamente acendiam cigarros.

Apenas algumas semanas depois disso, um jovem refugiado da Costa do Marfim, Gerard Gbeyo, foi encontrado morto em um parque na pequena cidade de Klippan, no norte de Skåne. Ficou caído ali durante algumas horas antes que alguém reagisse. Estava apenas de visita, chegara de ônibus no sábado anterior e fora visto por alguns *skinheads* simpatizantes do nazismo. Um deles apontou para o rapaz e sugeriu que o "furassem". Antes de dar a facada em sua vítima, o assassino de dezesseis anos colocou uma braçadeira com a suástica. Alguns dias depois, um nabo pintado de preto foi encontrado nos arbustos onde Gbeyo caíra morto, com um bilhete manuscrito preso a ele: "Em memória de um homem que não nos trouxe nada além de uma grande despesa. Moradores de Klippan".

Neste, bem como no caso de Kode, a polícia conseguiu identificar e prender o agressor e seu comparsa muito rapidamente.

Quando a *Expo* publicou a sua primeira edição, no início de outubro de 1995, a Suécia ainda estava abalada com esses bárbaros assassinatos. Mas enquanto muita gente, inclusive a polícia, achava que os acontecimentos não tinham relação, a nova revista conseguiu mostrar que eram parte de um padrão mais amplo, e que mais seis assassinatos tinham sido cometidos naquele mesmo ano pela extrema direita ou por quem tinha ligações com ela.

Com seu feio formato A4, a ausência de impressão em cores

e o papel barato, a revista não impressionava muito. O nome, tipograficamente apresentado como *eXpo*, era também o logotipo e a forma de identificação. A coluna de créditos parecia meio sigilosa, com nomes abreviados (M. Karlsson, J. Larsson), mas na quarta capa havia uma lista de políticos conhecidos, líderes religiosos, escritores, músicos e estrelas do esporte que apoiavam o novo projeto e que indicavam a amplitude da cobertura que a revista visava.

A *Expo* era uma revista pequena que nascera do ativismo de esquerda. Compreendia um reduzido círculo de pessoas que se incumbira de monitorar grupos que eram ameaçadoramente secretos, de potencial violento. É evidente que existia o risco de esse grupo antifascista ficar parecido com seus antagonistas e pensar de modo introvertido e conspiratório, vendo com desconfiança ou desprezo os que manifestassem uma oposição ao racismo sem o mesmo grau de consciência e determinação.

Stieg Larsson por certo já vira divisões e lutas internas demais na esquerda. Ainda lembrava a amarga experiência de Granada, onde amigos e colegas de partido haviam assassinado uns aos outros. Não negava a necessidade de um pouco de sigilo, mas percebia que a *Expo* precisava se abrir totalmente à sociedade se quisesse sobreviver. Ressaltou que a oposição ao nazismo e ao racismo era o único elo entre todos os partidos e organizações democráticas. Por isso era importante manter contato com todos os partidos existentes e em especial com indivíduos e organizações que compartilhassem os objetivos da revista: "Defender a democracia e a liberdade de expressão na batalha contra os racistas, os extremistas de direita e as ideologias totalitárias". Parecia a velha noção de frente unida dos dias gloriosos da esquerda. A diferença é que agora não havia interesses ocultos.

Assim, antes mesmo de começar, eles tinham feito contato com grupos políticos jovens e obtido o apoio de todos, exceto dos moderados — embora estes também se aproximassem depois da publicação dos primeiros números da revista. Outras empresas, organizações e publicações especializadas apoiaram o projeto, como o Comitê Sueco contra o Antissemitismo, a Associação Educacional dos Trabalhadores, a companhia de investimentos Proventus e a gravadora MNW. O editor-chefe inicialmente era Mikael Karlsson. Andreas Rosenlund assumiu do começo de 1996 até sua demissão da revista, em 1997.

Administrar a *Expo* era trabalho de tempo integral, mas tudo precisava funcionar quase sem capital. "Em princípio, todo mundo recebia um salário quando havia dinheiro", conta Andreas Rosenlund. A revista não tinha um sócio capitalista por trás. Nem havia recursos financeiros para formar uma companhia limitada, por isso eles criaram um consórcio sem fins lucrativos, a Fundação Hill, batizada em homenagem a Ray Hill, o espião da *Searchlight* dentro do fascismo britânico.

Além da compilação dos crimes neonazistas, o primeiro número da revista incluiu um artigo descrevendo a chegada à Suécia do serviço internacional de informações neonazista, criado pela violenta organização fascista britânica Combat 18. Seu objetivo era monitorar, um após o outro, todos os ativistas antifascistas a fim de ameaçá-los e importuná-los sempre que houvesse oportunidade. Foi um artigo presciente, como os acontecimentos iriam mostrar anos mais tarde. A *Expo* também escreveu sobre a onda de profanações de cemitérios judaicos na Suécia. E introduziu o que chamava de sua agenda, que era o ponto central da revista. Não se tratava, como se poderia supor, de uma lista de acontecimentos que queriam divulgar, mas uma resenha muito mais deprimente de atividades da extrema direita: atos de violência, campanhas, reuniões, concertos que tivessem sido realizados desde a publicação do número anterior da revista. O material era fornecido por uma rede de informantes ou recolhido em diversos jornais interioranos. Também encomendavam grande quantidade de material de processos de tribunais de justiça do país inteiro. Pôr o material todo em ordem era uma tarefa trabalhosa, mas o resultado da compilação era impressionante. Depois de tudo reunido, o quadro geral que surgia era muito mais impactante do que qualquer outra coisa que já viera a público.

O primeiro número da revista teve grande repercussão na mídia. O *Dagens Nyheter*, um dos dois mais importantes periódicos diários do país, comentou: "Quando o Homem do Laser atirou em doze imigrantes em 1991, houve protestos e revolta generalizados. De acordo com a *Expo*, as organizações nazistas foram responsáveis por sete assassinatos em 1995. Mas os protestos foram menos clamorosos. Por isso é que precisamos da *Expo*".

O *Aftonbladet*, jornal de Estocolmo, disse: "É um trabalho sujo, mas alguém precisa fazê-lo. Para que o resto das pessoas, como nós, possa continuar a fazer o seu".

A ideia de uma ampla coalizão política não agradava a todos os que lutavam contra a extrema direita. Como os trotskistas da década de 1970, a Antifascistisk Aktion [AFA, Ação Antifascista] achava, por exemplo, que os grupos fascistas não deveriam ter espaço público para exibir sua força e unidade crescentes, e sim ser enfrentados diretamente nas ruas e impedidos de realizar suas manifestações públicas de massa. A falta de interesse pela extrema direita, que a sociedade de modo geral demonstrava nos anos 1990, reforçou a convicção da AFA de que eles próprios eram os únicos a fazer oposição aberta aos perigos do fascismo.

Quando ficou evidente que o movimento Parem o Racismo não pretendia organizar nenhuma manifestação contra a marcha fascista de 30 de novembro de 1991, um grupo de anarquistas e sindicalistas formou um grupo de trabalho com o objetivo de impedir a manifestação. Os jovens esquerdistas bloquearam a praça Carlos XII e forçaram os nazistas a recuar. Foi a primeira ocasião em que o nome Antifascistisk Aktion foi usado.

As hostilidades foram ainda mais exacerbadas em Lund, onde apareceram os chamados BZs de Copenhague, cheios de motivação, os rostos mascarados e usando capacetes, e se juntaram aos ativistas suecos na construção de barricadas e fechamento de toda a Stora Södergatan, a principal rua da cidade, detendo completamente a passeata dos extremistas de direita em homenagem a Carlos XII.

Em setembro de 1993, cerca de vinte grupos antifascistas vindos de toda a Suécia se encontraram na Faculdade Bona Folk [Bona Folkhögskola], perto de Motala, e decidiram formalizar a Ação Antifascista como rede nacional. Os métodos da AFA se tornaram mais e mais agressivos e foram além da mobilização de ativistas contra manifestações neonazistas, incluindo ameaças e agressões a indivíduos.

"Tivemos uma grande discussão dentro do Parem com o Racismo sobre o uso da violência", lembra Kenneth Lewis. "A opinião da maioria, com a qual eu concordava, era que a violência só se justificava como autodefesa. Os grupos que se tinham reunido para formar a AFA pensavam diferente. Queriam descobrir e atacar seus adversários, e houve uma ruptura inevitável, apesar de tentarmos evitá-la tanto quanto possível. Infelizmente, isso significava que a ampla base de apoio que o movimento antirracista conquistara nos anos 1980, dos sindicatos, por exemplo, se evaporou, e não há dúvida de que os grupos belicosos, com seus rostos cobertos e sua exaltação da violência, prejudicaram a causa antirracista."

Um ódio fervilhante surgiu entre os jovens militantes das extremas esquerda e direita. A *Expo* estava no meio de tudo e no entanto apartada dessa situação.

O grupo original da *Expo* incluía pessoas que haviam pertencido à AFA, mas, segundo Andreas Rosenlund, todos saíram quando a revista começou. "A tarefa da *Expo* não era fazer o que a AFA estava fazendo, ir para as ruas e enfrentar os nazistas com seus próprios métodos. A *Expo* queria formar opinião, convencer a sociedade a aceitar sua responsabilidade de combater a propaganda xenófoba e a brutalidade neonazista."

O primeiro artigo de Stieg Larsson para a *Expo* se referia a um acontecimento a que ele voltaria em diversas ocasiões e ao qual nitidamente atribuía um significado muito importante: o atentado à bomba ao prédio federal na cidade de Oklahoma, nos Estados Unidos, ocorrido em abril de 1995 e no qual 168 pessoas perderam a vida. O criminoso, Timothy McVeigh, não era nazista, até onde se sabe, mas um libertário extremista, contrário a todo e qualquer controle do Estado, e o atentado consistiu, segundo ele próprio, numa vingança pelo ataque das autoridades à seita apocalíptica Ramo Davidiano em Waco, em 1993.

O massacre de Oklahoma, contudo, tinha ligações óbvias com a extrema direita, pois a inspiração de McVeigh foi o obscuro romance de um escritor que se dizia chamar Andrew McDonald, mas cujo verdadeiro nome era William Pierce. Estava longe de ser um desconhecido nos círculos neonazistas americanos. Quando jovem, estudou física e planejou seguir uma carreira acadêmica, mas ficou obcecado pela questão judaica e aprendeu história política sozinho, deixando em muito pouco tempo de ser o promissor Dr. Jekyll das ciências naturais e se transformando num Mr. Hyde de ideologia racista sedento de sangue.

Pierce cedo rejeitou os extremistas tradicionais de direita na Sociedade John Birch, da qual fizera parte. Eles podiam ter pontos de vista certos, mas não compreendiam a importância da devoção total à causa branca. O sonho de Pierce era uma força branca de elite, só batalha e pura violência, e injetou essas fantasias numa narrativa de ficção, uma espécie de romance de ficção científica publicado com o título *The Turner diaries.*

O livro se passa num futuro no qual os Estados Unidos são governados por líderes de raça mista, uma decadência sem paralelo, é claro, e no caos que se segue um pequeno grupo de homens determinados forma um movimento de guerrilha e assume a luta contra a autoridade constituída. São controlados por um misterioso grupo de ideólogos chamado A Ordem, que concluiu que a guerra tem de ser travada sem restrições ou escrúpulos morais. Os guerrilheiros brancos explodem o quartel-general do FBI e muitas centenas de pessoas morrem. O conflito se intensifica, a sociedade multicultural de raça mista desmorona, as resolutas forças brancas assumem o controle e se põem a enforcar traidores raciais e a exterminar todos os judeus. Outros países do mundo passam pelo mesmo processo e, no *grand finale*, todos os povos que não são brancos são erradicados da Terra, e os descendentes dos arianos começam a construir a civilização superior que haviam sido destinados a criar.

The Turner Diaries se tornou um livro mais cultuado do que qualquer outro nos círculos extremistas americanos. Diz-se que meio milhão de exemplares foram vendidos, e um deles evidentemente chegou às mãos de McVeigh, que pôs em prática o que leu: a bomba que ele detonou em Oklahoma, uma carga explosiva composta de fertilizante artificial e óleo de motor, é descrita em detalhes precisos no livro.

Numa pequena cidade do Meio-Oeste agrícola abalado pela crise, foi estabelecida uma espécie de Estado Livre branco para a "autonomia cristã" no início dos anos 1980. Logo se tornou um refúgio para os grupos de milicianos, antifederalistas e partidários do White Power. Uma organização chamada Nações Arianas tomou forma e, sob seus auspícios, os princípios do neonazismo americano foram formulados, sobretudo o famigerado conceito ZOG, Governo de Ocupação Sionista [Zionist Occupation Government], uma expressão genérica para designar tudo aquilo contra o que os neonazistas estavam lutando — judeus, negros, defensores da miscigenação, meios de comunicação liberais e políticos.

Toda aquela barafunda de ideias parece tão esquisita, tão distante de qualquer realidade reconhecível, que é difícil entender como pôde ganhar popularidade. Mas quando, no princípio dos anos 1990, os *skinheads* suecos neonazistas assinantes da revista *Storm* primeiro leram e depois entraram em contato com a organização Nações Arianas, não demorou muito e o termo ZOG chegou à Suécia. Era uma espécie de senha, uma doutrina salvadora e uma chave para compreender que o mundo era completamente diferente da maneira como os políticos e a mídia o definiam e as pessoas em geral acreditavam ser. Era mais como o filme *Matrix*, de ficção científica, em que se descobre que o ambiente cotidiano seguro em que os seres humanos estão vivendo é tecnologicamente simulado por máquinas maléficas que subjugaram o planeta. Só os que atingiram um estágio de esclarecimento mais elevado podem enxergar através da ilusão e pegar em armas para lutar contra o sistema que os escraviza.

Em *The Turner Diaries*, a sociedade secreta The Order desempenha exatamente o mesmo papel. E a ficção se transformou em fato quando o grupo guerrilheiro com esse nome, oriundo da organização Nações Arianas e de outras associações extremistas, declarou guerra ao ZOG. Esse grupo praticou uma série de atos bárbaros antes de ser desmantelado pela polícia. Um dos líderes morreu com um tiro durante um cerco e os outros foram condenados a longas penas na prisão.

Foi para esse complexo de ideias que Stieg Larsson chamou a atenção, e ainda para a propensão à violência e a competência em terrorismo que cresceram em torno dele. Além do mais, as mesmas ideias e o mesmo culto da violência eram o que agora se via na Suécia, sobretudo numa organização centralizada na revista suspensa *Storm*, que adotara o nome *Storm Network*, e cujos membros haviam sido condenados por graves e numerosos crimes de violência.

Uma razão para grupos dessa natureza poderem se estabelecer nos Estados Unidos sem ser muito incomodados era o fato de o país não ter leis que proibissem grupos extremistas e incitação ao ódio. Os cabeças de The Order não poderiam ser condenados, por exemplo; só os peões.

E a Suécia não era diferente. Na verdade, talvez fosse ainda mais liberal do que os Estados Unidos, segundo Stieg Larsson:

> Um racista sueco que atira uma bomba num abrigo de refugiados, uma ofensa que automaticamente daria uma pena de dez anos de prisão na Itália, pode pegar só alguns meses de cadeia ou uma multa por incêndio criminoso. O crime de terrorismo político na Suécia é reservado com exclusividade para os estrangeiros, e apenas curdos foram presos por isso.

Stieg Larsson queria criar uma *Searchlight* sueca, ou algo semelhante a ela — não simplesmente publicar uma revista, mas também formar um sólido arquivo de informações sobre a direita radical. Apenas uma documentação meticulosa permitiria denunciar grupos extremistas e não deixá-los escapar da justiça.

Stieg recolhera ele próprio uma grande quantidade de material antes da criação da *Expo*. Mas agora surgira a oportunidade de montar um arquivo abrangente de material impresso, recortes de jornal, livros e outras informações sobre a direita radical, sem falar nos próprios jornais deles, revistas, folhetos, discos, catálogos, adesivos e coisa assim. Com o tempo, à medida que a *Expo* fazia mais e mais contatos dentro dos grupos, através de pessoas que tinham desertado ou estavam a ponto de sair, passou a ter acesso também a atas internas.

Stieg, contudo, tinha objetivos ainda mais elevados. Queria que a *Expo* colaborasse com o mundo da pesquisa, e que os conhecimentos e documentos que a revista possuía tivessem uma aplicação mais ampla. Seria através de contatos e reconhecimento no mundo acadêmico que a *Expo* deixaria para trás sua reputação de revista para ativistas políticos e alcançaria uma posição reconhecida de especialista nesse campo.

Quando ainda era uma jovem estudante, Ulla Ekström von Essen, professora conferencista de história das ideias na Faculdade Södertörn, queria escrever uma monografia sobre as doutrinas da Resistência Branca Ariana (VAM), mas, naquela época, início dos anos 1990, isso não era tão simples. As convicções da VAM eram consideradas muito excêntricas e extremistas para serem assimiladas pela história das ideias e quase não existiam trabalhos acadêmicos sobre a direita radical moderna. Ela então entrou em contato com Stieg Larsson e recebeu dele incentivo e conselhos imediatos, inclusive uma boa quantidade de material que não era fácil de se obter.

"Visitei-o na TT e lembro que copiou todo o *Turner Diaries* para mim porque achou que eu não podia deixar de ler. Continuamos a trabalhar juntos mais tarde, quando eu estava dando um curso sobre a história das ideias racistas."

Para o próprio Stieg, a *Expo* oferecia a oportunidade de escrever quase sem limitações sobre o assunto que era o grande compromisso de sua vida e o que ele conhecia mais do que qualquer pessoa na Suécia. Contudo, ele se mantinha mais em segundo plano, e não aspirava a nenhum dos cargos na editoria da revista. E no entanto influenciou-a de muitas maneiras, sobretudo no rumo que desejava que tomasse.

Seu olhar atento ao panorama internacional, por exemplo, era indispensável. Sem isso, seria impossível ver como se formavam alianças pessoais através das fronteiras e como as ideias eram depois disseminadas em círculos e redes extremistas da direita radical. Desde o começo, portanto, a revista estabeleceu uma colaboração regular com publicações irmãs na Europa — além da *Searchlight* inglesa, havia a *AntiFaInfoblatt*, da Alemanha, a *Reflex*, na França, e a *Monitor*, na Noruega.

Por meio de sua rede de informação, Stieg pôde contar com a participação de redatores de outros países na *Expo*. Conseguiu a colaboração de Andrew Vachss como colunista; ele era um conhecido escritor de romances policiais, advogado e uma voz pública contra os maus-tratos e o abuso sexual de crianças. Igualmente envolvido desde o primeiro número estava o cineasta Michael Schmidt, bem conhecido por seu filme provocador e chocante sobre o neonazismo germânico, *Wahrheit macht frei* [A verdade liberta — título que faz referência à infame divisa de campos de concentração: "*Arbeit macht frei*"].

Na Alemanha, organizações abertamente nazistas eram e ainda são ilegais, a suástica e a saudação nazista são proibidas. Assim, o nazismo alemão que se desenvolveu nos anos 1980 era uma atividade dissimulada, de contato difícil e também cheia de rancor, aversão e atitudes violentas. Mas Schmidt mesmo assim decidiu infiltrar-se no meio e fez um documentário para levantar o véu que o cobria, obtendo um resultado além de todas as expectativas. Entrou em contato com o mais conhecido neonazista da época, Michael Kühnen, líder da organização de fachada GdNF (Gesinnungsgemeinschaft der Neuen Front), ou Die Bewegung [O Movimento] como geralmente a chamavam. Kühnen teve uma reação muito positiva ao filme: achava que seria útil para a propaganda nazista.

Michael Schmidt manteve estreito contato sigiloso com a *Searchlight* e com Graeme Atkinson durante os preparativos para o projeto, e também encontrou Stieg Larsson. Stieg o pôs em contato com a Televisão Sueca e a produtora Birgitta Karlström, cujo apoio facilitou a edição. O filme estreou na TV sueca, teve muita repercussão e foi depois exibido em muitos países europeus.

Mais ou menos na mesma época que o filme estava sendo visto na televisão sueca, o outono de 1991, a Alemanha comemorava o primeiro aniversário da reunificação. Uma pesada sombra diminuiu o brilho das festividades, porém, com graves surtos de sistemáticos ataques nazistas a refugiados e a instalações que abrigavam refugiados, que tiveram início naquele ano e continuaram no ano seguinte. O auge foi em Rostock, o porto báltico da ex-Alemanha Oriental, onde jovens racistas aterrorizaram com bombas incendiárias, durante dias a fio, um campo de transição para refugiados vietnamitas, enquanto a polícia local se via incapaz de controlar a situação. Tudo terminou em tumulto depois que o Ministério do Interior enviou reforços policiais especiais para pôr fim aos ataques.

O filme de Schmidt tratava das causas originais desses acontecimentos. Ler sobre neonazistas em jornais e livros era uma coisa, mas ver seu ódio irromper, ouvir suas diatribes antissemitas e presenciar seu gosto pela violência e o treino com armas secretas, tudo isso em imagens nítidas, de perto e em movimento, era ainda mais impactante.

No livro que depois publicou, Michael Schmidt relatou sua experiência da realidade irreal do neonazismo descrevendo uma reunião na qual discursou o veterano nazista holandês Et Wolsink:

> Wolsink faz a saudação nazista, a autêntica. Mais uma vez todos os *skinheads* bradam seu belicoso *Sieg Heil*, repetidamente. Não é uma exibição, os movimentos do braço de Wolsink são puro reflexo.

Com que naturalidade esse veterano transmite os rituais do Terceiro Reich! De repente, tenho a sensação de estar em outro mundo, cuja existência eu ignorava havia apenas um ano. Hitler é venerado aqui, com toda a seriedade. Em círculos em que se jura manter segredo, as pessoas estão trabalhando por um único objetivo: destruir a democracia e restabelecer uma ditadura.

O primeiro número da *Expo* e artigos nos números seguintes trataram daquilo que talvez fosse o elemento mais singular do extremismo de direita da Suécia: a música White Power. O rock pesado racista nasceu na Inglaterra e um dos seus maiores nomes, Ian Stuart, se apresentou na Suécia quando o movimento Rock contra o Comunismo foi criado, em 1988. A música se tornou uma cultura comum para os grupos independentes de *skinheads*, dando vazão à sua agressão e também criando uma sensação de comunidade. Transformou-se numa especialidade para a juventude sueca neonazista. No início de 1990, havia na Suécia o mesmo número de bandas White Power que nos Estados Unidos. As gravadoras e distribuidoras de discos suecas estavam vendendo para todo o mundo ocidental.

Música significava dinheiro para os neonazistas, mostrando-se mais lucrativa do que os velhos métodos criminosos de financiamento de suas atividades. Parafraseando Bertolt Brecht, eles deviam pensar que roubar um banco não era nada comparado a fundar uma gravadora de discos.

Mas a nova moda musical tinha uma variedade de nuances, pelo menos no que se refere às letras das canções. Expressões nazistas grosseiras ao estilo de Ian Stuart e seus discípulos suecos não eram a única opção. Em Nyköping, por exemplo, cidade conhecida por sua resistência em acolher refugiados, havia a Ultima Thule, uma banda com um vago sabor das velhas tradições nórdicas. Cantavam sobre Thor e Odin, sacrifícios e Valhala, mas sobretudo sobre algo que nunca existiu na época dos *vikings*: a Suécia. No fim dos anos 1980, tocavam para os partidários xenófobos da organização Mantenham a Suécia Sueca, e em 1990 lançaram um disco produzido numa gravadora alemã com ligações nazistas com o vistoso título de *Hurra för Nordens länder!* [Hurra para os países nórdicos!]. Fizeram versões de rock pesado do hino nacional sueco, *Du gamla du fria* [Ó antiga, ó livre] e da canção de Ulf Peder Olrog *Schottis på Valhall* [Xote no Valhalla] e pareciam estar adquirindo popularidade universal. Bert Karlsson, sempre muito sensível a possíveis tendências, desconfiou que isso estava despertando alguma emoção no fundo do inconsciente coletivo e mais do que depressa os contratou para seu selo Mariann Records. Foi a guinada comercial para o rock *viking*, e a banda, que agora diziam estar se afastando do racismo e do nazismo, chegou a ganhar dois discos de ouro antes de Bert Karlsson rescindir seu contrato, diante de todas as críticas veementes que tinha de suportar por causa de seus insolentes protegidos.

Apesar de ter sido um grande passo da Mariann Records, com seus antiquados conjuntos de música de dança, para a 88 Music AB e a Ragnarock Records, com suas barulhentas bandas *death-metal* como Dirlewanger e White Aggression, a guinada da Ultima Thule para o grande mercado de massa foi uma enorme fonte de inspiração para novas bandas na Suécia. Surgiu um território indeterminado entre a homenagem geral à identidade sueca, à história, aos *vikings* e seus pares, e a ideologia inequívoca do patriotismo racista. Isso evidentemente foi algo fácil de ser explorado pelas pessoas e pelos produtores que estavam por trás da música White Power. E propiciou que o neonazismo tivesse — o que de modo algum é menos importante — sua primeira publicação de propaganda de boa qualidade, a revista *Nordland*. No aspecto externo, com a capa impressa em quatro cores e o leiaute bastante profissional, parecia com qualquer outra revista, mas em termos de conteúdo era sobretudo um veículo de anúncios e um catálogo de vendas por reembolso postal para a música White Power. A publicação em si era financiada pela venda de discos, e portanto uma grande parcela de cada tiragem podia ser distribuída gratuitamente, para escolas, por exemplo.

A geração mais velha não reparou muito em nada disso. Mas os mais jovens certamente repararam. O jornalista e político do Partido Verde Gustav Fridolin, que nasceu em 1983 e foi criado numa pequena aldeia ao norte de Skåne, escreveu um livro, *Blåsta: Nedskärningsåren som formade en generation* [Trapaceados: Anos de recessão que formaram uma geração], no qual se refere ao rock *viking* como sendo

> tão obrigatório nas festas de adolescentes quanto bebida barata e mistura de drogas com álcool. Quando me lembro das cabeças raspadas sacudindo ao som de versões de *Kostervalsen* [valsa tradicional com o nome de um tipo de barco da costa oeste sueca], é difícil não cair na risada. Mas na época, com os hormônios em ebulição e a raiva de se sentir excluído, aquilo parecia perfeitamente normal de se fazer. Novas versões de Sven-Bertil Taube, Ulf Lundell e do hino nacional eram o acompanhamento óbvio para o nosso rancor.

Diversos fatores levaram a Suécia a se transformar num centro de música White Power, mas um deles, como a *Expo* e outros jornalistas indicaram, foi o fato de a Suécia, ao contrário de muitos outros países europeus, não ter leis de proibição expressa a organizações e empresas neonazistas. As letras das músicas neonazistas estavam sujeitas a processo por incitação ao ódio a minorias étnicas, mas essa acusação raramente levava à prisão. Os produtores dos discos também aprenderam o truque de alterar as letras impressas, de modo que, por exemplo, em vez da palavra *judeu* se escreveria *você,** e quem tentasse procurar transgressões passíveis de acusação acharia quase impossível perceber o que estava sendo cantado no meio da cacofonia instrumental ao fundo.

O Ultima Thule conseguira ensaiar suas canções *vikings* com o apoio das autoridades locais e, em Estocolmo, os jovens *skinheads* tinham seu espaço particular, aprovado e financiado pelas autoridades municipais. Fryshuset [O Depósito de Gelo] era e ainda é um respeitado centro de atividades para jovens situado em Norra Hammarbyhamnen, em Estocolmo. Foi criado nos anos 1980 por Anders Carlberg com a Associação Cristã de Moços sueca (KFUM). Carlberg foi um dos líderes mais célebres da geração de 1968, à qual Stieg Larsson também pertencia, mas se tornou político social-democrata e defensor apaixonado dos jovens socialmente excluídos, por quem alegava que a sociedade precisava fazer muito mais do que fazia.

Na época, os moradores de Estocolmo se sentiam amedrontados pelos jovens *skinheads* de aparência intimidante, com símbolos nazistas decorando as roupas, e quase ninguém queria ter contato com eles. Carlberg, porém, achava que era o que devia ser feito. Eles precisavam ser ouvidos, ser orientados sobre o rumo a seguir, ter atividades próprias, e consequentemente ser estimulados por uma visão mais positiva da sociedade para sair do sectarismo racista. Tratava-se de uma estratégia admirável, sem dúvida, mas ceder Fryshuset aos *skinheads* foi algo bem mais problemático do que parecia.

A *Expo* fez críticas ao que vinha acontecendo havia cerca de oito anos entre os *skinheads* no prédio do Fryshuset. A revista realizou uma análise detalhada de todas as atividades e concluiu que os *skinheads* tinham sido autorizados a cultivar sua subcultura e

* No original, em inglês, a substituição de *jew* por *you* preserva a sonoridade da rima.

sua alienação da sociedade, e até o hábito de beber cerveja, sem ser incomodados nem impedidos. E que a famigerada VAM utilizara o local como base de recrutamento, onde revistas nazistas eram vendidas às claras, bandas de White Power tinham feito apresentações, e que eles haviam usado dinheiro público para aprender editoração eletrônica, com visíveis resultados nos avanços tipográficos da revista do White Power, a *Nordland*.

Anders Carlberg, entretanto, achava que bandas como a Ultima Thule não eram racistas, mas de um nacionalismo diligente. Achava que esses jovens desajustados poderiam ser levados a manifestar um tipo mais positivo de masculinidade participando de cursos de sobrevivência, experimentando o duro treinamento de comandos, ao estilo do livro *João de Ferro*, do poeta americano Robert Bly, uma típica filosofia *cult* dos anos 1990.

A cultura *skinhead* de fato se expandiu depois do sucesso da Ultima Thule, e até o rei foi visitar Fryshuset e jogou dardos com os rapazes de cabeça raspada debaixo do símbolo da VAM, o "Wolfsangel". Mas em 1995, no dia de Ano-Novo, um menino de dezesseis anos foi encontrado morto do lado de fora do prédio com uma das mãos cortada, e a mídia passou a publicar artigos criticando as atividades dali, o que por sua vez levou a cortes nas despesas e à adoção de controles mais rígidos.

Stieg Larsson havia absorvido da *Searchlight* uma grande consciência da necessidade de segurança, já aplicada nos escritórios da redação. Muitos redatores eram anônimos. O endereço era apenas um número de caixa postal. Estranhos não entravam sem verificação. Além da proteção pessoal, isso tudo também deve ter contribuído para o ar de mistério que cercava a revista. Andreas Rosenlund hoje encara isso como uma atitude de certa forma paranoica. Mas na Inglaterra as pessoas estavam acostumadas a medidas ainda mais rigorosas que na Suécia.

E não demorou muito para a ameaça se transformar em dura realidade. No primeiro número de 1996, Stieg Larsson escreveu um artigo sobre a formação da Aliança Nacional, que ele chamou de "o grande acontecimento político do inverno para a extrema direita". O homem que tomara a iniciativa de fazê-lo era Christoffer Rangne, o membro da VAM que acabara na prisão por assalto à mão armada e se tornara um mártir aos olhos dos jovens neonazistas. Agora em liberdade, tinha poder suficiente para tentar reviver o que parecia um projeto morto: reunir os diversos grupos neonazistas sob uma organização única.

Havia bons motivos para levar a Aliança Nacional a sério, afirmava Stieg. O partido repaginado da extrema direita, o Democratas Suecos, estava em declínio, enquanto a música White Power estava em alta, o que criava uma situação de radicalização dos jovens para a direita.

O claro destaque da Aliança Nacional fez com que a *Expo*, que só havia publicado três números, passasse a ser vista como um espinho na carne dos neonazistas, e eles deram início a uma campanha cerrada contra a revista na primavera de 1996, incluindo ataques, assédio e ameaças a pessoas e empresas que trabalhavam com a revista.

O primeiro ato de sabotagem foi dirigido a uma tabacaria onde a revista era vendida. As vidraças foram quebradas e o proprietário recebeu ameaças de morte. Em seguida foi a vez de grupos políticos jovens que davam apoio financeiro ou moral à *Expo*, bem como outras associações políticas, como os Sindicalistas, a livraria Red Room, a Associação Educacional dos Trabalhadores e a associação de *kibutz* Svekiv. O incidente mais grave foi o bombardeio da Green Youth, em Estocolmo. Depois de mais ameaças dirigidas a pontos de venda, Guiden Tryck, a gráfica em Bromma que imprimia a revista, foi o alvo. Os criminosos espatifaram as janelas e pintaram suásticas nas paredes e avisos contra a impressão da *Expo*. Os responsáveis pela gráfica admitiram que não estavam mais dispostos a correr o risco, muitos revendedores se recusaram a estocá-la e a situação da *Expo* logo se tornou precária.

Andreas Rosenlund lembra que era tudo muito opressivo. Os nazistas não sabiam onde ficava o escritório da redação, por isso os de fora estavam levando a pior.

A mídia não divulgara o que estava acontecendo porque a polícia achava que a publicidade poderia embaraçar suas investigações. A equipe da *Expo* estava decepcionada. Stieg Larsson e seus colegas de redação tentaram em vão fazer a polícia dar ouvidos ao seu ponto de vista, o de que aqueles não eram atos isolados mas uma campanha organizada.

A situação logo se tornou insustentável e eles resolveram ir a público. Em primeiro lugar, um resumo dos acontecimentos foi publicado na revista liberal *Nu* [Agora], então o *Dagens Nyheter* o reproduziu e outros meios de comunicação fizeram o mesmo, um depois do outro. O caso *Expo* de repente desencadeou uma agitação na imprensa nacional. O conhecido historiador Peter Englund, agora secretário da Academia Sueca, apareceu na televisão fazendo duras críticas à passividade da polícia.

A indignação era compreensível. Não havia precedentes na Suécia para uma situação como aquela, uma publicação correr o risco de encerrar as atividades por causa de ameaças de pessoas de convicções diferentes. Os vespertinos *Aftonbladet* e *Expressen* combinaram de publicar o último número da *Expo* no mesmo dia, 10 de junho, como um suplemento de seus jornais. A *Expo*, com uma média de distribuição de 2 mil exemplares, de repente deu um salto para mais de 800 mil.

A polícia também investiu mais recursos na caça aos criminosos. Antes mesmo da publicação conjunta pelos dois jornais vespertinos, foi realizada uma batida policial na Aliança Nacional no meio de uma festa em sua sede. O líder da organização foi detido para interrogatório. Mas não existia prova definitiva de que estivessem por trás da série de ataques, portanto não houve instauração de processo.

A campanha contra a *Expo*, apesar disso, representou um verdadeiro gol contra para os neonazistas. A revista que eles queriam silenciar continuou a ser publicada, e na realidade ficou ainda mais conhecida do que antes. A Aliança Nacional foi dissolvida pouco tempo depois, no início de 1997, embora os jovens ativistas logo encontrassem novos grupos aos quais se juntar. Expansão, divisão, desaparecimento e ressurgimento sob outra aparência eram o padrão habitual da atividade neonazista.

Os problemas da *Expo* no entanto continuaram. Apesar da publicidade gratuita na mídia, equilibrar as contas era tarefa complicada. A tiragem teve de ser reduzida em vez de aumentada e, como costuma acontecer com todas as publicações sem fins lucrativos e renda quase inexistente, era difícil manter a equipe. Também não entraram contribuições financeiras significativas, como seria de esperar depois das ameaças. A *Expo* solicitara 700 mil coroas suecas ao Conselho das Artes para pagar um escritório de redação e cobrir o aluguel. Ofereceram-lhes 20 mil, que foram devolvidos num gesto de raiva e descontentamento. No fim de 1997, ficou bastante evidente que estavam à beira da falência e, no começo do ano seguinte, foi decidido que fechariam as portas.

Quase todos os que trabalhavam na *Expo* estavam resignados com o fato de não haver possibilidade de continuar, pelo menos como revista independente. Mas todos concordavam que seu arquivo sem igual precisava ser preservado.

Na primavera de 1998, Stieg Larsson levou uma proposta a Kurdo Baksi. Ele queria que a *Expo* fosse incluída como uma seção separada e claramente definida na revista multicultural de Baksi, a

Svartvitt [Preto e Branco]. A publicação de Baksi seria responsável pela impressão e pela distribuição e o próprio Baksi seria o redator-chefe e editor da fusão das revistas. Baksi concordou e o plano foi implementado no outono de 1998.

Stieg estava convencido de que a *Expo* precisava continuar a ser publicada. A ameaça dos grupos neonazistas não iria diminuir. Os acontecimentos dos anos seguintes provariam que ele tinha razão.

O ÚLTIMO ANO DO MILÊNIO

Stieg Larsson deve ter compreendido o que estava acontecendo. Viu a extrema direita se reagrupando. Viu os nazistas da linha ideológica, de organizações como o Movimento da Resistência Sueca, a Juventude Nacional, a Frente Nacional Socialista, a Frente Nacional, o Sangue e Honra Escandinávia e o Irmandade Ariana mergulhando ainda mais em suas fantasias sangrentas de ódio e violência, enquanto os extremistas repaginados do partido Democratas Suecos, agora com oito assentos nas eleições de 1998 do conselho da divisão administrativa local, comprovavam sua convicção de poder produzir um partido ao mesmo tempo aceitável e xenófobo.

Em 1997, ele presenciou algo que não se via desde a década de 1930: neonazistas fazendo uma manifestação antijudaica para comemorar o terrorismo antissemita da Kristallnacht [Noite dos Cristais]. E quase não houve protesto da sociedade como um todo.

Depois, em janeiro de 1999, Norland, Sangue e Honra e Frente Nacional Socialista se reuniram num encontro com o objetivo de aproximar todos os diversos grupos neonazistas da Escandinávia. Profetizaram que o verão de 1999 entraria para a história como "o verão de sangue".

* * *

À medida que o século terminava, muito se falava sobre mudanças fundamentais e o início de uma nova era. Era uma perspectiva típica de virada do século. Mas enquanto nos anos finais do século XIX o que predominou foi um estado de espírito generalizado de melancolia e desalento, o que se chamou de *fin-de-siècle*, agora se dava o oposto: a sociedade caminhava para uma fase sem precedentes na história da humanidade. A economia estava abandonando sua dependência da indústria pesada e passando aos poucos para o mundo virtual. O conhecimento e a criatividade iriam prosperar conforme os músculos se atrofiassem, as máquinas seriam mandadas para o ferro-velho. Talvez fosse um novo 1968, uma revolução jovem — ainda que com estrelas guias bem diferentes, é claro: nada de política, nada de ideologia, mas sim a economia e, acima de tudo, a tecnologia de informação.

Os novos heróis, jovens e na grande maioria homens, acorriam aos bandos, vestidos de jeans e tênis, aos modernos escritórios divididos em cubículos das novas firmas de TI. Essas firmas eram até então desconhecidas, mas seus nomes se destacavam em todos os jornais e estações de rádio e TV: Framtidsfabriken [Fábrica do Futuro], Icon Medialab, Spray, Adcore.

Jornalistas e políticos achavam que já podiam escutar o pulsar dos motores da futura economia da Suécia. Era uma sociedade diferente em formação, com novas condições de trabalho e novas formas de relacionamento entre patrões e empregados. Sindicatos, negociações e acordos eram coisa do passado. Já não eram necessários agora que os empregados eram a companhia e a companhia era uma família, ou no mínimo um clã. Um clã que trabalhava duro o dia inteiro e depois saía para tomar uma cerveja, todos juntos, antes de voltar para o escritório e retomar o trabalho.

Lembrava a *Expo*, de certa maneira, mas com uma motivação diferente: as pessoas tinham de satisfazer as enormes expectativas de sucesso financeiro que lhes eram impostas pela mídia, pelos investidores e pelos políticos.

O capital de investimento era sugado para os sorvedouros escancarados que alimentavam essas novas firmas, mas saía consideravelmente menos do outro lado sob a forma de dividendos. Isso não era visto como coisa importante, já que tudo estava baseado em expectativas e valor de ações. Como se fosse um passe de mágica.

E as ações subiram às alturas. Em 1998, o Parlamento sueco aprovara um sistema modificado de pensões, que as associava ao desempenho da economia e em particular do mercado de ações, a ideia básica sendo que o volume do dinheiro do fundo de pensões deveria estar em ações. E nem foi muito difícil obter amplo apoio para essa medida. A crise de 1990 fora esquecida, e era tido como certo que o mercado de ações continuaria a subir, pelo menos a longo prazo.

Todo mundo parecia obcecado pela economia; poupar adquirindo ações era o novo movimento popular sueco, e gente comum de repente começou a citar a cotação da bolsa Nasdaq. Noticiários financeiros eram o novo jornalismo, expandindo-se numa variedade crescente de revistas sobre investimentos e ações, como *Finanstidningen*, *Kapital*, *Vision*, *Smart*, mas também no aumento de cobertura do assunto pelos principais jornais diários. Informes financeiros seriam as únicas notícias de que as pessoas precisariam no futuro. Se bem que tudo o que estava acontecendo na política e no mundo continuasse a ter seu lugar no jornalismo por causa do impacto que poderia exercer nas altas e baixas do mercado de ações.

Claro que alguns reagiam a tudo isso, falando de outra bolha do mercado de ações e da iminência de uma quebradeira geral.

Stieg Larsson não fazia segredo de sua aversão por aquele jornalismo financeiro acrítico, que começara nos anos 1980 e agora comemorava triunfos ainda maiores, e por certo teria gostado de escrever um livro revelador sobre o gênero, como fez seu herói ficcional Mikael Blomkvist.

Todos sabiam, entretanto, que havia vencedores e perdedores nesse jogo. E os perdedores, como era de esperar, eram imigrantes que moravam nos grandes bairros periféricos da cidade, mulheres cuidadoras de idosos e doentes, pessoas que costumavam receber baixos salários e os desempregados.

Muitos intelectuais sentiam um profundo mal-estar com essas mudanças. Vários se identificavam mais com os perdedores do que com os vencedores. Um deles era o dramaturgo Lars Norén, um homem constantemente atraído para os situados nas escalas sociais mais baixas: viciados em drogas, prostitutas, criminosos. Na primavera de 1998, ele recebeu uma carta inesperada da prisão Tidaholm que começava assim: "Caro sr. Norén". O remetente era Carl Thunberg, chefe da famigerada gangue conhecida como Militärligan [A Turba Militar]. Ele escrevia que vários presos da categoria segurança máxima tinham manifestado interesse em participar de um projeto de teatro, e ele gostaria de saber se Norén poderia ajudá-los, se tinha alguma peça que pudesse ser destinada a um grupo assim; de qualquer maneira, que ele ficasse à vontade para visitá-los na "instituição".

Norén foi à prisão e decidiu criar uma peça com os prisioneiros que fosse sobre eles próprios e suas vidas, sobre infâncias problemáticas, humilhações e agressão masculina, e sobre a prisão, nos sentidos físico e psicológico. Além de Thunberg, haveria duas outras pessoas no palco com tendências nazistas declaradas. Norén achava que o nazismo tinha de ser incluído, representando o nível mais baixo de perdição. Os prisioneiros não estavam muito dispostos a expressar sua ideologia tão abertamente para uma plateia, mas para Norén aquilo era parte essencial de sua concepção.

A peça afinal foi concluída, contra todas as probabilidades, e intitulada *Sete três*, o nome de uma cláusula do regulamento da prisão que restringia a liberdade de movimentos dos presos mais rebeldes. A estreia foi em 6 de fevereiro de 1999, com a cidade nortista de Umeå como o local escolhido.

Fez-se um silêncio total durante a primeira apresentação. Os atores acharam que a plateia não estava gostando do que assistia, mas quando a peça terminou os aplausos foram ensurdecedores e o público exigiu que voltassem seis vezes ao palco. As críticas foram quase todas positivas. O teatro sueco nunca antes chegara tão perto do lado de baixo da vida real. Mas logo surgiram perguntas, e chegou a haver uma queixa à polícia sobre incitação ao ódio a minorias étnicas. Aquilo era teatro, ficção, ou as opiniões nazistas eram genuínas? E, se eram, como podiam as plateias apreciar aquilo como experiência artística e aplaudir o desempenho do elenco?

Centenas de artigos jornalísticos foram escritos sobre a produção, um livro completo foi publicado sobre o assunto e uma peça satírica apresentada no Uppsala Stadsteater. Tudo foi analisado e no entanto ainda é inexplicável. Como dois mundos que se movem paralelos, colidem por um instante e se separam outra vez. Foi o sonho de um dramaturgo, o de cavar até as profundezas da rejeição e da repugnância, retratando o insuportável, pondo-o num palco de tal forma que ninguém pudesse deixar de enfrentá-lo. E ali, para todos verem, estava o mundo da ideologia racial nazista, em si cheia de noções ficcionais e fantasias, e no entanto uma ameaça muito real e presente.

Alguns dos que observaram tudo isso de perto se alarmaram com o que viram e sentiram no ar o cheiro acre de catástrofe se aproximando. Porque, embora os dois prisioneiros aparentemente estivessem de acordo com o projeto de Norén, também tinham interesses pessoais. Que não eram aproveitar a oportunidade oferecida pelo mundo do teatro para voltar à sociedade democrática e a uma vida de acordo com a lei. Os dois atores-prisioneiros eram guerreiros ideologicamente motivados para a guerra de raças e um deles, Tony Olsson, fora integrante e chefe de distrito da organização neonazista Frente National [Riksfronten].

A última apresentação da peça *Sete três* foi num teatro em Hallunda, no sul de Estocolmo, em 27 de maio. Tony Olsson voltou para a prisão Österåker, como deveria. Mas solicitara e lhe fora concedida liberdade condicional para o dia seguinte. Naquela manhã, ele encontrou dois de seus amigos, Jackie Arklöv e Andreas Axelsson, que eram ostensivamente nazistas e com quem tivera contato frequente durante os ensaios. Eles traziam um arsenal completo dentro do carro.

O que aconteceu em seguida é de conhecimento geral na Suécia e foi tema de discussões sem fim nos meios de comunicação. Tendo assaltado um banco em Kisa, Östergötland, e saído com uma bolada de 2,5 milhões de coroas suecas, o trio primeiro foi perseguido por um carro de polícia, que eles detiveram com tiros, e depois por outro. Pararam junto de um lago nas cercanias da aldeia de Malexander e ladrões e policiais do segundo carro começaram um tiroteio. Os dois policiais, Olov Borén e Robert Karlström, depois foram encontrados mortos, alvejados à queima-roupa.

Os acontecimentos de Malexander teriam sido um assalto a banco que deu errado ou algo inteiramente diferente? O braço sueco da rede internacional Sangue e Honra tinha uma explicação pronta: "O tiroteio entre os nacional-socialistas que liberaram fundos bancários e soldados do ZOG foi uma justa vingança pelo assassinato pela polícia de nosso companheiro patriota Martin Krusell em Malmö, em 1991".

Mais tarde, no outono do mesmo ano, quando a Frente Nacional Socialista realizava uma assembleia num centro comunitário perto de Nybro, os participantes entoaram em coro: "Viva Malexander! Dois a zero para Tony Olsson!" antes que a polícia os expulsasse do recinto.

Um mês depois desses crimes, no dia 28 de junho, um jornalista chamado Peter Karlsson estava levando o filho de oito anos para o carro, estacionado em frente ao edifício onde moravam. Ao abrir a porta do carro, explosivos presos sob o chassi foram detonados com tamanha força que arrancaram as janelas do prédio ao lado. Pai e filho ficaram feridos, o pai gravemente, e a mãe, que presenciou a atrocidade, entrou em estado de choque.

Peter Karlsson e sua companheira, Katarina Larsson, eram conhecidos por investigações sobre grupos extremistas de direita e por publicar artigos sobre o assunto. Ambos haviam sido colaboradores assíduos da *Expo* e também escreviam sobre extremismo político para o *Aftonbladet* de Estocolmo. Haviam denunciado produtores secretos de música White Power na Itália, o que pode ter gerado rancores nas redes da extrema direita. Sabiam que estavam na mira dos neonazistas, viviam sob identidades falsas e tinham recebido o que se chamava de um pacote de segurança, mas mesmo assim os nazistas conseguiram localizá-los.

A investigação oficial da explosão do carro foi inútil e a polícia foi criticada por não ter encontrado os culpados, apesar dos círculos limitados que eles deviam frequentar.

Stieg Larsson se indignava cada dia mais com a apatia das reações da sociedade. Será que ninguém via que aquilo era também um ataque à liberdade de imprensa e à liberdade de expressão, que são os alicerces da democracia? Que aqueles eram atos muito calculados, praticados com motivações políticas? Mais tarde ele escreveu sobre o fato na *Expo*:

> O ataque aos dois jornalistas não foi obra de um psicopata isolado. Foi um atentado terrorista planejado com cuidado e executado com insensibilidade, que pretendia matar dois jornalistas cujas denúncias prejudicaram a indústria da White Power. A bomba foi um ataque ao próprio fundamento da nossa democracia: a liberdade de expressão e a liberdade de imprensa.
>
> Assim, causa ainda mais estranheza que a bomba em Nacka não tenha provocado nenhum debate político. Realizou-se uma manifestação pública na Sergels torg, em Estocolmo, na semana em que a bomba explodiu [...] As autoridades continuam a tratar o neonazismo como um fenômeno da juventude de *skinheads* bêbados fazendo algazarra nas noites de sábado: um problema social, em vez de criminal. Essa pode ser uma descrição conveniente — mas não é a verdadeira. A bomba de Nacka no mínimo deveria ter posto fim a esse tipo de interpretação ingênua de uma vez por todas.

Em vista do que já acontecera naquele ano e da extrema ameaça representada pelos neonazistas, parecia que um assassinato puramente político na Suécia era só uma questão de tempo — o que se tornou uma brutal realidade alguns meses mais tarde. Em 12 de outubro de 1999, pouco antes das nove da noite, ouviu-se o som de vários disparos no vão da escada de um prédio de apartamentos em Lövsätravägen, em Sätra, bairro da periferia de Estocolmo. A polícia chegou ao local em dez minutos e encontrou um homem caído, morto, do lado de fora da porta de seu apartamento, alvejado com dez tiros de uma pistola calibre 22. Foi identificado como Björn Söderberg, funcionário de um sindicato, ativista político do movimento sindical, antinazista declarado e desportista entusiasmado.

A polícia prendeu rapidamente três suspeitos. Um rapaz de nome Hampus Hellekant fora visto espionando o casal de jornalistas Peter Karlsson e Katarina Larsson antes do ataque a eles. A polícia de segurança o mantinha sob vigilância desde setembro, sabia que ele dera pelo menos um telefonema para Björn Söderberg no início de outubro e que, no dia do crime, estivera com dois outros jovens simpatizantes nazistas, Björn Lindberg Hernlund e Jimmy Niklasson.

A equipe de vigilância os seguira incansavelmente o dia inteiro, até o momento em que Niklasson estacionou seu carro na Kristallvägen, em Solberga, por volta das oito horas, e encerrou seu horário de trabalho logo depois das oito e meia. Passaram-se alguns minutos e os três homens saíram de carro outra vez, seguindo para Sätra. Dois deles, Hellekant e Hernlund, subiram ao apartamento de Björn Söderberg no terceiro andar e tocaram a campainha. Söderberg, que pelo jeito os conhecia, gritou que fossem embora.

Os dois desceram mas pararam junto à porta de entrada do prédio. Por alguma razão, Söderberg os seguiu, descalço e vestido apenas de calção, e começou a discutir com eles. Durante a discussão, um dos nazistas — ou talvez ambos — puxou uma arma. Söderberg correu para cima mas eles foram atrás dele, que não conseguiu voltar para dentro do apartamento. Levou tiros na cabeça e no abdome do lado de fora de sua porta. Os criminosos fugiram correndo para o carro, onde Jimmy Niklasson os esperava.

O motivo era bastante claro. Björn Söderberg trabalhava no depósito da companhia de material de escritório Esselte Svanström, em Estocolmo. Quando soube que um membro do comitê da base local do Sindicato dos Empregados do Comércio da Suécia [Handels] era um nazista ativo, ele avisou o jornal *Arbetaren*, que então publicou um artigo a respeito. O homem em questão, Robert Vesterlund, não era um neonazista comum. Iniciou sua carreira política como presidente do Sverigedemokratisk ungdom [Juventude Democrata Sueca], mas passou para grupos nazistas menos ambíguos e tornou-se editor do principal jornal neonazista, o *Info-14*. Era um dos homens por trás da Marcha de Salem, a maior passeata neonazista da Suécia desde a Segunda Guerra Mundial, realizada anualmente para lembrar a morte de um jovem nazista, apunhalado numa briga entre dois grupos de rapazes na cidade sueca de Salem em dezembro de 2000.

O artigo levou à exoneração de Vesterlund do comitê e ele deixou seu emprego pouco tempo depois.

Tanto o juiz federal de Estocolmo quanto o tribunal decidiram que, mesmo não sendo possível determinar qual dos dois homens atirara em Söderberg, ambos eram culpados, e cada um foi condenado a seis anos de prisão em primeira instância e a quase o dobro — onze anos — em segunda instância, enquanto Niklasson, por ser o motorista, foi condenado como cúmplice do crime. Vesterlund foi inocentado da acusação de incitação ao crime, mas condenado por posse ilegal de arma de fogo e de esteroides anabolizantes.

Quando a polícia realizou uma busca nas casas dos três homens, encontrou material que indicava serem eles distribuidores ativos de propaganda nazista, além de envolvidos na compilação de um registro dos adversários políticos.

Esses atentados neonazistas preliminares de 1999 despertaram alguma reação, apesar de não tanto quanto deveriam. Depois do assassinato, porém, os meios de comunicação e algumas organizações democráticas acordaram, mais ou menos da mesma maneira como tinham reagido à onda de ataques à *Expo* quatro anos antes. Houve manifestações públicas em diversas partes do país contra a violência neonazista, e 20 mil pessoas se reuniram na praça Medborgarplatsen, em Estocolmo, para homenagear Björn Söderberg.

E também como aconteceu depois das ocorrências com a *Expo*, esses acontecimentos de 1999 levaram à colaboração entre alguns dos principais jornais do país. Dessa vez, foram os quatro jornais nacionais com sede em Estocolmo, *Dagens Nyheter*, *Svenska Dagbladet*, *Aftonbladet* e *Expressen*, que publicaram todos o mesmo artigo, no dia do aniversário da morte de Carlos XII, sobre a ameaça representada pelo neonazismo. A extensa matéria identificava por nome e fotografia 62 integrantes de várias organizações neonazistas e gangues de motoqueiros. Era incontestável: os críticos viam a lista como indefensável em termos de ética jornalística e manifestaram a preocupação de ela incluir algumas pessoas jovens e apenas imprudentes, que daí em diante talvez fossem submetidas a um completo ostracismo social.

Stieg Larsson era da opinião de que, embora o artigo passasse dos limites em termos de ética jornalística, era uma medida defensiva necessária. Em algum momento, os jornalistas suecos teriam de pedir que se desse um basta naquilo tudo, precisavam dizer que estavam fartos de ameaças de mortes, bombas em carros e tiros.

> Alegar que o neonazismo não passa de moda passageira é um mito a que se permitiu criar raízes durante muitos anos. O resultado é que as autoridades — por falta de alternativa melhor — apelam para assistentes sociais, baseando-se na noção equivocada de que os neonazistas são jovens com problemas com álcool ou vindos de famílias desajustadas. O nazismo é um movimento político. Os nazistas se tornam nazistas pela mesma razão que outros se tornam liberais ou sociais-democratas — por crença e convicção. Um movimento político precisa ser combatido com oposição política.

Para Stieg, era muito fácil enxergar o ataque de uma perspectiva mais ampla. Não se tratava de violência ou assassinato no sentido próprio, era terrorismo político exportado além-fronteiras. As autoridades, a polícia e os serviços de segurança pareciam ter dificuldades em reconhecer esse fato. A imagem que se costumava ter dos extremistas de direita era a de pessoas cheias de ódio e agressividade, mas não particularmente inteligentes ou bem organizadas. Esses grupos, no entanto, vinham aprimorando seus métodos havia anos, tinham aprendido a usar nova tecnologia e desenvolvido uma rede de informações bastante sofisticada. O atentado à bomba em Nacka fora precedido de atividades de reconhecimento, e os neonazistas haviam conseguido rastrear os dois jornalistas, apesar das identidades disfarçadas e de eles terem um endereço secreto.

Fizeram o mesmo com Björn Söderberg. Algumas semanas antes do crime, alguém que se dizia Peter Karlsson tirara cópias da foto do passaporte dele e de muitos outros passaportes nos arquivos de passaportes da polícia. O de Stieg Larsson estava entre eles.

Não se tratava de novidade para Stieg, que provavelmente era a pessoa mais ameaçada em toda a Suécia. Seu nome aparecia em *websites* nazistas da Europa inteira. Recebia constantes ameaças sob a forma de cartas anônimas e mensagens telefônicas. Lidava muito bem com isso porque aprendera a ser cuidadoso e adotava medidas de segurança rigorosas. Quando sabia que estava sendo vigiado, chegava atrasado de propósito às reuniões. Quando ia a um café, preferia sentar-se de costas para a parede.

Em certa ocasião, no tempo em que trabalhava na TT, quando o escritório da agência de notícias era em Kungsholm torg, um grupo de neonazistas ficou esperando por ele no parque do outro lado da rua, todos armados com tacos de beisebol. Mas, como Stieg saía sempre pelos fundos do prédio como medida de segurança, ele os viu a tempo e pôde se esgueirar de volta para dentro do prédio.

Essa consciência da própria segurança foi também a razão pela qual ele e sua companheira Eva Gabrielsson nunca terem se casado, para que não pudessem ser rastreados através de registros oficiais. Ainda assim, Stieg costumava assinar os textos da *Expo* com seu próprio nome, e, no outono de 1999, a revista anunciou que no futuro o pessoal da equipe incluiria sua foto na página de créditos para mostrar que não seria intimidado pelos criminosos.

Quando Stieg soube dos detalhes do caso de Björn Söderberg, ficou consternado, vendo que a polícia deixara de dar ao homem alguns conselhos básicos, como não abrir a porta para estranhos (ainda que, é preciso admitir, isso não teria ajudado nas circunstâncias).

Stieg Larsson uniu sua experiência e seus conhecimentos num folheto, para a Associação de Jornalistas Suecos, intitulado *Överleva deadline: Handbok för hotade journalister* [Sobrevivendo ao prazo: Manual para jornalistas sob ameaça], no qual discutia as várias conjunturas e dava sólidos conselhos práticos a jornalistas em perigo.

Um jornalista nessa situação deveria em primeiro lugar e antes de mais nada avaliar a natureza da ameaça e tentar determinar sua origem: se vinha de um maluco, de um indivíduo decidido ou de uma organização; se a motivação era pessoal ou política; e, não menos importante, se era apenas uma manifestação de raiva por causa de um artigo ou se se enquadrava na categoria de intimidação ilícita — em outras palavras, ameaças são específicas e podem portanto ser uma ofensa sujeita a ação penal.

Ameaças ignoradas tendem a se dissipar. Por isso, na *Expo*, eles tinham por princípio nunca comentar ameaças nem publicar detalhes a respeito a não ser que fossem de natureza séria. Stieg cita como exemplo a ocasião, em 1999, em que deram um tiro na janela da sala de estar de Kurdo Baksi, o editor-chefe da *Svartvitt*. No entanto, qualquer um que estivesse sujeito a muitas ameaças deveria tomar as devidas medidas de segurança, das quais Stieg dava diversos exemplos, como nunca atender o telefone diretamente, manter registro de chamadas telefônicas e cartas ameaçadoras, verificar se alguém solicitou uma foto de seu registro de passaporte, retirar qualquer placa com seu nome da porta do apartamento e instalar uma porta de segurança, mudar todas as fechaduras, instalar um olho mágico e nunca abrir a porta para estranhos, certificar-se de que pessoas do lado de fora não consigam ver o interior de sua casa, mudar de lugar espelhos que possam permitir uma visão do interior, instalar alarmes contra fogo no vestíbulo para o caso de alguma tentativa de incêndio criminoso através da caixa de correspondência.

Stieg também usou seu conhecimento de procedimentos de segurança ao descrever a firma Milton Security na Trilogia Millennium, em especial o sofisticado sistema de alarme e as medidas de proteção que Milton instala na casa de Erika Berger quando ela é vítima do que pensa ser um perseguidor persistente, em *A rainha do castelo de ar*.

Proteção total contra os que estão determinados a fazer mal a alguém é no entanto bastante difícil. A maioria dos ativistas antinazistas suecos fazia parte dos registros mantidos pelos próprios neonazistas de seus inimigos e outras pessoas indesejáveis. Chamavam a isso de operação "Anti-AFA" [Anti-Anti-Fascist Action], e às vezes também "Redwatch" [Alerta Vermelho].

À medida que um número crescente de gente mais jovem se juntou à rede da extrema direita, a qualificação no uso dos computadores rapidamente melhorou e a TI representou um papel maior na campanha deles, espalhando propaganda através dos *websites*, coletando e registrando informações e mantendo contato entre indivíduos e grupos.

Os três homens presos pelo assassinato de Björn Söderberg tinham ligações com a Anti-AFA. Hampus Hellekant, em particular, era muito interessado em computadores e possuía vários. Na busca na casa dele, a polícia encontrou uma lista abrangente de adversários políticos — na realidade, vigilância e coleta de informações pareciam ser sua grande paixão. Durante as festividades do Resgatem a Cidade, em Estocolmo, em setembro de 1999, ele passou o tempo todo escutando o rádio da polícia e anotando os nomes dos ativistas de esquerda.

Hellekant também tinha ligações com pessoas de conhecimentos ainda mais especializados, sobretudo as que usavam os codinomes Ivalde, Paint e Strape. Eles se comunicavam pela internet com endereços anônimos de e-mail e arquivos criptografados. Obtiveram dados sobre pessoas escolhidas, como nomes, endereços, números de telefone e locais de trabalho. Podiam até encontrar informações sobre pessoas com identidades disfarçadas. Contaram com grande ajuda da mãe de um deles, que trabalhava como gestora de casos no escritório do órgão nacional de Seguro Social. Em maio de 1999, poucas semanas antes do ataque, ela copiou dos arquivos o endereço secreto dos dois jornalistas de Nacka, junto com os endereços dos jornalistas da *Expo*. Foi mais tarde sentenciada e multada por infringir a Lei de Segredos Oficiais, e seu filho, condenado por incitação ao ato.

Outro integrante do grupo foi multado por violar leis de proteção de dados, mas o quarto foi libertado sem nenhuma acusação. Uma busca policial nas casas dos dois, na primavera de 2000, revelou a existência de um registro de 1247 pessoas, organizadas por origem étnica, opiniões políticas e orientação sexual.

Quando Mikael Ekman tinha dezesseis anos e ainda estava na escola em Karlskrona, viu certo dia um colega de classe num uniforme nazista. Achou aquilo totalmente incompreensível, sentiu uma raiva indescritível crescer dentro dele e dirigiu-se ao garoto para lhe perguntar como, diabos, ele podia ser nazista. O colega respondeu com uma pergunta: se ele já ouvira falar do Movimento Nacional. Não era um assunto que normalmente teria interessado Mikael, mas como ele era meio metido a sabichão, teve de investigar, e pegou quatro livros pesados na biblioteca: a biografia *Hitler*, de Allan Bullock, *Um estudo sobre a tirania*, *Mein Kampf*, o estudo de Heléne Lööw sobre o nazismo na Suécia, *Sweden Hakkorset och Vasakärven* [A suástica e o feixe do brasão dos Vasa], e *Extremhögern* [A extrema direita], de Stieg Larsson e Anna-Lena Lodenius. Debruçou-se sobre os quatro em rápida sucessão e descobriu exatamente o que significava o nazismo. O último livro passou ser uma espécie de Bíblia para ele, pois continha tudo o que alguém precisasse saber sobre grupos neonazistas e neofascistas, de onde vinham e quem eram seus líderes.

Entrou então para o Juventude contra o Racismo. Em um dos congressos, por acaso falou com David Lagerlöf sobre a publicação recém-lançada, a *Expo*, e percebeu que queria se envolver exatamente com o que eles estavam fazendo. Telefonou para a *Expo* e Stieg Larsson atendeu. Sugeriu que Mikael lhes apresentasse alguns relatos sobre o que estava acontecendo em Karlskrona, uma cidade com atividade neonazista considerável. Fora lá que a nova organização, a Frente Nacional Socialista, havia sido formada em 1994 por pessoas que antes participavam ativamente da Resistência Ariana Branca.

Assim, Mikael começou a juntar recortes de jornal, passou a frequentar sessões de tribunal e encontros e acumulou uma grande quantidade de material para enviar à *Expo*. Em fevereiro de 1996, foi a Estocolmo para uma primeira reunião com Stieg Larsson. Encontraram-se do lado de fora da TT e Mikael foi convidado para ir ao apartamento de Stieg e Eva Gabrielsson para um lanche de queijos e vinhos. Sentaram-se e conversaram pela noite adentro. Para um menino de dezesseis anos da província de Blekinge, aquilo era um acontecimento e tanto. De volta para casa e entre seus colegas de escola, para ele o pessoal da *Expo* era "o maior barato".

Assim, ele se tornou um dos correspondentes da *Expo*, enviando anotações sobre atividades nazistas e racistas para a pauta da revista. Em 1998, entrou de fato para a Frente Nacional Socialista para poder enviar notícias de dentro. Sabiam que ele não era um nazista de verdade, mas achavam que, sendo jovem, seria facilmente influenciável e esperavam conquistá-lo. O que não sabiam, é claro, é que tudo o que ouvia e todo o material que obtinha acabava na *Expo*, em Estocolmo. Em certa ocasião, quando Mikael estava na casa de um líder da Frente Nacional Socialista, um dos mais infames neonazistas do país chegou lá com uma bolsa na mão. Na bolsa havia uma escopeta do tipo *pump-action*, que o homem começou a montar. "Isto é o que deveríamos usar para fazer uma limpeza no Parlamento", disse ele. Com o histórico de violência daquele homem, era uma ideia terrível, mas a sugestão não deu em nada. Mikael permaneceu na NSF por algum tempo mais e saiu em 1999. Deixou a escola naquele ano e mudou-se para Estocolmo com a intenção de trabalhar na *Expo*.

Na ocasião, a *Expo* ainda lutava pela sobrevivência em seus pequenos escritórios em Kungsholmen e estava sendo publicada como parte da revista *Svartvitt*. Foi também naquele ano, 1999, que a TT, onde Stieg Larsson trabalhava, começou a fazer cortes de pessoal e Stieg foi um daqueles a quem ofereceram demissão com dezoito meses de pagamento de indenização. Ele decidiu aproveitar a oportunidade e se dedicar integralmente à *Expo*.

Mikael Ekman lembra que havia uma enorme pressão sobre a equipe editorial da *Expo* quando ele chegou lá, no outono daquele ano. Os crimes de Malexander e o atentado à bomba aos jornalistas de Nacka haviam acontecido poucos meses antes, e o assassinato de Björn Söderberg ocorreu logo depois da ida de Mikael para Estocolmo. Os neonazistas estavam em campanha contra a *Expo*, mas os pedidos de prestação de seus serviços tinham aumentado entre as instituições públicas. A equipe da *Expo* podia dar palestras e receber por elas, e o dinheiro era imediatamente recolhido para o jornal. No entanto, as finanças ainda estavam em situação crítica, e Mikael Ekman não podia contar com um salário na equipe editorial. Ele resolveu a questão trabalhando para os Correios e como garçom no restaurante Globen.

Stieg Larsson estava, é claro, estressado com as múltiplas ameaças e o mau estado das finanças da *Expo*, mas satisfeito por ver que mais e mais gente jovem estava fazendo contato com a revista. E ele não precisava mais tentar conciliar dois empregos, a TT e a *Expo*, ainda que não tivesse diminuído seu ritmo. Sua capacidade de trabalho era famosa.

"Muita gente diz que Stieg era muito diligente e trabalhava dia e noite. O que é verdade. Costumava trabalhar o dia e a noite inteiros, mas não precisava", diz Mikael Ekman. "Era só porque sempre arranjava tempo. Dedicava uma enorme quantidade de tempo a tudo e a todos. Não importava se era o chatinho do Mikael, que não entendia nada de nada e precisava de ajuda, ou se era um membro do Democratas Suecos que escrevia cartas ameaçadoras. Todos tinham de ser atendidos, mesmo se precisasse passar a noite em claro. Ninguém tem mais esse tipo de paciência hoje em dia."

Muitos também descrevem Stieg como uma pessoa reservada, que se mantinha em segundo plano e só tomava parte nas discussões quando tinha algo de importante a acrescentar. Mas, para a equipe da *Expo*, ele era sempre o contador de histórias e anedotas, que invariavelmente os fazia rolar de rir; às vezes até o chamavam de Stieg-Piada.

"No começo, algumas das histórias que ele contou fizeram com que eu me perguntasse se ele não seria um mentiroso patológico, mas passei a notar que sempre havia nelas um elemento básico de verdade, mesmo quando um pouco exageradas", lembra Mikael Ekman.

Stieg também ficava feliz em discorrer sobre como queria que a *Expo* funcionasse.

"Podia dar a impressão de ser uma daquelas pessoas que falam pelos cotovelos. Mas as estruturas que ele defendia em 1999 são as que temos implantadas hoje. Levou dez anos. Mas no fim chegamos lá. Acabou que ele estava certo, tanto nas anedotas quanto na visão do futuro. Até em questões que não são motivo de satisfação, como os bons resultados do Democratas Suecos, por exemplo. Stieg previu isso há dez anos. E estava certo quanto a isso também."

O DEMOCRATAS SUECOS

Um dia, perto do fim de maio ou princípio de junho de 2001, recebi um telefonema de Stieg Larsson na Ordfront Förlag, onde eu era editor. Ele queria me propor a realização de um projeto conjunto de um livro sobre o Democratas Suecos. A *Expo* estava planejando uma campanha contra o partido, que vinha disseminando ativamente sua retórica xenófoba na cena política fazia uma década ou mais. O pessoal da revista pretendia reunir toda a documentação que possuía sobre o partido, sua história e ideologia, e publicar tudo em forma de livro. A *Expo* poderia tê-lo lançado com seu próprio nome, é claro, mas se fosse publicado pela Ordfront teria garantia de distribuição em livrarias, e também talvez se encaixasse na lista de livros sociopolíticos do clube do livro da própria Ordfront.

Parecia interessante, de modo que logo combinamos um encontro entre Stieg Larsson e Mikael Ekman, da *Expo*, e eu e o diretor administrativo da Ordfront, Leif Ericsson.

Não era do feitio de Stieg começar logo a enaltecer as qualidades de seu próprio projeto. Na realidade, ele era contido, para não dizer discreto, mas, assim que a conversa chegou aos pontos que considerava essenciais ou cruciais, expressou seus conhecimentos e opiniões com grande prodigalidade.

Foi uma reunião demorada, que pouco teve a ver com produção de livros e muito com política. Em especial, sobre a verdadeira ameaça para a Suécia que o Democratas Suecos representava. Eu próprio estava bastante cético. Não sobre o fato de o Democratas Suecos ser uma organização racista e xenófoba. Com isso eu concordava plenamente. Meu ceticismo se referia mais ao potencial deles. Eu achava que o partido já havia desperdiçado suas chances de se tornar o maior partido xenófobo unificado da Suécia. Como essa situação se mantinha em 2001, não me parecia provável que eles conseguissem um aumento muito grande no percentual de votos nas eleições parlamentares e locais que se realizariam em 2002.

Stieg, contudo, argumentava com veemência que eles deveriam ser levados muito a sério. Uma das razões eram seus contatos internacionais, sobretudo com a Frente Nacional de Jean-Marie Le Pen, na França.

"Lembre-se", disse Stieg, "de que Le Pen viveu exatamente essa mesma existência marginal e sem perspectivas ano após ano. Até que, em 1995, chocou o país ao conquistar a maioria em três cidades francesas. De repente, todo mundo precisou ter em conta a Frente Nacional e levar Le Pen a sério. E no entanto ele era um fascista rematado, um homem que fora preso pela polícia nos anos 1950 por vender revistas nazistas, que pertencia ao movimento poujadista de extrema direita, que se alistou como voluntário e foi para a Argélia lutar contra o movimento de libertação e que, de acordo com testemunhas, participou ativamente de tortura e assassinatos de combatentes da Resistência. Se uma pessoa com um histórico desses pode parecer alguém pelo menos semirrespeitável, é igualmente provável que um partido como o Democratas Suecos possa fazer o mesmo."

Como Stieg observou, o Democratas Suecos já havia digerido a lição mais importante que a Frente Nacional tinha para dar: que um partido daquele tipo precisava ser construído de ponta a ponta com um trabalho intenso junto ao povo.

"Mas Le Pen não gosta de ser alvo de exames minuciosos, nem o Democratas Suecos."

Era precisamente o que Larsson e Ekman pretendiam fazer em seu livro: levar a sério as palavras deles e suas análises da sociedade. Eles alegavam ser o partido de todos os que acreditavam em lei e ordem.

"Só que, se votarmos no Democratas Suecos para que a lei e a ordem sejam restabelecidas, vamos estar pondo a raposa para tomar conta do galinheiro, pois eles são de longe o partido mais sem lei da Suécia."

A *Expo* havia cotejado números mostrando que 20% dos líderes do partido tinham sido condenados por algum crime e, além disso, tinham ligações bem documentadas com grupos ou partidos neonazistas. Stieg Larsson e Mikael Ekman queriam que o público ficasse ciente desse tipo de informação.

"Precisamos fazer logo o livro. Tem de ser este ano, e a tempo para a comemoração da morte de Carlos XII, 30 de novembro, quando a *Expo* vai lançar a campanha."

A ideia em si parecia ótima, porém tive de lembrar que não seria viável. Já era verão e o livro nem fora começado. Para ter alguma possibilidade de tê-lo impresso para publicação no fim de novembro e também incluí-lo no clube do livro, precisaria estar pronto para a gráfica no máximo até 1º de outubro. Dali a somente quatro meses. Seria impossível produzir um livro naquele prazo.

"Você tem toda a razão", disse Stieg. "Em circunstâncias normais, não é possível. Mas você nunca trabalhou conosco antes. Se a gente diz que pode fazer o livro, é porque de fato pode, se você estiver preparado para publicá-lo."

Concordamos na hora com a publicação. Nossos projetos eram em geral discutidos internamente antes de se tomar uma decisão, mas naquele caso não havia tempo nem para isso. O poder de persuasão de Stieg Larsson havia triunfado.

O ano de 2001 foi decisivo. Em meados de julho, quando estavam começando a trabalhar no livro, a reunião da cúpula da União Europeia em Gotemburgo foi abalada por violentos protestos e mais de quinhentas pessoas foram presas. Fizemos uma visita à *Expo*, em seus escritórios anônimos, secretos e bem protegidos no alto de um edifício residencial nada atraente em Kungsholmen.

"Não há dúvida de que a *Expo* corre risco", disse Stieg, num tom bem prosaico. E prosseguiu explicando que a *Expo* era na verdade muito mais do que apenas uma revista sobre fascismo e sobre a extrema direita. Era também um centro para coleta e organização de informações e de documentação a respeito desses movimentos. A equipe da *Expo* havia formado o maior arquivo do país sobre extremismo de direita. Sem aquele conjunto de material, é claro, eles jamais seriam capazes de escrever um livro sobre uma organização tão variada como a Democratas Suecos num espaço de tempo tão curto. Dispunham não apenas das antigas publicações oficiais dos neonazistas e dos fascistas — folhetos e adesivos, discos e catálogos de compras pelo correio, bem como documentos internos, atas, cartas, material enviado por informantes e dissidentes ou que a *Expo* havia adquirido por outros meios. Relatórios de pesquisa, recortes de todos os jornais existentes no país, fotografias, muitas tiradas pelo próprio pessoal da *Expo* ou por colaboradores, relatórios policiais e processos judiciais — tudo havia sido guardado e arquivado.

"Não afirmamos simplesmente que a ideologia da extrema direita é contraditória. Primeiro, examinamos como as coisas são de fato, o que as diversas organizações representam, em que consiste sua propaganda, o que dizem para consumo externo e o que dizem entre quatro paredes, que contradições existem em comum, o que estão planejando. Tudo o que eles querem manter fora do domínio público. Foi o que fez a *Expo* ser tão insultada pelos grupos nazistas."

Era precisamente por esses grupos serem tão hábeis em se disfarçar que a cobertura dos meios de comunicação era tão limitada. Não havia acesso ao quadro geral e portanto não se reconhecia como essas ligações internacionais eram fortes.

Todos os grupos de extrema direita, tanto os nazistas uniformizados quanto o Democratas Suecos em seus paletós e gravatas se autodenominavam nacionalistas, e se apresentavam como se fossem ativos apenas dentro do país; na realidade, havia uma extensa cooperação além-fronteiras. Eles realizavam reuniões, mantinham contato e se inspiravam uns nos outros. Mas de preferência em segredo. Os partidos estabelecidos tradicionais se vangloriavam de suas ligações internacionais, mas o Democratas Suecos as negou enquanto pôde. Stieg Larsson chamou atenção para o fato de que estavam naquele exato momento colaborando com uma rede chamada Euro-Nat, controlada em moldes mais ou menos despóticos por Jean-Marie Le Pen e sua Frente Nacional.

O Democratas Suecos tinha boas razões além das puramente ideológicas para manter esses contatos: uma parte substancial de seu orçamento para as eleições de 1998 havia sido paga pelo movimento de Le Pen através da rede internacional.

* * *

Foi somente três meses mais tarde que aconteceu o ataque terrorista ao World Trade Center em Nova York. O mundo inteiro prendeu a respiração, mas Stieg Larsson e Mikael Ekman estavam inteiramente concentrados no Democratas Suecos. Stieg afirmou, quando falei com ele, que o trabalho estava indo bem e o livro pronto seria uma denúncia de grandes proporções. A fachada do partido iria abaixo quando os leitores tomassem consciência das raízes dele no movimento nacionalista dos anos 1920 e 30, quando soubessem quem eram os membros fundadores e quem havia ocupado posições de liderança.

Mikael Ekman lembrou depois que ele na verdade não tinha muita noção do que esperar quando sentou para começar a escrever. Stieg sabia, mas sua atitude foi a de que precisavam persistir.

Em junho, ele e Eva foram velejar no barco que possuíam, o *Josephine*, enquanto Mikael continuava pesquisando para o livro. De julho em diante, os dois mais ou menos se mudaram para o escritório da redação. "Era agradabilíssimo e aprendemos um bocado, mesmo naquelas condições alarmantes."

Como editor, às vezes me preocupava com o resultado final. Não haveria quase tempo para o processo habitual de edição; só faríamos revisão do texto na fase de provas. Mas a competência da *Expo* no assunto já estava bem demonstrada. Nenhum outro repórter investigativo no país os superava. Apesar disso, quando vi amostras do texto que Stieg enviou, não fiquei muito impressionado. Era um texto seco, repleto de fatos e não exatamente atraente para o leitor comum.

Esse aspecto poderia ser acertado no estágio final, garantiu-me Stieg. Embora tivesse havido um desdobramento naquele outono que iria afetar o conteúdo do livro e complicar ainda mais o trabalho deles, acrescentou.

Na primavera de 2001, pouco antes de o trabalho no livro começar, ficara evidente que havia uma séria divisão na liderança do Democratas Suecos. Dois membros proeminentes, Anders Steen e Tor Paulsson, responsáveis pelo sucesso quase surpreendente do partido em Haninge, bairro da periferia de Estocolmo, nas últimas eleições, tinham saído do comitê no congresso do partido em abril. Logo depois, foram expulsos. O que se deduzia era que os pontos de vista deles deviam ser considerados radicais demais para um partido que agora se esforçava muito para tornar-se aceitável antes das eleições do próximo ano.

Aconteceu, porém, que os dois homens tinham mais apoio entre seus colegas do que a roda de pessoas influentes do partido esperava. Corriam boatos de que um partido dissidente seria formado com o nome Democratas Nacionais, o que em breve se confirmou. Sendo do interesse da *Expo* que o livro ficasse tão atualizado e bem documentado quanto possível, era essencial incluir a nova cisão, cujas consequências ainda se desconheciam. Portanto, Stieg e sua equipe resolveram que a única maneira de apurar os fatos rapidamente seria infiltrar um espião lá.

Um jovem jornalista de Uddevalla, Daniel Poohl, que Mikael Ekman conhecia do tempo em que eram colegas no Värnpliktsnytt [Serviço Nacional de Notícias], se ofereceu para a incumbência como representante da *Expo*.

Antes de entrar em contato com o Democratas Nacionais, ele recebeu instruções precisas sobre os limites de seu envolvimento. "Stieg insistiu muito em que eu não ajudasse a promover o partido, não tomasse a iniciativa em nenhuma ação nem fizesse alguma coisa que pudesse ser ilegal. Eu também não deveria esperar 'resgatar' ninguém da organização. Poderia distribuir folhetos, e escrevi para a página deles na internet", lembra Daniel Poohl.

Em agosto, Poohl telefonou para Tor Paulsson, que se entusiasmou muito ao saber que um jovem com tendências nacionalistas vindo da província já ouvira falar do Democratas Nacionais e estava fazendo contato. Sugeriu que Daniel viesse a uma importante convenção que seria realizada brevemente em Estocolmo.

Quando o Democratas Nacionais fez seu encontro inaugural em Brygghuset, Estocolmo, alguns jornalistas tentaram entrar, inclusive o repórter da *Expo*, mas foram bruscamente mandados embora e chamados de "terroristas desgraçados" pelos líderes, Tor Paulsson e Anders Steen. Enquanto isso, o jovem simpatizante Daniel Poohl foi sentar-se em seu lugar de participante pré-inscrito e ouvir os discursos inflamados sobre o fato de a campanha nacional estar ressurgindo depois de alguns anos inativa. Também pôde reparar que havia uma seleção considerável das habituais histórias revisionistas na mesa dos livros. Anders Steen não estava muito satisfeito com aquilo e mandou que tirassem alguns exemplares da literatura nazista mais evidente.

Daniel conseguiu conquistar a confiança dos líderes com bastante facilidade. Quando lhe pediram que escrevesse um texto para o *website* do partido, Stieg desencavou e reeditou para ele um velho artigo sobre nacionalismo escrito pelo ideólogo do Democratas Suecos, Johan Ridenrheim, uma das pessoas mais detestadas pelo Democratas Nacionais. Eles ficaram encantados, acreditando que tinham encontrado um simpatizante que era ao mesmo tempo intelectual e bom redator, e, ironicamente, o artigo foi colocado junto de um ataque injurioso à revista *Expo*.

A questão da segurança dele havia sido discutida antes de Daniel se envolver com o Democratas Nacionais. "Quando andava por Estocolmo, sempre havia gente da *Expo* por perto. Fiquei um pouco mais inseguro quando tive de ir para o exterior, para a República Tcheca ou para a Alemanha, a fim de encontrar representantes de vários outros partidos nacionalistas, mas ao menos tinha o nome de um contato para quem poderia telefonar caso surgissem problemas."

Deram a Daniel uma câmera de vídeo para documentar as visitas em nome do partido, algo de que iriam se arrepender amargamente mais tarde, quando clipes do filme acabaram aparecendo num documentário sobre a extrema direita na Suécia.

Stieg Larsson e Mikael Ekman concluíram o livro mais ou menos na ocasião em que a viagem terminou, de modo que Daniel teve de parar com suas reportagens clandestinas. E logo depois ele foi desmascarado, por puro acaso.

"Eu estava no metrô de Estocolmo com Mikael Ekman e lá estava também um dos partidários do Democratas Nacionais com quem mais tive contato sentado bem à nossa frente. Nossos olhos se encontraram, e pude perceber que ele entendeu a situação imediatamente. Não demorou muito e eles me denunciaram no seu *website*. Daí em diante, fiquei muito nervoso com o que poderia acontecer, mas nunca aconteceu nada."

Na fase final, Stieg Larsson e Mikael Ekman trabalharam no livro todas as horas do dia e mais um pouco. Na noite anterior à data combinada, Mikael foi para casa por volta das três ou quatro da manhã e chegou de volta ao escritório às nove. Ao entrar, encontrou Stieg dormindo profundamente em sua cadeira, os pés em cima da mesa e o disquete do livro terminado na mão. Os tocos de cigarro no cinzeiro ainda estavam quentes. Stieg queria usar o transporte público para ir ao editor, como costumavam fazer, mas Mikael achou que daquela vez deveriam ir de táxi.

O livro não ficou apenas pronto a tempo: ficou ótimo. Poderia ter se beneficiado de mais uma revisão, mas estava factualmente preciso e bem escrito. É difícil imaginar como pode ter sido feito naquelas condições.

Um argumento central nesse livro sobre o Democratas Suecos é que o partido nunca foi uma expressão espontânea do sentimento popular de desaprovação à entrada de imigrantes, mas uma organização que incorporava uma história significativa. Por esse motivo é que o livro teve como subtítulo *O movimento nacionalista*. De modo mais específico, suas raízes históricas estavam no partido que depois foi chamado de Novo Movimento Sueco, liderado pelo lendário ideólogo fascista Per Engdahl. Engdahl viveu uma vida longa: nasceu em 1909 e morreu em 1994, mantendo-se politicamente ativo até o fim. E nunca pediu desculpas. Publicou seu jornal de extrema direita, *Vägen framåt*, durante sessenta anos, quase sem intervalos. Via a si mesmo antes de mais nada como um fascista de inspiração mussolinista, em campanha por uma sociedade de acordo com o modelo corporativo, o que significa que o princípio de liderança deveria suplantar o princípio de maioria, abolindo partidos políticos e sindicatos e substituindo-os por associações profissionais às quais tanto empregados quanto empregadores pertenceriam. Engdahl mantinha distância do nazismo alemão, mas seu antissemitismo nos anos 1930 e 40 foi tão virulento quanto o dos piores líderes nazistas. Ele expressava por escrito comentários como: "Já vimos demais nas nossas ruas esses filhos de Jacó repulsivos, de cabelos encaracolados e nariz adunco, de braços dados com mulheres suecas louras, nórdicas".

Engdahl foi o eterno perdedor no meio dos extremistas de direita suecos. Somente depois da guerra, quando de acordo com qualquer critério humano o fascismo deveria estar enterrado para sempre, ele desempenhou durante um breve período o papel brilhante com o qual sempre sonhou. Foi quando o partido fascista de Mussolini foi recriado na Itália, menos de dois anos depois do fim da guerra, com o nome Movimento Sociale Italiano. Então mudou a roupagem e se transformou na Alleanza Nationale, que agora se fundiu com o Forza Italia de Berlusconi formando o novo partido Il Popolo della Libertà. O Movimento Sociale Italiano começou imediatamente a tentar reconstruir uma rede europeia de partidos nacionalistas, na qual Engdahl surpreendentemente ocupou a posição de teórico e principal autor do programa do fascismo europeu do pós-guerra. Também foi o anfitrião do segundo Congresso Fascista depois da guerra, realizado em Malmö em 1951, e de outro congresso depois desse, em 1958.

No entanto, os dias de Engdahl sob os refletores foram poucos. Seu Novo Movimento Sueco perdeu a direção com os desentendimentos constantes e logo começou a definhar, como a maioria das outras seitas extremistas da direita radical. Mas o ancião incansável, agora já completamente cego, continuou como antes, e, na década de 1970, foi ele quem mapeou o caminho que a direita radical tomaria para se redefinir como contrário à imigração. Poucos meses depois, o Mantenham a Suécia Sueca (BSS) foi formado, como uma campanha de panfletos.

Mikael Ekman e Stieg Larsson tinham certeza de que muitos dos membros fundadores do BSS estavam em contato com Engdahl e eram inspirados por ele, pelo menos no início. Quando mais tarde o BSS tentou se transformar num partido político normal, como o Partido Sueco, teve um curto período de avanço concreto e um bastante longo de lutas internas constantes antes de afinal se dividir. O velho núcleo do BSS voltou à estaca zero. Mas tinha o embrião de uma nova organização para conduzir: a sociedade histórica Gjallarhornet [A Trompa, com o nome da trompa de alerta do deus Heimdal], que editava revistas. Em 1988, conseguiram transformá-la no novo partido, chamado Democratas Suecos. Que, exatamente como o BSS e o Partido Sueco, foi preparado para ser um partido dedicado a uma só questão, a imigração. O argumento deles era que a imigração em massa ameaçava a identidade sueca e levava ao desemprego, às tensões sociais e às ondas de crimes. Acima de tudo, era a imigração de pessoas de culturas completamente diferentes que constituía a maior ameaça. Mas insistiam que não eram um partido racista. Apesar disso, uma das exigências em seu primeiro manifesto foi a interdição total da adoção de crianças oriundas de países não europeus, exatamente como o BSS.

Outro tema recorrente do período BSS era afirmar que a máfia de políticos e a mídia eram coniventes na ocultação da verdade, e que eles próprios eram sujeitos a constante discriminação.

Se o partido aspirava à aceitabilidade, a escolha de Anders Klarström como seu primeiro presidente não foi nem um pouco sábia. Ele tinha antecedentes no grupo de campanha do Partido Nórdico Nacional, no Riksaktionsgrupp [Grupo de Ação Nacional], e também fora acusado de fazer ameaças de morte ao apresentador de TV e antinazista Hagge Geigert. Klarström e Ola Sundberg foram nomeados porta-vozes do partido, e o primeiro não perdia ocasião de propagar suas opiniões. Uma de suas frases conhecidas era: "Não quero usar a palavra raça, mas me dá náuseas ver pais [suecos] com uma criança indiana". E, com Klarström como líder de partido, não admira que o Democratas Suecos se tornasse uma mistura de antigos membros do BSS, gente comum contrária à imigração e, um dado não menos significativo no que se refere aos membros mais jovens, pura e simplesmente nazistas. O BSS havia feito, em outros tempos, comentários ameaçadores à Frente Nacional Britânica. O Democratas Suecos manteve essa tradição viva ao adotar como símbolo do seu partido uma cópia quase exata do emblema da Frente Nacional: uma tocha acesa com a chama emergindo na forma de uma bandeira, para eles, é claro, nas cores da Suécia, azul e amarelo. O Democratas Suecos agora dava mais importância a aparições públicas, atividades externas e manifestações. Instituíram a Engelbrekt March (que recebeu o nome do líder rebelde e protonacionalista do século XV Engelbrekt Engelbrektsson) como sua alternativa às comemorações do movimento trabalhista no Primeiro de Maio. E simbolicamente se encarregaram dos preparativos para as manifestações do 30 de novembro de Carlos XII, que fluíam com menos facilidade do que antes devido a contramanifestações cada vez maiores. Em meados da década de 1990, discordâncias entre o antigo núcleo do BSS e membros mais jovens evoluíram para uma verdadeira guerra civil, que teve como resultado a saída de Klarström de seu posto, e muitos dos veteranos do BSS, inclusive o pioneiro Leif Zeilon, foram postos para fora debaixo de insultos e desacatos.

Para o cargo de líder foi o dissidente do Partido do Centro, Mikael Jansson, pessoa mais apagada, difícil de ser definida ideologicamente, que tinha como modelo o político favorito dos descontentes, o carismático austríaco Jörg Haider. Ele imitava Haider na tentativa de tornar a imagem do partido mais elegante. Introduziu uma proibição ao uso de uniformes nas reuniões, para aborrecimento dos membros mais jovens, que pertenciam igualmente ao Democratas Suecos e ao neonazista Nationell Ungdom [Juventude Nacional].

Nas eleições de 1998, o partido teve 20 mil votos e conquistou oito assentos em conselhos de divisões administrativas. A maior surpresa foi Haninge, bairro da periferia de Estocolmo, onde conseguiram dois assentos depois de uma campanha agressiva nos moldes de Le Pen. A alegria no entanto durou pouco, pois os organizadores dessa bem-sucedida campanha foram mandados embora em 2001 e formaram o novo partido Democratas Nacionais.

O livro sobre o partido Democratas Suecos vendeu bem e foi muito lido em organizações e grupos de estudo, de tal modo que continuou influenciando a discussão pública por algum tempo. Entretanto, não foi suficiente para impedir o amplo sucesso do partido nas eleições de 2002, com 76 mil votos e cerca de 1,5% do total de votos, além de 49 assentos em aproximadamente trinta conselhos de divisões administrativas pelo país afora.

Em 2003, Stieg Larsson tornou-se editor-chefe da *Expo*. Na prática, ele já desempenhava esse papel havia um bom tempo, mas só quando a *Expo* começou a ser publicada por sua própria conta, depois que a revista de Kurdo Baksi, a *Svartvitt*, fechou, é que o arranjo foi formalizado. Mais uma vez, a situação financeira era precária. Muitos na equipe duvidavam da capacidade da *Expo* de subsistir de forma independente, e achavam que talvez fosse o momento de fazer uma pausa para se fortalecer e publicar apenas na internet. Mas isso nunca foi uma opção para Stieg. A *Expo* precisava aparecer impressa para ter um papel respeitável no debate público.

Encontrar novos redatores não era problema. Mais e mais jovens freelancers se reuniam em torno da revista. A *Expo* se tornara realmente conhecida ao longo dos anos. Sua persistência dera resultado. E, de 2003 em diante, conseguiu andar com as próprias pernas.

Stieg Larsson era o mais velho dos envolvidos na revista. Mas nunca mandava ninguém parar ou recomendava cautela. Daniel Olsson, um colaborador autônomo que na época tinha começado a escrever para eles, lembra que era bem o oposto.

"Acho que ele se atirava nas coisas, de vez em quando contra as regras do bom senso. Ele tinha aquela vontade e nunca diria que tínhamos de estabelecer prioridades. Sempre queria que a verdade viesse à tona. E era excelente para incentivar novos redatores. Quando a gente tinha uma ideia, ele costumava dizer: isso vai dar uma grande matéria. Se fosse muito boa, ele dizia: dá um livro. E sempre achava que se devia escrever livros. Dizia que não era difícil. Uma reportagem é um capítulo. Dez, e você tem um livro."

Não era segredo que Stieg escrevia romances em seu tempo livre e que as tramas giravam em torno de uma revista chamada *Millennium*. Talvez fosse realização de desejos através da ficção. A *Millennium* tinha uma circulação de 20 mil exemplares, uma enormidade em comparação com a *Expo*, que não chegava a um décimo disso. Tinha um formato moderno de revista, gestão profissional e recursos para realizar jornalismo investigativo como se deve. Politicamente, era difícil de ser classificada, mas era sempre um aborrecimento para os que ocupavam posições de poder de qualquer espécie. Ou, como está dito em *Os homens que não amavam as mulheres*:

> A *Millennium* é tida como uma revista de crítica à sociedade, mas algo me diz que os anarquistas a veem como uma publicação pequeno-burguesa do mesmo filão da *Arena* ou da *Ordfront*, enquanto a União dos Estudantes Moderados provavelmente pensa que a redação é composta de bolchevistas.

Daniel Olsson acha que a *Millennium* se parece com o que Stieg queria que a *Expo* fosse, mas que evidentemente não era. Talvez nunca pudesse ser, já que sua cobertura era muito especializada e limitada. "Mas Stieg devia querer muito ter um papel igual ao de Mikael Blomkvist na *Millennium.* O fato de um poderoso financista estar sob investigação no primeiro livro fala por si. Assim que as minhas próprias ideias apontaram para aquela direção, para investigar empresas de extrema direita, por exemplo, elas foram muito bem recebidas."

Isso, porém, ainda era algo para o futuro.

"Para ser franco", diz Daniel Poohl, que passou a ser secretário de redação em 2003 e agora é o editor-chefe, "tenho de admitir que a *Expo* não estava sendo dirigida de modo muito profissional naquela fase. Stieg não era nenhum especialista na administração de uma revista. Ele improvisava a maior parte do tempo, conforme as coisas iam surgindo. Era sempre uma luta juntar as matérias e fazer as pessoas cumprirem os prazos. Costumávamos entregar tudo atrasado na gráfica."

* * *

A *Expo*, contudo, saía assim mesmo, como sempre acontecera, apesar das ameaças físicas e das dificuldades financeiras crônicas. O principal tema do primeiro número da relançada *Expo* de 2003 foi o ódio aos homossexuais entre os grupos de extrema direita. Claro que não era nenhuma novidade. No primeiro ano da *Expo*, 1995, houve um crime excepcionalmente brutal motivado por homofobia, quando Peter Karlsson, um bem-sucedido jogador de hóquei no gelo, morreu com mais de sessenta facadas desferidas por um *skinhead* de dezenove anos. O editor-chefe da revista *QX*, Jon Voss, escreveu no número inaugural da *Expo*:

> O horror aos gays não é tanto o medo de gays, mas o medo de ter desejos sexuais por uma pessoa do mesmo sexo.
>
> É uma das semelhanças com a xenofobia e o racismo. Não é desprezo pela "fraqueza" dos outros, mas um medo paranoico e assustador de que a cultura, a aparência, as convicções políticas, a religião ou a sexualidade dos outros sejam mais fortes.
>
> Desprezo pelos fracos é antes de tudo desprezo pela própria fraqueza.

Sempre houve um elemento de autoflagelo na atitude nazista com a homossexualidade. Paradoxalmente, havia um número considerável de líderes nazistas que eram homossexuais. O líder da SA Ernst Röhm, que foi assassinado por ordem de Hitler na Noite das Facas Longas, era homossexual assumido, ao passo que uma das figuras mais conhecidas do neonazismo alemão, Michael Kühnen, responsável por muitos ataques homofóbicos, manteve sua orientação em segredo enquanto pôde.

A arte nazista idolatra o corpo masculino vigoroso com uma estética em que as nuanças eróticas são palpáveis. Por essa mesma razão, contudo, as tendências homossexuais têm de ser repelidas com mais energia, e a distinção entre a sexualidade aceitável e a inaceitável precisa ser mantida a qualquer preço. O ódio então se torna ainda mais irracional.

A propaganda do ódio disseminada pela extrema direita foi também erguida em cima de teorias conspiratórias sobre um lobby gay influente que tentava de forma consciente desmantelar a família nuclear, e em consequência lançar por terra os fundamentos de uma nação saudável, racialmente pura. Os homossexuais eram sempre descritos como doentios, deficientes e pervertidos. O número de crimes por motivos homossexuais se manteve sempre alto na Suécia desde meados da década de 1900. Ficou entre 150 e duzentos por ano no período 1997-2001. Cobria tudo, desde crimes sérios como assassinato, agressão física grave e incêndio criminoso até vários tipos de assédio e incômodo, pichações, desfiguração de cartazes, slogans em camisetas, ataques a recintos ou reuniões.

Em seu editorial daquele número, Stieg Larsson comparou o ódio aos homossexuais ao "terrorismo do tipo a que os estrategistas militares do Pentágono chamam de guerras de baixa intensidade", que se manifesta numa enxurrada constante de insultos em artigos e panfletos, campanhas pela internet, discursos de incitação:

> Uma coisa está clara. A sociedade não se incomoda muito com essa forma de terrorismo de baixa intensidade. A incitação à homofobia quase não oferece riscos. Se essa campanha de ódio fosse dirigida a qualquer outro grupo representativo na Suécia, a reação teria sido bem diferente. Se os alvos dos ataques fossem empregados da Telecom, motoristas de ônibus ou políticos das províncias, contramedidas muito mais fortes teriam sido implementadas.
>
> Se cinco funcionários do Ministério da Justiça, por exemplo, tivessem sido assassinados e o resto do pessoal submetido a violên-

cia ou assédio sistemáticos e diários simplesmente por serem funcionários públicos, a esta altura um estado de emergência já teria sido declarado na Suécia.

UMA NOVA ERA, UMA NOVA REVISTA

Agora que o século XXI havia chegado, era óbvio que uma porção de coisas estava mudando. A década de 1990 havia sido a da liberdade de escolha, ao menos para os povos do Ocidente. Escolhas em todos os campos imagináveis: mercadorias de todos os tipos, marcas, um fluxo interminável de bens de consumo, até a possibilidade de escolha em áreas nas quais antes havia pouca ou nenhuma, como poupança, fundos de pensão, escolas, médicos, serviços públicos como eletricidade e telefones, e mais canais de televisão.

Escolher não era apenas um direito, era quase um dever cívico. Mas havia uma esfera em que não existia liberdade de escolha: na política econômica. Margaret Thatcher já formulara o princípio em um de seus mais conhecidos slogans políticos: "Não há alternativa". Uma década se passara e o primeiro-ministro sueco, Carl Bildt, falava sobre a política da "mão única".

Depois da queda da União Soviética, as grandes batalhas ideológicas estavam terminadas, o liberalismo e a economia de livre mercado tinham conquistado a vitória final — assim afirmava o acadêmico americano Francis Fukuyama em seu livro *O fim da história e o último homem*. O advento da tecnologia de informação e a extraordinária proliferação de novas empresas com estrutura operacional baseada em TI só serviam para confirmá-lo.

Na virada do milênio, o mercado em alta para as empresas pontocom chegara a seu ponto máximo. Um ano e pouco mais tarde ficou claro que o *boom* da TI era apenas mais uma bolha financeira. Novas firmas afundavam por todo lado. Na Suécia, os homens de negócios em muitos casos vendiam a tempo e saíam com fortunas consideráveis, enquanto os pequenos investidores perdiam suas economias. E na esteira da queda da TI veio uma mudança de cena na frente política, numa velocidade espantosa.

Se antes não havia alternativa, agora havia muitas opções. "Um outro mundo é possível", era o lema do momento. Foi também o tema das manifestações públicas de massa contra a ordem econômica mundial predominante e das contínuas discussões entre cientistas sociais e ativistas políticos no Ocidente e no Terceiro Mundo com o título de Fórum Social Mundial.

Uma associação francesa bastante intelectualizada chamada Attac [Association pour la Taxation des Transactions pour l'Aide aux Citoyens] obteve um ramo na Suécia em 2001 e ganhou vários milhares de membros quase de imediato.

Uma jovem jornalista canadense, Naomi Klein, escreveu um livro político, *Sem logo*, que se tornou um best-seller mundial e leitura indispensável para os interessados em estrutura da sociedade: era praticamente o manifesto dos adversários da globalização. Ela repudiava todas as afirmações sobre a vinda de uma nova sociedade humanista, sem repressões e capaz de estabelecer redes ao infinito, pintando, ao contrário, o retrato de uma sociedade em que as pessoas passavam de cidadãos a consumidores. Um mundo no qual a principal tarefa das empresas não era mais produzir coisas úteis, mas criar marcas. Enormes somas estavam sendo investidas em um marketing sofisticado, enquanto a produção de bens em si virava uma operação de baixo custo, transposta para vastos guetos industriais na Ásia ou na América Latina. Mas Klein também relatava o crescimento da resistência a esse admirável mundo novo cheio de marcas, que se manifestava em megaprotestos contra as reuniões das elites financeiras e políticas em cidades como Seattle, Gênova e Nice.

Gotemburgo agora estava entre essas cidades: a cúpula da União Europeia que aconteceu lá no verão de 2001, enquanto Stieg Larsson e Mikael Ekman escreviam seu livro, contou com a participação superficial do presidente dos Estados Unidos, George Bush. A atmosfera era nervosa e febril. Mais de 50 mil pessoas saíram em três enormes manifestações pacíficas, e um grande número de ativistas participou de seminários e grupos de discussão sobre assuntos relacionados à globalização e ao desenvolvimento da União Europeia. No entanto, a imagem predominante para o telespectador, em nítido *close-up*, foram manifestantes mascarados despedaçando vidraças de bancos e incendiando cadeiras de cafés ao longo da avenida principal de Gotemburgo, Kungsportsavenyn. Mais ao norte da cidade, em Vasagatan, os manifestantes foram atingidos por balas de verdade, não de borracha, algo que não acontecia desde 1930, e um ativista que atirou pedras foi ferido tão gravemente que ficou algum tempo entre a vida e a morte.

Por trás das máscaras dos grupos de ativistas que agiam sob o nome de Bloco Negro, estavam muitos antifascistas e antirracistas da Antifascistisk Aktion, o movimento que se formara com a intenção de enfrentar os nazistas e agora tentava atacar o capitalismo sob todas as suas formas.

A mídia concluiu que os tumultos haviam sido cuidadosamente orquestrados e que as manifestações pacíficas tinham dado aos grupos do Bloco Negro uma desculpa conveniente para seus excessos de violência. Os jovens ativistas pouco fizeram para negar isso. Para eles, a mídia comercial era por definição o inimigo, e eles próprios não estavam interessados na opinião pública. Durante toda a sua história, a AFA nunca teve interesse em se explicar ou se encaixar em algum nicho ideológico. Também não fazia inscrição de membros, não tinha comitê executivo nem programa de partido, preferindo definir-se basicamente através de suas ações. A opinião da AFA era de que as exigências socialistas causavam conflitos implacáveis com a polícia. Mas esse parece ser um argumento circular, já que a definição de "exigências socialistas" sempre necessitava de intervenção da polícia, como, por exemplo, quando consistia em quebrar as vitrines de *sex shops* ou organizar festas de rua sem autorização.

Eram os filhos do antifascismo que estavam lutando na avenida principal de Gotemburgo. Não havia como escapar ao fato. A AFA era uma espécie de sombra seguindo os passos da *Expo*. E havia uma semelhança entre as ações da AFA e a militância dos antifascistas radicais dos velhos tempos, como os ingleses que detiveram a marcha dos fascistas de Oswald Mosley no East End de Londres. Só que agora os tempos eram outros e a AFA não tinha base alguma na classe operária, nem fazia esforço para isso.

Os antifascistas militantes, com sua violência e a rejeição da democracia parlamentar, eram diametralmente contrários aos princípios fundamentais da *Expo*. Porém a revista não fez nenhuma campanha séria contra eles.

"Quando escrevi sobre extremistas de direita e de esquerda esporeando uns aos outros na batalha pelas ruas, Stieg concordou inteiramente", lembra Daniel Olsson. "Mas ainda assim preferiu evitar o assunto. Ele já se envolvera nisso e não queria fazer isso outra vez. Demandava muito tempo e energia."

Stieg deu suas opiniões à revista *Humanisten* em 2002:

> Participei de um debate público com um dos líderes da AFA e acho que ficou bem claro que não temos a mesma visão de mundo. A AFA é uma organização minúscula, mas eles recebem cerca de 90% da atenção da mídia. Quase se tornaram sinônimo de antirracismo. Entretanto, o grande movimento antirracista é dentro das escolas, entre os professores, nos sindicatos, no mundo dos negócios e entre os políticos.

Stieg achou que o que estava acontecendo em Gotemburgo era uma tempestade passageira que logo se dissiparia. Via outros perigos, outras batalhas pela frente.

Antes de 1989, o mundo estava dividido em dois. Duas superpotências, duas ideologias em luta pela supremacia. Então a União Soviética caiu e o mundo se unificou: uma superpotência, um sistema, um caminho. E então, por volta da virada do milênio, milhares de possibilidades pareciam estar se abrindo. Essa sensação, porém, só iria durar até 11 de setembro de 2001. Depois do ataque terrorista em Nova York, o mundo ficou polarizado outra vez. Fukuyama foi substituído no trono da filosofia conservadora pelo professor Samuel P. Huntington. Ele já havia publicado *O choque de civilizações*, em 1996. Agora, sua tese de que os conflitos decisivos do futuro se dariam não entre nações ou ideologias mas entre culturas, civilizações, passou a ocupar o alto da pauta no Ocidente. Entre as sete grandes civilizações que Huntington aponta como competidoras no palco mundial, a lógica dos acontecimentos parecia, no entanto, indicar a presença de apenas duas, o Ocidente e o Islã.

Nas sombras da caçada aos terroristas e da Guerra do Iraque, do regime talibã e do fundamentalismo, os partidos da extrema direita também desenvolveram uma nova maneira de ler o mundo. Teorias raciais "científicas" foram interrompidas e substituídas pelo conceito de cultura ou civilização. O argumento era mais atraente para um público mais amplo quando se chamava a atenção para a difusão de uma cultura hostil em roupagem religiosa, infiltrando-se, invadindo a Suécia, a Dinamarca, a Suíça, a Holanda ou qualquer outro país.

Previsivelmente, foi o Democratas Suecos que percebeu essa tendência na política sueca e a adotou. Stieg Larsson preveniu que eles poderiam se tornar o principal partido unificador da xenofobia na Suécia. A maior parte do que já aconteceu provou que ele tinha razão, embora tenha levado algum tempo, pelo menos até meados da primeira década de nosso novo milênio, antes que isso ficasse claro, e a essa altura Stieg já havia falecido.

Em 2005, o presidente da ala jovem, Jimmie Åkesson, tornou-se líder do partido e reuniu em torno de si um círculo de rapazes com formação acadêmica, que deram continuidade ao processo de mudança dentro de um partido cujo símbolo não era mais a tocha da Frente Nacional, mas uma delicada anêmona azul.

Para terem alguma chance de entrar no Parlamento, os laços com o passado turvo do partido precisavam ser cortados. O racismo tinha de ser contido, as atitudes antissemitas, proibidas. Alguns dos membros mais importantes agora se diziam "amigos orgulhosos de Israel".

A propaganda era cada vez menos direcionada contra os imigrantes em geral, porém de modo mais específico contra o grupo visto como a ameaça por excelência à identidade sueca que o partido estava tão empenhado em salvaguardar: os muçulmanos.

Num artigo muito discutido no *Aftonbladet* no outono de 2009, Jimmie Åkesson alegava que os muçulmanos eram a maior ameaça estrangeira à Suécia desde a Segunda Guerra Mundial. Asseverava que os suecos já tinham começado a capitular ante o avanço da cultura muçulmana. Circuncisão masculina, horários separados para homens e mulheres em piscinas, carne cortada nos açougues de acordo com rituais — tudo isso era visto como sinal de perigo. Indagava retoricamente como ficaria a situação daí a poucas décadas, quando muitas cidades europeias, inclusive Malmö, tivessem maioria muçulmana. Os folhetos do BSS de 1980, que haviam previsto o fim da "Suécia dos suecos" dentro de quatro anos, talvez com "um turco como ditador e um negro como ministro do Exterior", podiam ter um tom mais rude, mas o alarmismo estava inalterado.

O Democratas Suecos obteve o grande avanço que desejava na conquista da opinião pública quando conseguiu 6% numa pesquisa de intenção de voto no outono de 2009. Era o presságio de algo que Stieg Larsson vinha avisando e enxergando como verdadeira probabilidade já em 2001: a presença no Parlamento de um partido abertamente xenófobo.

A Suécia tem a maior porcentagem, na Escandinávia, de habitantes nascidos no exterior e contudo é o único país escandinavo a não ter um partido xenófobo significativo com representação no Parlamento. O Democratas Suecos pode estar a caminho de mudar isso, ainda que não vá ser um caminho fácil a percorrer. Com suas raízes evidentes no extremismo de direita, eles têm uma ladeira mais íngreme para subir do que os dois bem-sucedidos modelos na Noruega e na Dinamarca: Fremskrittspartiet [Partido Progressista] e Dansk Folkeparti [Partido do Povo Dinamarquês], respectivamente, ambos fundados em grande parte como partidos descontentes. Detestar impostos e desconfiar de todas as formas de autoridade são a essência da mensagem deles, apresentada com exemplos manifestos de verdadeiro populismo pelos dois líderes, Carl Hagen e Mogens Glistrup. O último, em particular, sabia como ocupar as manchetes, como ao sugerir que os militares dinamarqueses deveriam ser descartados e substituídos pela gravação da mensagem telefônica "Nós nos rendemos" em russo.

O Partido do Povo Dinamarquês, formado em 1995 como uma cisão do Glistrup's Fremskridtsparti, tornou-se, de modo bastante inesperado, um fator decisivo na política dinamarquesa no começo do novo milênio. Uma coalizão liberal-conservadora sob a liderança de Anders Fogh Rasmussen conquistou uma vitória esmagadora em 2001, e o Partido do Povo Dinamarquês entrou no governo apoiando os dois outros mais convencionais, o Venstre [A Esquerda] e o Konservative Folkeparti [Partido Conservador do Povo]. Entretanto, o Partido do Povo Dinamarquês logo conseguiu, quase sem oposição, a aprovação de sua principal exigência de uma política de imigração mais rigorosa, e daí em diante suas políticas influenciaram todo o clima político e cultural da Dinamarca.

O Partido Progressista da Noruega, agora liderado pelo economista Siv Jensen, não exerceu tanta influência, apesar de ser maior que o dinamarquês, com mais de 20% dos votos (comparados com os 13,8% do partido dinamarquês na última eleição). A mudança mais drástica (que igualmente se aplica ao último partido) é a penetração do partido norueguês na votação da classe trabalhadora, em que agora predomina.

A Noruega é o país mais descentralizado da Escandinávia. As áreas rurais sempre foram mais importantes que as cidades, e até o Arbeiderpartiet [Partido Trabalhista], em seus melhores dias, era visto como o movimento que fazia oposição às elites das grandes cidades. Esse papel foi assumido pelo Partido Progressista (FrP), de acordo com o jornalista Magnus Marsdal em seu livro *FrP-koden*. Aqueles que se voltam para o Partido Progressista são em grande parte pessoas comuns que acham que os políticos e a mídia estão sempre olhando por cima do ombro, receosos. O FrP é para os que nunca receberam nada de graça e estão aborrecidos que outros, sobretudo os imigrantes e muçulmanos, estejam recebendo. Marsdal também assinala que a lacuna entre a elite e as pessoas comuns é real e aumentou nos últimos anos. Além disso, o FrP está fortalecendo sua organização com métodos tradicionais noruegueses de movimentos populares, ao mesmo tempo que todos os outros partidos os estão abandonando, criando uma base política que ninguém mais pode pensar em imitar. No entanto, o Partido Progressista é em grande medida de direita neoliberal, com políticas que, se introduzidas, dificilmente favoreceriam os trabalhadores de indústrias e as pessoas comuns das comunidades distantes da Noruega.

E Siv Jensen alertou, exatamente como o Democratas Suecos, sobre a islamização sorrateira da sociedade, citando o exemplo de Malmö como terrível advertência.

O Democratas Suecos, que de modo semelhante seguiu uma linha neoliberal, criticando muito a influência dos sindicatos no mercado de trabalho, deu uma guinada para a esquerda nos últimos anos. Numa Suécia atingida por uma crise financeira e pelo desemprego, eles se apresentam como os defensores do Estado do bem-estar social. Fizeram de Per Albin Hansson, o pai do "lar do povo" social-democrata, seu arquétipo ideológico. E a uniformidade étnica e cultural da Suécia é que foi a base de toda a estrutura do bem-estar social, dizem eles.

O Democratas Suecos reinventou o "lar do povo" como uma Utopia, não da sociedade igualitária mas da nação etnicamente homogênea: o sonho de uma era em que os suecos eram suecos, em que os africanos e asiáticos eram súditos coloniais, em que migração econômica e refugiados eram conceitos desconhecidos e a referência à identidade sueca era a ração diária do debate político.

O mito dos suecos como um povo extraordinariamente puro, "sem misturas", da Suécia como o lar de origem das tribos germânicas, tem sido muito difundido entre historiadores, antropólogos, linguistas, escritores e políticos, além de bem arraigado na consciência popular através de livros didáticos e enciclopédias. Foi criado no século XIX, como demonstrou Maja Hagerman em seu livro *Det rena landet: Om konsten att uppfinna sina förfäder* [A terra pura: A arte de inventar os próprios ancestrais], e foi mantido vivo até o fim da Segunda Guerra Mundial, quando foi discretamente varrido para baixo do tapete, por constrangimento.

Per Albin Hansson tomou emprestada a expressão "lar do

povo" para o Estado do bem-estar social do cientista político conservador e nacionalista extremista Rudolf Kjellén, um fato que alguns ideólogos do Democratas Suecos veem como mais uma prova de que o Estado do bem-estar social original é um produto inteiramente sueco. Sua paixão por Kjellén também indica a continuidade ideológica dentro do partido. No fundo, ainda não se afastaram muito do ponto onde começaram e onde Stieg Larsson e Mikael Ekman os situaram: firmemente na tradição nacionalista representada por Per Engdahl.

Os grupos neonazistas mais extremistas vêm lutando para encontrar uma estratégia de sobrevivência no novo milênio, e durante algum tempo parecia que a tinham encontrado em Salem, bairro da periferia de Estocolmo. Em dezembro de 2000, um garoto de dezessete anos com alguma relação com o movimento nacionalista foi cruelmente assassinado por uma gangue que incluía imigrantes. Uma semana depois do crime houve uma passeata de milhares de pessoas, a maior parte de diversos grupos neonazistas, em memória do menino, que logo foi alçado à posição de mártir nacional e chegou a ser chamado de "o Horst Wessel de nossos dias" pela revista racista britânica *Blood & Honour*.

Em 2003, essa manifestação pública anual se tornara o maior ato de propaganda da extrema direita no período pós-guerra. Todas as organizações significativas da extrema direita eram representadas: a principal revista neonazista *Info-14*, o Movimento de Resistência Sueca, a Associação Nórdica, Sangue e Honra, o Democratas Nacionais, o Democratas Suecos e outros. Os dois últimos mais tarde deixariam de participar.

A Marcha de Salem foi organizada pela Fundação Salem, cuja força motriz era Robert Vesterlund, editor da *Info-14*, uma das figuras de proa do neonazismo sueco. Entre os anos 2001-3, a marcha atraiu cerca de 2 mil participantes e, consequentemente, foi uma das maiores passeatas neonazistas na Europa do pós-guerra. Como esperado, enfrentou a resistência de grupos antifascistas de esquerda. A AFA, como de costume, tentou impedir o avanço da passeata usando o confronto físico, e a atuação da polícia aumentou a cada ano. Em 2003, o conteúdo dos discursos se tornou mais radical. Um dos líderes do Movimento de Resistência Sueca declarou: "Não vim aqui para me lamentar... Vim para declarar que o tempo dos lamentos acabou e que chegou o tempo da resistência total".

Às divisões e disputas entre os vários grupos participantes se acrescente a má vontade dos nazistas mais extremistas em continuar se subordinando ao todo, e de 2004 em diante o número de participantes da passeata começou a diminuir. Com o passar dos anos, conforme o Democratas Suecos fortalecia sua posição de força majoritária e unificadora da ala xenófoba, a Marcha de Salem continuou a minguar. Em 2009, o número de participantes caíra para um total de quinhentos.

Daniel Poohl, editor-chefe da *Expo* a partir de 2006, não tinha, porém, tanta certeza assim de que isso devesse ser interpretado como um declínio definitivo do nazismo na Suécia: "O que acontece é que o número de grupos dentro do movimento White Power está aumentando. É mais fácil formar um novo grupo agora do que antes, e os neonazistas estão usando melhor a web, de modo que a propaganda está exercendo um impacto maior e mais rápido hoje em dia".

Os problemas financeiros da *Expo* ainda pairavam sobre eles em 2003 e 2004, e Stieg Larsson carregou um pesado fardo com pedidos de subvenções e fazendo contatos com patrocinadores, que muitas vezes, evidentemente, resultavam em desapontamento.

Daniel Olsson diz: "Ele voltava de uma reunião contando que fulano de tal agora estava conosco e que iríamos preparar uma campanha juntos. E depois aquilo não dava em nada. Não sei como ele conseguiu não desanimar ano após ano. Mas dava para ver que estava ficando cansado".

Fora isso, as coisas seguiam como de costume. Stieg sentava-se para escrever com os pés na escrivaninha e seu Mac branco no colo. Era fato consumado para todos que ele era o eixo do processo editorial, a personificação da história não só da *Expo* mas também do moderno antirracismo sueco. Tornara-se a autoridade consagrada, que conhecidos políticos consultavam e que dava palestras sobre extremistas violentos de direita para a polícia e até para a Scotland Yard britânica.

"Quando discutíamos o futuro e o que a revista deveria cobrir, Stieg costumava ficar diplomático e um pouco reticente, como se estivesse intrigado com o que estava acontecendo com a *Expo* que ele tinha ajudado a criar", lembra Daniel Poohl.

E tudo isso enquanto escrevia incansavelmente seus romances policiais. Os colegas achavam meio intrigante que ele não fizesse segredo disso.

"Stieg falava sobre seus livros do jeito como os outros falam sobre seus passatempos", diz Daniel Poohl. "Eu mesmo nunca me interessei nem um pouco por ficção policial, mas escutávamos, por educação. Lembro de ter uma vez perguntado como estava indo, e ele respondeu que os personagens tinham adquirido vida própria; estavam fazendo coisas que ele não pensou que fossem capazes de fazer, que era fantástico. Ele me fez perceber como aquilo era sério, que ele de fato se tornara um romancista, porque estava até se expressando de modo diferente do normal. Exceto isso, nunca havia mostrado muito gosto por coisas com ambições culturais."

Desde o início Stieg estava convencido de que seus livros teriam sucesso, que venderiam bem. Se isso acontecesse, muitos problemas estariam resolvidos, inclusive os perpétuos problemas financeiros da *Expo*. Também significaria que Stieg poderia pouco a pouco diminuir seu envolvimento com a revista. Pois agora existia uma nova geração capaz de continuar o trabalho.

"Houve uma ocasião em particular em que isso ficou claro, quase de modo simbólico", diz Daniel Poohl. "Foi quando estávamos introduzindo um novo projeto gráfico, numa reunião com as pessoas do escritório que estava fazendo isso para nós. Lembro de Stieg espontaneamente apresentando toda a equipe da *Expo* à volta da mesa num tom de estímulo, como se dissesse: esta é a equipe que vai assumir; agora posso sentar aqui atrás. Havia um bocado de coisas que precisavam ser trabalhadas na *Expo*, e uma delas era o conhecimento de informática."

Daniel Olsson diz: "Stieg tinha grande interesse por computadores. Sempre sonhou em ter alguém na *Expo* realmente competente em informática. Ele próprio não era muito bom no lado tecnológico. Mas sentava-se diante do computador toda noite e respondia a todos os e-mails que chegavam, por mais desagradáveis que fossem. Certa vez passou a noite inteira respondendo a mensagens de *spam*, escrevendo num inglês perfeito para vendedores de Viagra e outros para dizer que não estava interessado em seus produtos, que o retirassem das suas listas. Ficamos danados da vida quando soubemos, porque o resultado foi um aumento do *spam*, é claro".

É evidente, contudo, que Stieg já havia adquirido uma quantidade considerável de conhecimentos sobre informática ao escrever os romances. Quando Lisbeth Salander viola os sistemas dos computadores dos outros e usa o programa Asphyxia para baixar informações dos discos rígidos alheios e ver tudo em sua própria tela, quando conversa com Mikael Blomkvist pelo ICQ em tempo real na tela ou quando se conecta à internet através de um Palm e um telefone celular, a descrição em geral é realista e feita por um entendido — é a opinião da revista *Ny Teknik* [Nova Tecnologia], que consultou vários especialistas em segurança no outono de 2007. "Stieg Larsson é mais verossímil do que Dan Brown", foi um dos veredictos.

O ambiente na *Expo* estava muito masculino e cheio de *nerds*, e aquilo era algo que Stieg Larsson achava importante mudar. Precisavam pôr algumas mulheres na equipe e modificar o tom e o direcionamento de suas reportagens. Ele também refletiu bastante sobre a ligação entre feminismo e os tópicos com os quais a *Expo* lidava.

"Lembro-me de uma ocasião em especial em que Stieg esteve em uma conferência e voltou mais do que nunca convencido de que o feminismo e o antirracismo estavam ligados e, se bem me recordo, tinha a ver com a questão de crimes de honra", conta Daniel Poohl.

A morte de uma jovem curdo-sueca, Fadime Sahindal, em 2002, assassinada pelo próprio pai, havia desencadeado um debate acalorado. Ela apareceu na televisão e falou abertamente do pai e do irmão, que desaprovavam seu estilo de vida independente, vigiando-a, fazendo-lhe ameaças e maltratando-a. Chegou a falar no Parlamento sobre sua situação, num seminário sobre a violência contra as mulheres em 2001. Então, quando foi visitar a família em Uppsala, o pai a matou.

Houve um tremendo clamor na Suécia inteira sobre o conceito de crimes de honra e sobre a violência relacionada à honra, muitas vezes dando margem a generalizações toscas sobre culturas estrangeiras e sobre a atitude dos curdos e dos muçulmanos no trato com as mulheres. Formou-se uma associação para difundir informações sobre crimes de honra que se chamou "Nunca esqueçam Pela e Fadime".

Feminismo e antirracismo estavam ligados, Stieg Larsson havia afirmado, mas na realidade o debate público que se seguiu ao assassinato de Fadime parecia insinuar o oposto. Mulheres jovens, muitas de famílias de imigrantes, se manifestaram para criticar fortemente as atitudes e códigos morais de certos grupos de imigrantes. Antropólogos sociais escreveram artigos sobre as origens culturais do conceito de honra.

Stieg Larsson mostrou-se ao mesmo tempo indignado e preocupado à medida que as discussões públicas revelavam que algumas feministas eram também racistas, e antirracistas eram acusados de relutância em se opor à violência contra as mulheres. Junto com sua colega de *Expo*, Cecilia Englund, ele imediatamente encomendou uma antologia na qual nove escritores analisavam toda a questão dos crimes de honra. Na apresentação, a premissa era

> que os homens do Oriente Médio em geral e os curdos em particular têm sido o foco do debate [...] Foram acusados de representar uma "cultura bárbara" e mostrar uma "atitude antiquada com relação às mulheres". Essa tem sido a reação generalizada, num clima de opiniões em que nenhuma acusação parece absurda demais, e em que até jornais respeitáveis expressaram afirmações racistas quase estapafúrdias aparentemente sem nenhuma reflexão apropriada.

Os nove colaboradores até certo ponto também achavam que todo o debate público fora baseado em preconceitos racistas, culturais e etnocêntricos. Cecilia Englund, no seu ensaio, o chamava de "o debate que saiu dos trilhos".

O texto de Stieg Larsson comparava o caso de Fadime Sahindal com o assassinato brutal de Melissa Nordell, de Åkersberga, moça de 22 anos que foi maltratada, torturada com um aparelho de choque, submetida a abuso sexual e finalmente sufocada pelo ex-namorado. "Não houve nenhuma tentativa de analisar esse crime em termos culturais", escreveu Stieg Larsson. "Esse tipo de raciocínio é exclusivamente reservado aos 'imigrantes', 'curdos' ou 'muçulmanos'." A verdade, porém, é que de quinze a vinte crimes iguais a esse eram cometidos todo ano na Suécia, e muitas mulheres tinham de buscar proteção nos duzentos superpovoados refúgios femininos do país. Havia de fato homens que não amavam as mulheres, muito mais do que pensamos.

A antologia foi um exemplo típico da maneira como Stieg reagia às questões sociais. Seu impulso era mergulhar na discussão, sem subterfúgios, assumir uma posição firme e identificar a oposição. A antologia como um todo contribuiu pouco para esclarecer as coisas. Crimes de honra e violência em nome da honra de fato existiam ou seriam uma construção puramente mental para macular a imagem dos imigrantes e encobrir a verdade sobre o quanto estava realmente disseminada a violência contra as mulheres na Suécia?

Stieg Larsson não é perfeitamente claro sobre esse ponto. Mas seu pensamento parece inequívoco: o debate sobre os crimes de honra dava carta branca aos homens suecos. Stieg rejeitava inteiramente as tentativas de explicar o assassinato de Fadime em termos de antropologia cultural. A explicação era muito mais simples: "A verdade é que em sociedades dominadas pelos homens as mulheres são mortas por homens".

9 DE NOVEMBRO DE 2004

O ano de 2004 foi frenético para Stieg Larsson, para dizer o mínimo. O livro sobre crimes de honra saiu em janeiro; ele estava trabalhando numa contribuição para outra antologia, *Sverigedemokraterna från insidan* [O Democratas Suecos visto por dentro], organizado por um colega da *Expo*, Richard Slätt; e precisava produzir seu *Handbok för demokrater* [Manual para democratas], escrito com Daniel Poohl, para o Museu Malmö até o fim do ano. No verão, ele participara da Conferência de Segurança Europeia representando o Ministério do Exterior da Suécia.

Poohl lembra-se de Stieg estar extraordinariamente estressado naquele outono. Assediavam-no de tudo que era lado. Diversas instituições e escolas vinham telefonando para convidá-lo a dar palestras ou falar em salas de aula. Stieg sempre considerou as preleções uma parte importante de suas atividades, mas então já começava a se cansar e esperava ansiosamente que diminuíssem.

Também tinha, porém, razões para ficar alegre. A essa altura já sabia que seus romances seriam publicados e que poderia continuar a escrever ficção policial. Só o que tinha a fazer era apresentar novos manuscritos e eles seriam aceitos.

Em outubro, foi entrevistado por Lasse Winkler, editor-chefe da revista de comércio livreiro *Svensk bokhandel*. O artigo começava assim: "Tomem nota do nome de Stieg Larsson. Ele não é igual aos outros autores".

Deve ter ocorrido a Stieg na ocasião que o estilo de vida anônimo que ele escolhera estava chegando ao fim, que daí em diante ele estaria sob os holofotes, não tanto como antirracista mas como escritor de romances policiais. Talvez até tivesse de ser entrevistado naqueles programas de bate-papo na TV que ele tanto detestava.

Também pressentiu que ganharia dinheiro com os livros. Os editores davam todos os sinais de terem farejado um best-seller em formação. E isso de maneira nenhuma o contrariava; garantiria não só sua própria segurança financeira como o futuro da *Expo*, além de lhe dar dinheiro para outras causas que considerava essenciais, como os abrigos para mulheres vítimas de violência.

Ao tomar um táxi certo dia naquele outono, descobriu que o motorista era um antigo colega da TT. Stieg contou-lhe, entusiasmado, sobre seus livros e como o editor acreditava neles. "Imagine só, parece até que vou ser mais importante do que Mankell!"

Para a equipe de uma revista antirracista como a *Expo*, o dia 9 de novembro era uma data significativa, de associações sombrias.

Os acontecimentos da noite de 9-10 de novembro de 1938 vieram a ser conhecidos como *Kristallnacht* [Noite dos Cristais]. Nas cidades da Alemanha inteira as pessoas ouviram o barulho dos vidros quebrados e viram as labaredas das sinagogas incendiadas. O que estava acontecendo e não se via era ainda pior: surras, linchamentos, o transporte de milhares de judeus para os campos de concentração. *Kristallnacht* foi o início da escalada irreversível da perseguição aos judeus: o 9 de novembro foi o arauto do Holocausto.

Era uma data em que a equipe da *Expo* costumava sair para encontros pelo país, o que ocorreu naquele dia, 9 de novembro de 2004. O próprio Stieg deveria comparecer naquela noite à Associação Educacional dos Trabalhadores [ABF-huset], em Estocolmo, com Kurdo Baksi. Durante o dia, iria trabalhar no escritório da redação. Sua companheira, Eva Gabrielsson, viajara a trabalho para Falun, no condado de Dalarna, e Stieg foi de ônibus de casa para o escritório em Kungsholmen. Quando chegou, o elevador estava com defeito, de modo que não teve opção a não ser subir os sete andares de escada até a redação. Cumprimentou os colegas ao chegar e tudo parecia normal. Mas em seguida eles notaram que algo não ia muito bem. Stieg estava incrivelmente pálido, e de repente se curvou em cima de sua escrivaninha e caiu no chão. Os colegas acorreram, não conseguiram fazê-lo reagir e perceberam que era sério. Telefonaram na mesma hora para uma ambulância, que chegou em minutos e o levou às pressas para o hospital St Göran, perto dali.

Mikael Ekman estava naquele dia a caminho de Umeå, cidade natal de Stieg, para dar uma palestra sobre o neonazismo sueco e participar de um comício para rememorar a *Kristallnacht*. Iria também visitar o pai de Stieg, Erland, como Stieg lhe pedira.

No aeroporto, Mikael recebeu um telefonema de Ulrika Svensson, da *Expo*, contando que Stieg perdera os sentidos e estava sendo levado para o hospital. Ele ligou para Eva Gabrielsson e para David Lagerlöf, seu colega na *Expo*. Depois desligou o telefone e entrou no avião. Ao chegar a Umeå, não o religou. Sabia que a situação de Stieg parecia ruim, mas decidira cumprir seus compromissos.

"Quando acabei de dar a palestra e estava a caminho do comício, liguei meu telefone e encontrei uma porção de mensagens, todas dando a mesma notícia: Stieg tinha morrido."

Eva Gabrielsson apanhou um avião de volta para Estocolmo assim que recebeu a ligação em seu celular, apesar das informações vagas. Ao chegar ao hospital naquela noite, recebeu a notícia arrasadora.

Erland Larsson estava indo para casa depois de ir à biblioteca local para fazer pesquisas sobre história familiar quando sua companheira, Gun, veio a seu encontro e contou que Stieg perdera os sentidos. Ele conseguiu um número de telefone do hospital, mas era um celular e o médico com quem falou "não disse coisa com coisa e não sabia de nada". Erland também apanhou o primeiro avião disponível para Estocolmo a fim de ficar à cabeceira do filho. "Mas quando cheguei lá me disseram que ele tinha morrido. Nessa hora a gente só tem vontade de morrer também."

À noite, Mikael Ekman saiu para tomar uma bebida com Fredrik Malm, presidente da Liga da Juventude do Partido Liberal, e Alexander Bengtsson, da Liga da Juventude do Partido Esquerdista, entre outros. Esses dois haviam se encontrado naquele dia mais cedo num debate e ambos haviam feito trabalhos para a *Expo*. A atmosfera estava estranha, triste, mais parecia um velório. "Ficamos sentados conversando sobre o que acontecera e chegamos à conclusão de que de fato éramos um bando danado de esquisito", conta Mikael Ekman. "Lá estava eu, que trabalhava para a Televisão Strix, que pertence ao Grupo MTG, um bastião do capitalismo, acompanhado de liberais e esquerdistas. Todos nós sentados juntos ali. É algo que diz muito sobre Stieg."

De manhã, Mikael tomou o primeiro avião de volta. Encontrou Eva e Erland no elevador, subindo para a *Expo*. Diz que na véspera se manteve firme depois das notícias, mas assim que passou pela soleira da porta de entrada no escritório, "desatou a chorar como uma criança", porque estava tão vazio.

O futuro também parecia incerto. O que aconteceria com a *Expo* agora? Àquela altura, quase não se pensava nos romances de Stieg, ainda não publicados. A noção de que tudo mudaria, de que tudo iria virar de cabeça para baixo por causa daqueles livros, não era nem sequer um vislumbre no horizonte.

Escritor de romances policiais

É a escuridão o que fascina tanto. Injustiças e delitos passados assombram a vida das pessoas, a estrutura da sociedade foi destroçada, tudo o que antes era bom está sendo destruído. A esperança quase desapareceu.

Essa é uma imagem da Suécia em 2010, do jeito como foi transmitida para o mundo por incontáveis romances policiais suecos.

Uma imagem que no entanto parece estranha e desconhecida para muitos suecos. Mais do que tudo, a Suécia sempre foi a terra da luz, a terra da igualdade e da crença no futuro, a terra da eterna prosperidade situada no distante norte.

Ainda assim, na vida real, os suecos parecem bem satisfeitos com sua escuridão recém-adquirida. Porque isso significa que o país atrai atenção e os turistas vêm ver por si mesmos como são as coisas num país tão carregado de ameaças. E isso traz receita de exportação também. A ficção policial sueca tornou-se um sucesso de vendas sem paralelo, um produto internacional.

À lista de suecos mundialmente conhecidos como Olof Palme, Astrid Lindgren, Ingmar Bergman, Ingvar Kamprad (da Ikea), Abba e Björn Borg podem-se agora acrescentar os nomes de vários autores de livros policiais: Henning Mankell, Håkon Nesser, Camilla Läckberg, Liza Marklund, Åke Edwardson. E a eles se junta Stieg Larsson, o fenômeno singular que completa a ficção policial sueca e ao mesmo tempo rompe com ela.

É FÁCIL ESCREVER ROMANCES POLICIAIS

Foi em algum dia no início do novo milênio. Stieg Larsson estava em casa tomando uísque com seu colega Mikael Ekman: "Uma das raras ocasiões em que nos sentamos juntos e ficamos bêbados; não se costumava ficar bêbado com Stieg".

Conversavam sobre o futuro e o que poderiam fazer quando se aposentassem. Stieg declarou que não estava nem um pouco interessado em poupar para ter uma renda, aquela chatice toda. "Vou escrever umas histórias policiais e virar multimilionário."

"Era como tantas outras coisas típicas de Stieg: ele ia em frente e fazia, simplesmente."

Na única e exclusiva entrevista que Stieg deu sobre seus romances policiais, para a *Svensk Bokhandel*, ele disse: "Escrever romances policiais é fácil. É muito mais difícil escrever um artigo de quinhentas palavras em que tudo tem de estar 100% correto".

Stieg costumava ficar até tarde da noite escrevendo seus livros, e não porque quisesse manter seu projeto em segredo. Na verdade, Eva diz que teve um papel ativo no processo da escrita e contribuiu com ideias, tanto para o conteúdo quanto para o estilo. E ele tinha grande prazer em contar a colegas e amigos o que estava fazendo.

Stieg queria a opinião de outras pessoas, de modo que, assim que o manuscrito do primeiro livro ficou pronto, ele o entregou àqueles cuja opinião dava importância. As reações, porém, foram um tanto variadas.

"Eu era um *nerd* que preferia ler monografias sobre nazismo a ler ficção", diz Mikael Ekman, "por isso demorei um pouco a levar o manuscrito para casa, e, para ser franco, o fiz mais por delicadeza, porque sabia que ele havia posto a alma inteira naquilo. Mas, quando li, mesmo com minhas vagas noções a respeito de ficção, percebi que era bom."

Robert Aschberg, personalidade conhecida da televisão e presidente da Fundação Expo, lembra-se de tomar conhecimento da existência do manuscrito e recorda:

> As primeiras coisas escritas por Stieg que li e que não tinham a ver com a *Expo* eram contos, ou mininovelas, baseadas em fatos que ele havia pesquisado e que enviou para alguns conhecidos. Não sei por que as escreveu. Talvez por estar transbordando de energia, mas eram tão bem escritas que a gente ficava querendo mais. Ouvi falar dos romances policiais e ele próprio disse que pretendia que fossem a Píppi Meialonga moderna, então pensei: "O que será que ele inventou agora?". Apanhei o manuscrito do primeiro volume numa noite, comecei a ler e só fui apagar a luz da minha cabeceira às quatro da manhã. Então fui buscar o volume seguinte. E percebi naquele momento, se não antes, que se tratava realmente de uma coisa grande.

DE MARIA LANG A HENNING MANKELL

Quando Stieg Larsson estava escrevendo seus romances, nos primeiros anos do novo milênio, a moda da ficção policial na Suécia havia gerado uma sucessão de escritores antes desconhecidos que estavam vendendo incrivelmente bem. A onda dos policiais escritos por mulheres, iniciada sobretudo por Liza Marklund, começava a substituir a linha masculina. A ficção policial sueca já se tornava um conceito na Europa, sobretudo na Alemanha, onde de alguma forma estava ligada, na imaginação popular, à imagem levemente exótica da Suécia transmitida pelos livros infantis de Astrid Lindgren, com chalés vermelhos, densas florestas silenciosas e lagos pequeninos.

Os romances policiais, entretanto, nunca deveriam ter virado uma especialidade sueca, porque a Suécia parece não ter os requisitos fundamentais para tanto. Nos tempos modernos, não existe tradição de violência de que falar. O país está situado em algum ponto do meio da média europeia de crimes, exceto em uma categoria em que está significativamente acima: roubo de bicicletas.

A visão consagrada da literatura sueca é de que é séria e sólida mas lenta, sem nenhum grande valor como entretenimento. A Suécia produziu muitos autores ótimos ao longo dos anos, mas eles raramente — com algumas notáveis exceções — chegaram a ser best-sellers internacionais. Pelo menos não até a década de 1990.

Nem as histórias de suspense têm criado muito suspense na Suécia. Na primeira metade do século XX, quando os suecos queriam alguma coisa realmente arrepiante para ler, precisavam ir buscar traduções, a maior parte do inglês, porque o romance policial era um gênero anglo-americano.

Depois da Segunda Guerra Mundial, porém, vários escritores de ficção policial que eram muito populares na linha de frente nacional se tornaram proeminentes: Maria Lang, Stieg Trenter, Vic Suneson e H. K. Rönblom. Esses quatro dominaram o panorama da ficção policial sueca por muitas décadas pelo menos. Escreviam sem parar, um livro atrás do outro, e os editores ficavam felizes por continuar a publicá-los porque havia um mercado estável de sólidos leitores conservadores treinados nesse gênero por Agatha Christie e Dorothy L. Sayers. O novo romance policial sueco era o transplante do romance de crime e mistério inglês para um ambiente sueco, que poderia ser Estocolmo, no caso de Trentes, ou a cidadezinha de Nora, no de Lang. A exceção desse grupo era Suneson, que de fato introduziu, na década de 1950, o gênero baseado na rotina de investigação de um crime pela polícia, com sua equipe metódica de detetives.

Stieg Trenter é o único dos quatro que ainda é lido, por causa de suas lindas e detalhadas descrições de Estocolmo. H. K. Rönblom tinha o melhor estilo, mas os livros de Maria Lang, com a dupla Puck Bure e o inspetor Christer Wijk solucionando os mistérios, eram de longe os favoritos em sua época. Ela era também a mais produtiva, escrevendo um livro por ano com precisão mecânica, mais para o prazer de seu editor e dos leitores fiéis que dos críticos. E foi muito traduzida para outras línguas, um fato de que pouca gente se lembra hoje em dia.

Existia, portanto, um mercado para a ficção policial, ainda que nem um pouco próximo do tamanho atual. Maria Lang chegou a vender cerca de 40 mil exemplares por título. Mas, mesmo que sejam somadas todas as edições dos livros dela, não se aproximam do total de Stieg Larsson, e são apenas três títulos dele contra os quarenta dela.

Os romances policiais são basicamente sobre a ruptura e o restabelecimento da ordem. O romance policial clássico garante que cidadãos decentes e bem-comportados levem a melhor sobre os malfeitores, de preferência fazendo uso da inteligência e dos poderes de dedução lógica em vez da força física. Pertences roubados e colares de diamantes são devolvidos a seus donos de direito. Era um mundo perigoso, mas nem tanto assim.

A história policial sueca dos anos 1950 pintava a sociedade de classe média com ironia e humor zombeteiro. Mas em geral não havia nenhum traço da profunda falta de confiança que iria caracterizar a ficção policial sueca posterior, com injustiça e abuso de poder misturados ao idílio. Isso existia em outros gêneros, não na ficção policial.

O equivalente a Stieg Larsson de 1950, no que se refere a vendas e atenção dos meios de comunicação, era Vilhelm Moberg. Sua série de romances sobre a emigração dos fazendeiros camponeses Kristina e Karl Oskar Nilsson da aldeia de Ljuder, em Småland, para Minnesota, nos Estados Unidos, foi publicada em quatro volumes de 1949 a 1959. Os livros venderam mais de 1 milhão de exemplares e foram quase imediatamente considerados clássicos modernos.

O próprio Moberg não ficou nada satisfeito com todo esse sucesso. Estava zangado e magoado com as mentiras e a corrupção que percebia existirem por toda parte na sociedade sueca. Em folhetos, palestras e em artigos para o jornal sindicalista *Arbetaren*, ele vociferava contra o que chamava de a putrefação da justiça sueca. Os altos escalões do funcionalismo público, o judiciário e a corte real, ele asseverava, podiam cometer injustiças e crimes sem precisar prestar contas de seus atos, porque eram protegidos por outros indivíduos instalados em altos cargos.

Assim, foi Moberg, o renomado cronista das classes camponesas, que forneceu o retrato intransigente e revelador da sociedade. A ficção policial não era um veículo apropriado para a crítica social, nem da direita nem, sem a menor sombra de dúvida, da esquerda.

Numa Suécia que vivia uma fase de expansão do atendimento ao bem-estar público, a leitura de livros era uma atividade que estava rapidamente se disseminando nas classes trabalhadoras, entre os funcionários administrativos menos graduados e as pessoas menos instruídas de modo geral. Como as histórias de detetives eram fáceis de ler e costumavam ser publicadas em edições baratas vendidas fora daquilo que para alguns era o mundo requintado das livrarias, suas vendas já deveriam aumentar apenas por essas razões. Mas não foi o que aconteceu, e a causa era sobretudo política. Em 1907, a Liga da Juventude Social-Democrata fez campanha contra o que chamava de "livros sujos". Tentava desacreditar em especial as histórias do mestre detetive Nick Carter, de autor anônimo. Tais livros, "que tratavam dos excessos e orgias de indivíduos moralmente degenerados em um vício depois do outro", eram apenas uma exploração e não deveriam ser vendidos ao público.

No decorrer das décadas seguintes, o movimento trabalhista desenvolveu um idealismo educacional sem precedentes e fundou seu segmento educacional próprio, ABF [Associação Educacional dos Trabalhadores], sua editora própria e diversas instituições culturais: Konstfrämjandet [Sociedade para a Promoção da Arte], Litteraturfrämjandet [Sociedade para a Promoção da Literatura] e o Teatro Nacional.

O setor literário se beneficiou de uma brilhante inovação: em 1941, bem no meio da Segunda Guerra Mundial, a revista *Folket i Bild* lançou a série FiB Folkböcker [Livros Populares]. A maioria deles eram romances narrados de modo realista por escritores conhecidos, muitas vezes ligados ao movimento trabalhista, vendidos a preço baixo por um exército de milhares de vendedores nos locais de trabalho e no sistema porta a porta em áreas residenciais.

Contra todas as previsões, os livros FiB fizeram um sucesso absoluto. Foram impressos 3 milhões de exemplares dos primeiros 44 títulos. Sua popularidade era tão evidente que a principal editora de Bonniers imitou o projeto rigorosamente, até quanto ao número de vendedores, fundando a Bonniers Folkbibliotek [Biblioteca Popular Bonniers], que, com o imenso catálogo da editora, se tornou uma forte concorrente dos livros FiB.

A ficção policial foi mais ou menos excluída dessas séries porque era especulativa e violenta demais, além de desprovida de objetivo sério. Esse era um ponto de vista comum a outros educadores, tais como Johan Hansson, o idealista liberal que fundou a editora Natur & Kultur. Quando ele transformou a empresa numa fundação, fez inserir no estatuto uma cláusula que impedia a publicação de ficção policial — uma restrição que foi contornada com êxito nos últimos anos, quando eles produziram histórias de detetives de Karin Alvtegen e Mons Kallentoft.

Na década de 1950, tudo parecia muito simples e em pequena escala. Havia sempre soluções para os problemas, desde que o pensamento racional fosse praticado. A Suécia era a Suécia e o mundo era o mundo. A classe média e a classe operária eram claramente distintas. E ambas achavam que tinham o poder exclusivo de tomar decisões na sociedade.

Os idílicos anos 1950, contudo, não eram inteiramente o que pareciam. Foi um tempo de segurança contra um pano de fundo de angústia. Todo mundo sabia que em breve haveria uma terceira guerra mundial. E os jornais noticiavam que o inimigo já estava em nosso meio; havia traidores e sabotadores. Em 1952, o Grupo Enbom, comunista, foi desmascarado. Inúmeras pessoas foram presas, todas com ligações com o Partido Comunista, e sete foram condenadas a penas exemplares. Só mais tarde se levantaram dúvidas sobre a natureza fantasiosa das confissões de Fritjof Enbom. Mas então as sentenças já haviam sido emitidas.

O romance de suspense sueco da década de 1950 era um espelho da sociedade, ou melhor, de parte da sociedade, tanto quanto a ficção policial é hoje em dia. Num artigo de 1955, H. K. Rönblom definiu o romance policial como entretenimento leve para as pessoas que vivem em países democráticos; para aqueles que estavam convencidos de que a lei seria aplicada e a justiça prevaleceria. Era um gênero não para os críticos mas para os satisfeitos, "uma distração para os otimistas".

E assim permaneceu até meados da década de 1960. Então, tudo mudou na Suécia em poucos anos, tanto na sociedade quanto na ficção policial.

Cerca de uma semana após a primeira manifestação sueca contra a Guerra do Vietnã e no mesmo ano em que a polícia sueca foi estatizada, a história de detetives *Roseanna*, de Maj Sjöwall e Per Wahlöö, foi publicada. Trata-se do livro que iria fazer uma revolução na ficção policial sueca e sem o qual os livros de Hamilton escritos por Jan Guillou, a série Wallander, de Henning Mankell, e a Trilogia Millennium, de Stieg Larsson, provavelmente nunca teriam sido escritos.

Sjöwall e Wahlöö descartaram os antigos recursos do detetive engenhoso que reúne os suspeitos na biblioteca da casa senhorial e colocaram no meio do palco a polícia de verdade, sem romantismos, que resolve os crimes.

Roseanna foi apenas o início de um plano cuidadosamente elaborado. A dupla de escritores, marido e mulher, decidiu que iria produzir exatamente dez romances ao longo de dez anos, publicados sob o título coletivo de *A história de um crime*. Os livros usariam o formato de história de detetives para refletir e analisar a Suécia contemporânea. Mais do que isso: nas palavras de Per

Wahlöö, eles iriam "até as entranhas de uma sociedade ideologicamente empobrecida".

Per Wahlöö já tinha alguns romances publicados, na maioria suspenses políticos, mas Maj Sjöwall, que trabalhava para semanários da imprensa, era novata em ficção. Ambos eram politicamente engajados e com tendências bem à esquerda do governo social-democrata.

Seus pontos de vista não eram inteiramente surpreendentes, apesar de muitos anos à frente de seu tempo. Mas a iniciativa literária era ousada. Ficção policial era classe média. Nos círculos que eles frequentavam, por certo não ganhariam mais prestígio por escreverem nesse gênero. Mesmo sob a perspectiva comercial, os romances policiais não eram garantia de sucesso. O diretor de publicações da Norstedts, Bergström Lasse, escreveu em suas memórias, *Bokmärken* [Marcadores de livros], que ficou bastante decepcionado quando Wahlöö, que ele já conhecia bem, foi ao escritório com Maj Sjöwall propor seu projeto. "A minha decepção, porém, ocorreu por total ignorância do que estava por vir", foi mais tarde o comentário sucinto sobre sua reação naquele momento. Sjöwall e Wahlöö queriam tentar algo novo, algo ousado e inesperado. Para o inferno com as tradições, mesmo com as do movimento trabalhista. Eles iriam escrever para um público mais amplo e tornar tudo tão fácil e emocionante que a pílula amarga da crítica social dos autores iria descer sem encontrar resistência. E não seriam as divisões de classe na sociedade um crime em si, de qualquer maneira? E não deveriam ser descritas como tais? De Sjöwall Wahlöö em diante, o romance policial sueco — por incrível que pareça, tendo em vista seu contexto — tem sido um gênero com uma forte tendência de esquerda.

Felizmente para os autores, foi como se a própria época estivesse ávida por um tipo novo de literatura. O épico extenso, realista, elaborado, parecia esgotado. Agora era preciso algo que acompanhasse melhor o pulsar da nova década — tensa, de nervos à flor da pele, que ia direto ao que lhe interessava.

Naquele período, o formato de documentário predominava em todas as artes. A verdade tinha mais peso do que a ficção. No intervalo de alguns anos, o mercado de livros foi inundado por questões da atualidade e reportagens. Sjöwall e Wahlöö, apesar da opção pelo romance, estavam perfeitamente de acordo com a tendência. Os relatos minuciosos de reuniões na sede da polícia, os interrogatórios de testemunhas e suspeitos, relatórios de autópsias e coisas assim convenciam o leitor de que esses procedimentos eram exatamente iguais na vida real.

Esses recursos viriam a se tornar elementos básicos para todos os escritores suecos de romances policiais.

Sjöwall e Wahlöö também conheciam outras tradições de ficção policial além das suecas, assim como Stieg Larsson trinta anos depois. Nos Estados Unidos, Dashiell Hammett introduziu a escola de ficção policial chamada *hard-boiled*, com seus romances sobre o detetive particular Sam Spade. Hammett era antifascista e militante do Partido Comunista americano e escreveu sobre uma sociedade que raramente mostrava alguma misericórdia com os que nasciam do lado errado dos trilhos. Na França, Georges Simenon havia criado seu chefe de polícia Jules Maigret, que não só resolvia crimes como também procurava analisar suas causas e era capaz de ser solidário com o criminoso.

Sjöwall e Wahlöö encontraram um modelo útil no escritor de ficção policial Ed McBain e em seus romances sobre a Delegacia de Polícia 87, na fictícia cidade de Isola. McBain retrata os policiais Steve Carella, Meyer Meyer, Bert Kling e sua laboriosa rotina diária enfrentando uma criminalidade cada vez mais desumana. Esses livros foram ótimos exemplos de gênero de romances policiais de investigação metódica pela própria polícia, em que os esforços da equipe são muito mais importantes do que os lampejos de compreensão individuais de um detetive-herói. Maj Sjöwall e Per Wahlöö decidiram aprender com McBain e até traduziram alguns de seus livros para o sueco.

Roseanna apresenta uma equipe da polícia sueca na Divisão de Homicídios de Estocolmo. Integram a equipe o detetive-comissário Martin Beck (mais tarde, chefe de polícia e chefe do Departamento Nacional de Homicídios e do Departamento Central de Investigação) e seus assistentes Lennart Kollberg e Fredrik Melander. O elenco de personagens vai aumentando pouco a pouco: Gunvald Larsson, Einar Rönn, Åke Stenström (que é assassinado no quarto livro e é substituído por Benny Skacke) e também Åsa Torell, ex-namorada de Stenström.

Essa é a equipe que se esforça para solucionar vários crimes e quase sempre consegue. No entanto, em última análise, eles sempre perdem. Ao contrário das histórias policiais dos anos 1950, o equilíbrio não se restabelece nos romances policiais das décadas de 1960 e 1970. A própria sociedade produz constantemente novos e mais graves, mais audaciosos e mais bem organizados tipos de crime. Os livros de Sjöwall e Wahlöö não são leitura para os otimistas.

Esses romances são sobre os triunfos e a impotência do coletivo. Jovens individualistas e carreiristas que são muito presunçosos são intimidados e postos em seus devidos lugares, sobretudo por Lennart Kollberg.

A maior diferença em comparação com os romances policiais anteriores está, porém, em algo mais sutil: na linguagem, no estilo, na atmosfera:

> O carrinho preto seguia ruidoso através da escuridão com precisão implacável, como se fosse uma nave sem peso no espaço. Os prédios foram se juntando mais ao longo da estrada e a cidade se ergueu sob sua cúpula de luz, imensa, fria e solitária, despida de

tudo a não ser as superfícies duras e nuas de metal, vidro e concreto. Nem mesmo no centro da cidade havia alguma vida nas ruas a essa hora da noite. Com exceção de um ou outro táxi, duas ambulâncias e uma viatura de polícia, tudo estava morto. O carro da polícia era preto com para-choques brancos e passou correndo sobre seu uivante tapete de som. A luz do sinal de tráfego passou de vermelho para amarelo para verde para amarelo para vermelho com uma monotonia maquinal sem sentido.

Aqui, nesse início de *O homem abominável*, os autores conseguem reunir tudo numa única frase curta — o movimento para a frente, o suspense, a sensação fatídica de calamidade iminente —, junto com uma evocação da nova sociedade capitalista sueca do modo como a veem: fria, desoladora, desumana.

Algo realmente acontecera com a ficção policial sueca.

Os livros da dupla Sjöwall e Wahlöö foram escritos no início num estilo contido e objetivo, mas aos poucos o texto passou a ser mais entremeado de comentários irônicos e críticas sobre tudo, dos preços da cerveja e da moda até a política externa do governo, a incompetência da força policial e de sua alta administração.

O que os autores diagnosticaram em meados dos anos 1960 foi um Estado de bem-estar social em decadência, não mais igualando as classes mas dividindo-as, em que as pessoas eram oprimidas pelas linhas de montagem e racionalizações, em que centros urbanos residenciais originais estavam sendo demolidos e a população, empurrada para as chamadas cidades-dormitório.

E o drama social aumentava à medida que os volumes iam sendo escritos. Manifestações sobre o Vietnã atraíam milhares de participantes, polícia e manifestantes entravam em conflito, um torneio de tênis em Båstad disputado pela Suécia e pela Rodésia foi interrompido por tumultos, o edifício de um centro acadêmico em Estocolmo foi ocupado, uma onda de greves ilegais atingiu o país inteiro, o sistema foi abalado pelo caso IB, de violação de conduta do serviço secreto, e um sequestro dramático em Norrmalmstorg acrescido de um ataque terrorista à embaixada da Alemanha Oriental voltou a atenção do mundo para a Suécia.

Os políticos se deslocaram para as ruas. A violência se fazia sentir. A voz dos autores se tornou mais explícita à medida que *A história de um crime* progredia. No fim do último volume, quando alguns personagens principais estão se entretendo com jogos de salão, torna-se mais do que explícita:

> Todos viraram seus papéis e desenharam mais quadrados. Quando Kollberg acabou, olhou para Martin Beck e disse:
>
> "O seu problema, Martin, é que você está no emprego errado. Na hora errada. No lugar errado deste mundo. No sistema errado."
>
> "Só isso?"
>
> "Mais ou menos", disse Kollberg. "Minha vez de começar? Então eu digo X. X de Marx."

Essa cena final de *Os terroristas* data de 10 de janeiro de 1975. Quatro meses depois, tropas da FLN entraram em Saigon e os Estados Unidos saíram do Vietnã. A guerra que levantara os jovens do Ocidente estava terminada. No Camboja, o Khmer Vermelho tomou o poder, prenunciando um período de terror inimaginável.

A esquerda a que Sjöwall e Wahlöö sentiam pertencer iria experimentar desilusão e partidarismo. Nada mais foi franco e direto. A combinação ímpar de raiva e esperança que arrebatara as emoções durante os anos dramáticos em que *A história de um crime* estava sendo escrita havia desaparecido para nunca mais voltar.

Maj Sjöwall e Per Wahlöö queriam escrever para o povo, e não para a Academia Sueca ou para críticos dos grandes jornais. O resultado é que se tornaram muito apreciados pelos críticos, o que viria a exercer um impacto decisivo sobre o romance policial sueco. Porque foi essa interação entre a narrativa popular eficaz, a ampla atenção da mídia e as reações positivas nas páginas culturais que pôs em voga a ficção policial sueca e permitiu que se desenvolvesse.

Com os elogios vieram as homenagens e os prêmios. Em 1968, os autores receberam o Prêmio Edgar Allan Poe, a maior honraria para um romance policial, por *O policial risonho*. A partir daí, até os leitores mais desdenhosos poderiam mergulhar numa história policial de Martin Beck com a consciência limpa.

Não demorou muito para a turma de policiais de Sjöwall-Wahlöö chegar ao mundo do cinema. Martin Beck tem sido representado por astros como Keve Hjelm, Gösta Ekman, Gustaf Carl Lindstedt e Peter Haber. A versão alemã de *O homem que virou fumaça* trazia Derek Jacobi no papel de Beck. Walter Matthau fez o papel na versão de Hollywood de *O policial risonho*, e Jan Decleir em uma filmagem holandesa de *O quarto fechado*.

Ironicamente, só nos últimos anos, com a produção industrial dos filmes de Martin Beck em linhas padronizadas de histórias policiais (26 até agora), foi que o protagonista se tornou conhecido de um público realmente grande. No entanto, o Martin Beck e o Gunvald Larsson que encontramos lá quase nada têm em comum com os personagens das clássicas histórias de detetives que Sjöwall e Wahlöö criaram.

Os romances de Sjöwall e Wahlöö chegaram de repente, como um raio vindo do espaço, iluminando o céu da ficção policial sueca e desaparecendo tão rápido quanto surgiram. Os autores tinham realizado o seu plano e era só. Quando escreviam a série de *A história de um crime*, Per Wahlöö sucumbiu a um câncer e morreu antes de o volume final chegar às livrarias.

A maré de ficção policial parecia estar baixando tão rápido quanto subira.

Em 1986, uns dez anos depois da publicação de *Os terroristas*, o jornal *Expressen* de Estocolmo acabou com seu prestigioso Prêmio Sherlock por falta de candidatos habilitados. Uma história oficial da literatura sueca publicada em 1990 diz o seguinte sobre os romances policiais suecos:

> As brilhantes contribuições individuais de diversos escritores não citados neste levantamento não podem refutar o quadro de declínio geral no período de 1975 em diante. Na verdade, esse declínio provavelmente revela uma volta ao normal depois dos anos agitados de 1945 a 1975, que em retrospecto podem ser vistos como a era de ouro da ficção policial sueca.

Só resta rir diante de tamanho erro de avaliação. Mas, se visto em relação à situação predominante no fim da década de 1980, é provável que seja uma conclusão lógica. Para os leitores da época, a série de Sjöwall-Wahlöö parecia marcar um fim, mais do que um começo.

Poderia de fato ter sido assim. Pois, ainda que a onda de ficção policial surgida no novo milênio estivesse ancorada na fórmula específica de Sjöwall-Wahlöö de realismo policial investigativo, cenário contemporâneo e crítica social, foi uma sucessão de acontecimentos na sociedade sueca nas décadas de 1970 e 1980 o que realmente a motivou.

Foi como se a realidade tivesse de receber permissão para seguir seu curso durante alguns anos, como se os caprichos do destino pudessem estender seus fios antes que a ficção viesse retomá-los.

Uma cadeia de acontecimentos teve como ponto central a revista *Folket i Bild/Kulturfront*. Essa revista começou a ser publicada em 1972, como uma espécie de renascimento em formato de frente popular maoísta do clássico periódico de movimento popular de Karl Kilbom, *Folket i Bild*. Depois de um início hesitante, a revista se destacou em maio de 1973 com uma das maiores denúncias jornalísticas do século: uma organização sueca de espionagem que agia em segredo e de modo independente dos serviços de informação oficiais, com ligações diretas com o governo e empregando métodos que não seriam normalmente aceitáveis.

Tratava-se do caso IB, o escândalo do Departamento de Informações. O departamento era na realidade o resultado de uma fusão do C-Bureau dentro do Ministério da Defesa, encarregado de vigiar os comunistas, com a SÄPO [Polícia de Segurança], uma rede de informantes que o Partido Social-Democrata instalara em locais de trabalho importantes para neutralizar a influência dos comunistas nos sindicatos.

A reportagem da *FiB*, ilustrada com fotografias clandestinas drasticamente fora de foco dos furtivos espiões, era assinada por seu repórter Jan Guillou e pelo então inexperiente freelancer Peter Bratt. Bratt, porém, é que levara o material para a revista, tendo feito contato com um dissidente do IB, Håkan Isacson, interessado em divulgar a denúncia.

O caso IB teve consequências de longo alcance. Em primeiro lugar, havia a questão de confiança. Os bons e democráticos políticos suecos evidentemente haviam mentido. Se nem mesmo eles falavam a verdade, em quem se devia acreditar?

Era de conhecimento geral que a SÄPO mantinha um registro de ativistas de esquerda, mas isso pelo menos era feito sob algum tipo de supervisão parlamentar. Naquele caso, entretanto, tratava-

-se obviamente de grupos secretos dentro do aparelho do Estado fazendo espionagem política de que os representantes eleitos nunca tinham sequer ouvido falar.

Os dois jornalistas, Guillou e Bratt, foram presos e condenados a três anos de prisão por espionagem, reduzidos para dez meses pela Corte de Apelação.

Dentro da prisão, na paz da solitária, Jan Guillou leu os livros de Sjöwall e Wahlöö, o que não havia feito antes, apesar de os romances de Martin Beck serem leitura quase obrigatória em círculos de esquerda. Até então, Guillou via a ficção policial como um tipo de literatura inútil e parasitária.

Como escreveu em suas memórias, *Ordets makt och vanmakt* [O poder e a impotência das palavras], essa leitura, porém, "foi uma das mais importantes experiências tipo 'clique'" da vida dele. Se as histórias de detetive *hard-boiled*, um gênero literário em geral com tendências de direita, podiam ter um toque ousado e uma mensagem de esquerda radical, o mesmo poderia ser feito com o gênero ainda mais reacionário do romance de espionagem, um campo no qual Guillou havia adquirido conhecimento considerável da maneira mais difícil.

Assim nasceu a ideia de seus romances *Coq Rouge*, com o conde de outrora, antigo ativista de esquerda e agora espião, o cavalheiro Carl Hamilton.

O relativamente jovem Hamilton ganha um chefe e mentor mais velho, chamado de O Velho nos livros. Ele também teve um arquétipo na vida real, nada menos que o chefe do IB, Birger Elmér, que fora denunciado de forma tão impiedosa. Jan Guillou cruzou com ele por acaso em um banco alguns anos após o caso IB, e os dois homens desataram a rir quando se reconheceram, desde então se tornando bons amigos. Elmér não só forneceu o modelo para o chefe de Hamilton como contribuiu com informações sobre o trabalho do serviço secreto moderno.

Os livros do personagem Hamilton não são romances policiais em si, mas influenciaram a expansão da ficção policial sueca de diversas maneiras. Primeiro, porque quebraram uma barreira. A produção de livros na Suécia, em meados dos anos 1980, estava dividida em literatura de qualidade, dominada pelos principais autores suecos, e o setor de entretenimento, de caráter comercial declarado e constituído quase exclusivamente de ficção traduzida da Grã-Bretanha e dos Estados Unidos. Autores como Jackie Collins, Shirley Conran, Sidney Sheldon, Jean Auel, Judith Krantz e outros foram os grandes vendedores de um mercado de livros totalmente liberalizado depois de 1970, cada vez mais voltado para os best-sellers.

E aí apareceu Guillou e seu Hamilton de arma em punho, também declaradamente comercial mas sem dúvida sueco, com opiniões políticas heterodoxas, logo desafiando e superando as vendas dos romances de língua inglesa.

A série *Coq Rouge* exemplificou o que aconteceria se autores suecos começassem a escrever o que poderia ser chamado de ficção popular — embora eles se mostrassem pouco inclinados a seguir nessa direção.

O primeiro livro sobre Carl Hamilton saiu em 1986. Foi o ano em que um assassinato da vida real não só ocupou as manchetes como tomou conta do país e mudou a imagem da Suécia para sempre.

No último livro da série de Sjöwall-Wahlöö com Martin Beck, *Os terroristas*, o primeiro-ministro da Suécia é assassinado em Riddarholmen, no centro de Estocolmo. Não se sabe seu nome, mas a descrição decerto faz lembrar o primeiro-ministro de verdade, Olof Palme. E então, apenas dez anos depois, o assassinato do primeiro-ministro acontece na vida real. Olof Palme foi morto a tiros em 28 de fevereiro, na esquina da Sveavägen com Tunnelgatan, no centro da cidade. Em todo o país, os informes dos meios de comunicação formaram uma imensa história de detetives, com o chefe da investigação, Hans Holmér, desempenhando o papel do herói policial clássico. Havia pistas, trilhas falsas, balas disparadas, especulações, horários, comentários místicos, polícia no escritório de Palme, prisões impressionantes, mais especulações e a polícia cada vez mais no escritório do primeiro-ministro.

E todo mundo queria resolver o assassinato. Detetives particulares, protagonistas comuns de romances policiais americanos, praticamente não existiam na Suécia, mas agora estavam por toda parte, autorizados por todos e por ninguém. Até um editor do grupo Bonniers fez investigações, com permissão oficial do governo e do chefe nacional de polícia, além do apoio financeiro de um financista bem conhecido.

Se um policial é assassinado, há 100% de certeza de que o criminoso será preso. "Há uma abundância de assassinatos não resolvidos na história criminal sueca, mas nenhum deles é o de um policial", afirmam Sjöwall e Wahlöö em *O homem abominável*. Então, como é possível um primeiro-ministro ser assassinado sem que o culpado seja preso?

Essa pergunta ainda aguarda uma resposta.

Com o tempo, o assassinato de Palme e sua investigação começaram a assumir cada vez mais características pós-modernas, e a distinção entre a ficção e a vida real foi se tornando mais vaga. Só havia um emaranhado de pistas e indícios que poderiam ou não ter alguma relação com a realidade.

Como escreveu o autor P. O. Enquist em sua coleção de ensaios *Kartritarna* [Os cartógrafos]:

> Essa interminável história de detetives escrevia a si mesma, tornava-se cada vez mais complexa e, infelizmente, sem seguir nenhuma das regras do gênero: não havia a reunião final dos suspeitos na sala

de jantar, não se amarrava nenhuma ponta solta, nenhum culpado sucumbia e confessava.

Era a grande e interminável história de detetives sueca.

E o país estava adorando — até que alguém ficasse ansioso por um capítulo final em que não fôssemos todos detetives, mas em que houvesse apenas um narrador onisciente para resumir e conferir tudo, um intelecto penetrante para nos dar a solução.

O caso foi afinal resolvido. Um assassino solitário, comprovadamente insano e já de triste fama, levou a história à sua inócua conclusão. Não havia conspirações, graças a Deus. A culpa era do alcoólatra, em consonância com todas as estatísticas. Mas nem mesmo esse fim foi conclusivo. O louco solitário não poderia ser condenado, por isso tudo estava de volta à estaca zero, e ainda está.

O que resta é o crime. E nisso a Suécia, com sua estatística criminal nada surpreendente, inegavelmente tem algo que nenhum outro país da Europa tem: um grande e icônico crime misterioso bem no coração do país.

Depois disso, a investigação Palme passou sem dúvida para o terreno da ficção, quando não só o chefe de polícia, Hans Holmér, como o editor Ebbe Carlsson produziram seus próprios romances policiais. Mas isso também acabou sendo um beco sem saída. Não seriam o policial e o detetive particular que iriam levar o romance policial sueco para uma nova era. Por outro lado, não há dúvida de que o assassinato de Palme em si iria cumprir uma função nos futuros romances policiais. Porque por trás de tudo havia uma mudança na maneira como as pessoas viam o mundo ao seu redor: a solidariedade e a confiança tinham se perdido, o conceito de justiça fora distorcido. Alguma coisa havia se partido na Suécia, e aconteceu naquele momento de fevereiro de 1986.

* * *

Em 1990, quatro anos após o assassinato de Palme, começou uma nova era para o romance policial sueco. O Muro de Berlim fora aberto pouco antes e, em seguida, totalmente demolido. A União Soviética estava prestes a se dissolver. Quase todo mundo estava feliz com o curso dos acontecimentos. Os conservadores sentiram os ventos da liberdade soprando em suas velas. Haveria uma limpeza geral e tudo o que cheirasse a socialismo iria embora: sistemas públicos de apoio e regulamentações oficiais seriam descartados, iniciativas privadas, incentivadas. Todo o Estado de bem-estar social-democrata na Suécia seria demolido, assim como o Muro de Berlim.

Os esquerdistas também estavam satisfeitos. Não precisavam mais suportar o jugo do comunismo soviético. O socialismo do Bloco Oriental era, afinal, o único socialismo de verdade existente, por mais que desejassem distanciar-se dele. Agora, podiam criar o tipo de socialismo que eles mesmos quisessem sem ter de ouvir arengas constantes sobre a União Soviética.

Mas a sociedade caminhava para uma direção diferente. A mudança pouco se relacionava aos ventos da liberdade versus a regeneração socialista; tinha mais a ver com crise econômica, racismo, limpeza étnica, refugiados e mais racismo ainda.

Mas não se pode dizer que a literatura sueca tenha procurado se acomodar a essa nova realidade. Seus ideais eram outros.

A década de 1980 foi a do pós-modernismo. Jovens escritores e críticos se rebelaram contra a literatura politicamente comprometida dos anos 1970, que fora acusada de ignorar conceitos como estética, forma e qualidade. A revista *Jakobs Stege*, publicada pelo ex-trotskista René Coeckelberghs, promoveu uma campanha contra o realismo social. A revista *Kris*, na qual quem dava o tom eram seus colaboradores regulares Horace Engdahl, Anders Olsson e

Stig Larsson (homônimo de Stieg de Umeå, da mesma geração que ele), estava expandindo a teoria do pós-modernismo.

As "narrativas grandiosas" estavam mortas, argumentavam eles. Referiam-se tanto às abrangentes teorias sociais e filosóficas, marxismo, freudianismo, quanto à literatura naturalista tradicional.

Literatura e realidade eram dois importantes conceitos inteiramente distintos. A literatura existia no universo dos textos e basicamente poderia apenas remeter a outros textos e se envolver com eles.

A nova literatura sueca da década de 1980 fora moldada para um padrão pós-moderno, como se passasse a existir uma simbiose entre críticos e escritores. "Quantos leitores formados no modernismo quer um escritor cujos textos são claros, autobiográficos, coerentes e íntimos?", perguntou o crítico literário Johan Svedjedal em uma apresentação da obra de Stig Larsson na revista *Artes*.

Talvez a maioria dos leitores não tivesse, contudo, sido formada no modernismo. Eles estavam muito felizes em ler textos coerentes. Dez ou quinze anos antes, muitos deles estavam mergulhados na saga de Hedeby, de Sven Delblanc, nos romances de Katrineholm, de Kerstin Ekman, ou no épico das ferrovias de Sara Lidman — nas longas sequências dos romances da década de 1970, que eram ao mesmo tempo descritivos e coerentes, e que, através de clubes de livros e grupos de leitura, chegaram a ter um público comparável ao de Vilhelm Moberg em 1950.

A era da narrativa realista em muitos volumes tinha passado, mas no início de 1990 ainda havia uma realidade pedindo para ser retratada. E existem escritores sempre prontos para aceitar um desafio.

Os livros podem ser publicados muito cedo ou tarde demais, e às vezes no momento certo. Não pode haver dúvida de que *As-*

sassinos sem rosto, de Henning Mankell, surgiu exatamente no momento certo.

Nesse romance, um casal de idosos é assassinado em uma fazenda isolada em Skåne. Ouve-se a mulher moribunda dizer algo que soa como "estrangeiro", e essa palavra é a faísca que desencadeia um incêndio. Uma série de crimes xenófobos se sucede pelo campo no sul de Skåne.

Assassinos sem rosto foi um livro quase profético. Foi publicado em 1991, coincidindo com uma nova realidade que estava se materializando de repente diante dos despreparados. Os anos de 1990 e 1991 viram campos de refugiados sendo incendiados em várias partes do país, assistiram à formação da Resistência Ariana Branca neonazista e ao fuzilamento de imigrantes pelo "Homem do Laser".

O autor do livro, Henning Mankell, havia começado sua carreira de escritor em 1973 com um romance típico de classe operária chamado *Bergsprängaren* [O detonador de pedras], e em seguida escreveu várias narrativas realistas com um subtexto político radical, publicadas pela Ordfront, uma das editoras mais marcantes surgidas na década de 1960.

Assassinos sem rosto foi concebido como um romance sociológico, mas a história precisava de um policial e o autor encontrou um nome adequado, Kurt Wallander, na lista telefônica.

E Wallander chegou para ficar. Ao longo da década de 1990, ele percorreu as estradas secundárias do distrito em torno de Ystad, chapinhou nos campos enlameados de Skåne, sempre à procura de implacáveis assassinos autores de massacres, ele próprio taciturno, obstinado e em geral desagradável, com o passar dos anos cada vez mais uma caricatura de si mesmo.

No entanto, Kurt Wallander é sem sombra de dúvida uma das melhores caracterizações da ficção policial sueca. Trata-se de uma espécie de Hamlet em trajes da década de 1990, um homem que, apesar de ter escolhido sua profissão por livre e espontânea vontade, foi parar onde não queria estar na vida, no que sempre acaba sendo um atoleiro profundo. E é ele quem tem de resolver tudo sozinho. Talvez simplesmente porque seja a sua missão.

Wallander é em essência tão apolítico quanto Martin Beck. Ele observa as mudanças na sociedade mas não faz nenhum protesto. Ao mesmo tempo que Beck pode buscar o apoio dos colegas e discutir situações com eles, Wallander se mantém distante e bastante calado. Ele não se incomoda muito com Martinson, Hansson, Svedberg, Höglund ou os outros detetives de Ystad. E, para dizer a verdade, nem o leitor. Sjöwall e Wahlöö precisavam de seu grupo, Mankell não.

Wallander toma a frente e cria todos os papéis ele próprio. Ele é todos os personagens de Sjöwall-Wahlöö em um: é depressivo como Beck, é um grosseiro que não respeita regras como Gunvald Larsson, um filósofo com excesso de peso como Kollberg e um homem de consciência taciturno como Einar Rönn.

Em meados dos anos 1990, quando a série Wallander entrava em sua segunda fase, os livros de Mankell eram os que mais vendiam na Suécia. Ele foi o sucessor de Jan Guillou como o autor sueco que se mantinha constantemente no topo das listas dos mais vendidos. Seus assassinatos também iam se tornando sempre mais espetaculares e ardilosamente planejados — vítimas cortadas em pedaços ou escalpeladas no estilo dos índios peles-vermelhas, empaladas em estacas pontudas em uma armadilha para animais ou eletrocutadas por um transformador.

Na caçada aos assassinos, Kurt Wallander circula em seu carro pela periferia de uma Suécia que é em si um canto remoto da Europa, por sua vez uma pequena fração do mundo como um todo. As conexões cruzam o globo em vários sentidos — de Ystad, em Skåne, para Riga, na Letônia; de Transkei, na África do Sul, para Santiago, na República Dominicana, para Luanda, em Angola. É o mundo globalizado que procura Kurt Wallander, e não o contrário. *A leoa branca*, que de fato abriu o caminho para a série, marcou o início do tema da Suécia e do mundo.

Mankell, porém, não faz pregações em seus romances policiais como Sjöwall-Wahlöö. Ele jamais colocaria tão explicitamente Karl Marx como a peça restante no quebra-cabeça da sociedade. Mas sem dúvida partilha a visão fundamental de seus antecessores, o que fica evidente na maneira como descreve a relação entre a Suécia e o Terceiro Mundo, e nessa questão ele está fora de sintonia com o espírito dos tempos na Suécia e na Europa. No início de 1990, a atitude diante dos países do hemisfério Sul havia mudado de vagamente positiva para quase inteiramente negativa. O que se chamava de terceiro-mundismo começou a ser atacado, e a política exterior sueca passou por uma de suas maiores transformações, sendo redirecionada para a Europa e o Ocidente. Nas Nações Unidas, na década de 1980, a Suécia costumava votar com os países do Terceiro Mundo contra o Ocidente. A partir da década seguinte, isso quase não ocorria mais.

Quando Mankell voltou para casa na Suécia em 1989, vindo de Moçambique, onde estivera trabalhando em teatro na capital, Maputo, e onde começou seu primeiro romance com o personagem Wallander, suas experiências eram completamente diferentes das vivenciadas pela maior parte dos autores suecos. De modo geral, ainda conservava o ponto de vista da década de 1970, a de que os acontecimentos e mudanças importantes no mundo estavam ocorrendo nos países devastados pela pobreza. A esse respeito, ele tinha uma visão nitidamente discordante de sua terra natal e enxergou coisas bem diversas das que tratavam os outros autores suecos, o que foi sem dúvida um dos segredos do seu sucesso.

Se Sjöwall e Wahlöö escreviam com os ventos da mudança às suas costas, Mankell navegava contra o vento. O que não significa, porém, que fosse menos popular em termos de público. Pelo contrário, seus livros venderam mais que os deles.

Mankell trouxe a transformação. O prestígio do romance policial sueco subiu em um golpe. Os prêmios de ficção policial de repente se tornaram interessantes outra vez e o potencial do gênero ficou mais aparente.

Outros logo vieram em seu rastro. Primeiro, foi Håkon Nesser, que havia sido professor por 25 anos antes de publicar um pouco notado romance de estreia. Em 1993, sentiu impulso de escrever policiais: o resultado foi *O olho da mente*, depois veio *Ponto de Borkmann*, uma história bem mais violenta sobre um assassino serial que cortava o pescoço de suas vítimas aparentemente sem motivo. Os livros foram o início de uma nova série sobre o inspetor-chefe Van Veeteren e seus colegas Reinhart, Münster e Moreno, que moram e trabalham em Maardam, cidade fictícia de um país indeterminado do norte da Europa. Van Veeteren tem certas semelhanças com Wallander, às vezes é rabugento e mal-humorado, tem uma capacidade intuitiva de ler as reações das pessoas e interagir com elas, mas ao mesmo tempo é uma figura mais trágica, com um filho que é um criminoso e que acaba sendo assassinado.

Åke Edwardson já havia publicado dois romances policiais independentes quando o seu *Dança com um anjo* lançou a série sobre o inspetor-chefe Erik Winter, de Gotemburgo. A série foi planejada para ter dez livros, com um protagonista que iria diferir substancialmente do envelhecido Beck, Wallander e Van Veeteren. O jovem de classe alta Erik Winter é um homem que fuma cigarrilhas e gosta de uísque escocês, veste ternos sob medida, coleciona discos de jazz e mal sabe o que é punk, apesar de ter nascido na década de 1960. Winter é um excêntrico, mas seu esnobismo é um pouco atenuado pelo círculo de colegas da polícia de Gotemburgo, pessoas comuns mas com perfis marcantes.

Tanto Nesser quanto Edwardson são escritores conscientes em termos de estilo, que criaram para suas histórias ambientes típicos de seu tempo. A Maardam indeterminada de Nesser é parte de uma Europa cada vez mais homogênea, uma União Europeia a que a Suécia aderiu em 1995. As tramas de Edwardson se desenrolam com extrema segurança na acolhedora atmosfera de cidade pequena de Gotemburgo, e a transição para a cidade grande, cruel e ameaçadora em um mundo difícil *fin-de-siècle* é impecável.

Na segunda metade dos anos 1990, o romance policial se firmava como um gênero importante no mercado de livros sueco. A demanda do público parecia insaciável, os fãs de Wallander foram se alastrando para experimentar outros detetives, e quase todas as editoras sonhavam encontrar seu próprio superastro detetive. O gênero todo ainda estava firmemente ancorado na tradição sueca de realismo social, e proporcionava uma forma ideal de iluminar cantos escuros e retratar tanto a parte superior quanto a inferior da sociedade num amplo panorama. Isso iria se refletir da forma mais clara no trabalho de dois dos novos nomes mais proeminentes, porém nada semelhantes, no fim dessa década: Kjell Eriksson e Arne Dahl.

Os romances policiais de Kjell Eriksson se passam na cidade universitária de Uppsala, mas ele próprio está muito distante da academia. Ex-jardineiro e lavrador, foi ele quem, juntamente com Aino Trosell, estendeu a tradição do romance da classe trabalhadora à ficção policial. Eriksson tem um olho infalível para as pessoas comuns, incluindo policiais, para seu modo de vida, seu modo de se expressar, seus gestos e, não menos importante, o ambiente à sua volta; entretanto, tal como Mankell, ele também mostra o grande mundo avançando sobre o pequeno mundo local para modificá-lo de forma irrevogável.

Arne Dahl, pseudônimo do conhecido autor literário Jan Arnald, escreveu uma série de romances sobre o que ele chamou de Equipe A, uma unidade especial de policiais escolhidos a dedo e incumbidos de investigar "crimes violentos com dimensão internacional". A trama dos romances Dahl tem como pano de fundo os principais acontecimentos da Suécia e do mundo nos anos da virada do milênio. Aquilo de que Sjöwall e Wahlöö identificaram os primeiros passos — uma criminalidade mais organizada e internacional — se torna uma realidade madura nos romances de Arne Dahl, com novos tipos de ameaças, novos tipos de vilões, novos ideais políticos — mas talvez ainda a mesma velha sociedade de classes.

LEITORAS EXIGEM SUAS HEROÍNAS

No início de 1990, foi publicado um livro muito diferente de todos esses romances em série e que não se encaixava de modo algum na categoria de romance policial. No entanto, esse livro hoje se destaca como um dos pontos altos da ficção policial sueca: *Händelser vid vatten* [Acontecimentos perto da água], de Kerstin Ekman. Ekman começou a escrever suas histórias policiais na década de 1960 e conquistou o título de "rainha do romance policial" antes de passar para romances mais literários com sucesso crescente. Na década de 1970, já era uma das mais enaltecidas romancistas suecas e foi eleita em 1987 para a Academia Sueca, embora renunciasse ao seu papel ativo na instituição após discordar da reação da Academia ao caso Salman Rushdie.

O mistério em *Händelser vid vatten* tem muitas semelhanças com um crime arrepiante ocorrido nas montanhas suecas em 1984. Um casal holandês, Janni e Marinus Stegehuis, estava acampado nas margens do lago Appojaure, em Norrbotten, quando foi assassinado no meio da noite com várias facadas através da lona de sua barraca por um assaltante não identificado.

O romance de Kerstin Ekman se passa numa aldeia das montanhas, Blackwater, e descreve um assassinato semelhante e a investigação da polícia; mas, em um nível mais profundo, a história é sobre o efeito das lembranças do crime e como todos os acontecimentos em torno dele se infiltram como um veneno na vida das pessoas. É também sobre a devastação da natureza pelos seres humanos, outro tipo de assassinato, com o qual os habitantes das áreas rurais são obrigados a conviver e procurar se conformar.

A perspectiva feminina, tão visível nos livros de Kerstin Ekman, não era comum na ficção policial sueca da época. Um traço mais característico talvez tenha sido a inclusão, pelos três grandes nomes, Mankell, Nesser e Edwardson, de uma policial num papel secundário simbolizando a mulher. Pior ainda, não havia escritoras de romances policiais, o que era bastante estranho. A Grã-Bretanha tinha Agatha Christie e Dorothy L. Sayers, que de certa forma criaram a enorme avidez do público por histórias de detetive, e muitas escritoras bem-sucedidas seguiram os passos delas na Grã-Bretanha e nos Estados Unidos, como P. D. James, Minette Walters, Patricia Cornwell, Elizabeth George e Sara Paretsky, sendo que as duas últimas eram as favoritas de Stieg Larsson. A Noruega teve autoras de best-sellers do gênero, como Karin Fossum, Kim Småge e Anne Holt.

Em 1930, o melhor romance policial sueco foi escrito por uma mulher — *Tjugosju sekundmeter, snö* [Vinte e sete metros por segundo, Neve], de Kjerstin Göransson Ljungman; apenas um romance posterior dela, *The shining sea* [O mar luminoso], foi traduzido para o inglês —, e os anos 1950 foram dominados pelos romances policiais de mistério de Maria Lang. A essa altura, porém, a contribuição feminina havia secado misteriosamente.

Quando veio a mudança, foi rápida. Três romances policiais

suecos escritos por mulheres foram publicados entre os anos 1995 e 1997. No ano seguinte, 1998, havia dez títulos de escritoras. Tanto escritoras novas como as mais experientes decidiram abordar o gênero. Inger Frimansson, por exemplo, já tinha oito livros publicados quando entrou no mundo dos policiais com seu *Godnatt, min älskade* [Boa noite, meu bem]. Os leitores cansados de policiais de investigação forense, investigações na cena do crime e interrogatório de suspeitos descobriram o que procuravam, porque nos livros dela o suspense estava mais na psicologia que nos incidentes. E as más ações ocorriam não na selva urbana ou nos edifícios altos, mas onde os próprios leitores viviam, nos limpos e arrumados bairros residenciais periféricos de tranquila classe média.

O mesmo ano viu a publicação do primeiro romance de Karin Alvtegen, que também estava mais interessada nas pessoas por trás do crime que no crime em si. Para ela, em geral são as pessoas à margem da sociedade que cometem crimes desesperados e atos perigosos, motivadas por uma espécie de angustiante desejo de harmonia e amor, e não por tendências ruins ou agressividade.

A Academia Sueca de Romances Policiais achava que o problema de gênero poderia ter a ver especificamente com a investigação policial forense, com o fato de as mulheres serem mais propensas a ler e escrever sobre personagens como a inteligente Miss Marple do que sobre investigadores malvestidos ou equipes policiais em turno da noite. Assim, quando foi criado um prêmio especial para escritoras de livros policiais promissoras, chamaram-no de Prêmio Poloni, nome de Helena Poloni, seguidora sueca de Agatha Christie.

É difícil, contudo, imaginar uma heroína de romance policial mais distante de Astrid Brunelius, viúva de um sacerdote e heroína de Poloni, do que a Annika Bengtzon do romance de estreia de

Liza Marklund, *The bomber*, que recebeu o primeiro desses prêmios: uma repórter freelancer de um tabloide, estressada, desbocada, com uma criança para levar para a creche todos os dias.

O livro foi lançado, e passou quase despercebido, pela pequenina Ordupplaget, que era dirigida pelo jornalista Sigge Sigfridsson. Ele o aceitara com a condição de Marklund escrever mais quatro livros e abrir mão do adiantamento em favor de uma divisão em partes iguais dos lucros entre editor e autor. Ela concordou. A tiragem foi de 4 mil exemplares, dos quais o mercado livreiro encomendou apenas trezentos com antecedência. As vendas também não decolaram depois da publicação, de modo que o projeto todo parecia natimorto.

Então ela recebeu o Prêmio Poloni, os jornais começaram a escrever sobre ela, elegendo-a a nova rainha do romance policial que todos esperavam e, quando o livro de bolso saiu, com Marklund na capa, o dique se rompeu. *A bomba* foi o best-seller de bolso do ano, e o sistema de participação nos lucros que havia sido um expediente temporário se tornou um conceito que iria transformar o comércio sueco de livros.

Quando Jan Guillou e sua companheira, a editora Ann-Marie Skarp, saíram da editora Norstedts e foram para a empresa de Sigfridsson, formou-se uma nova editora, a Piratförlaget. Seu método de pagamento era tentador para autores com grande potencial de vendas, e, no decorrer de poucos anos, a editora cresceu e se tornou uma das maiores da Suécia em volume de negócios. E o sucesso de público de Marklund acabou em definitivo com o domínio masculino do mercado sueco de ficção policial.

Deve ter havido uma infinidade de escritoras inéditas sentadas em casa dando os últimos retoques nos manuscritos de seus romances policiais, pois em menos de dois anos uma verdadeira onda de autoras de ficção policial inundou o mercado de livros. Parecia haver uma demanda reprimida por histórias de suspense simples, diretas, passadas em ambientes cotidianos realistas, pois durante os dois ou três anos seguintes uma grande quantidade de novas escritoras entrou nas listas dos mais vendidos: Anna Jansson, Karin Wahlberg, Tove Klackenberg, Mari Jungstedt e Camilla Läckberg. Algumas das que começaram a escrever mais ou menos naquela época, entre elas Åsa Larsson e Eva-Marie Liffner, iriam se desviar para um rumo mais genuinamente literário.

Com seus romances seguintes, Åsa Larsson confirmou sua posição como uma das melhores escritoras suecas de policiais. Ela evoca um mundo ficcional em um ambiente inconfundível e com atmosfera própria — a paisagem do norte da Suécia ao redor de Kiruna — com duas protagonistas femininas fortes mas muito díspares, a policial Anna-Maria Mella e a promotora Rebecka Martinsson.

As autoras de policiais trouxeram à literatura do gênero novos meios sociais, uma visão diferente das relações humanas e dos problemas da vida cotidiana, mas também temas mais sérios como a discriminação nos locais de trabalho e os maus-tratos a mulheres e crianças.

O sucesso de vendas não foi tão surpreendente, tendo em vista a evolução de hábitos de leitura na Suécia. É um fato estabelecido que as mulheres suecas são leitoras mais ávidas que os homens, portanto nada mais natural que os livros que tratavam de questões com as quais as mulheres podiam se identificar logo se tornassem populares.

A mais popular de todas é Camilla Läckberg. Seus romances são ambientados na pequena e pitoresca cidade de Fjällbacka, na costa oeste, onde seus protagonistas, a escritora Erica Falck e o policial Patrik Hedström, resolvem mistérios de assassinatos no melhor estilo de Maria Lang. Embora costumem receber críticas elogiosas no exterior, seus livros são tão abominados pelos críticos na Suécia quanto são amados por suas hordas cada vez maiores de leitores fiéis.

O fenômeno Läckberg tem intrigado alguns; outros têm tentado imitá-la e alcançar vendas semelhantes — em vão. Ela chegou a uma posição de onde não sairá facilmente: tornou-se a rainha do suspense acolhedor, a autora que transforma os pensamentos diários e as fantasias dos leitores em romance.

Läckberg tem uma fórmula muito técnica para a sua escrita. Vê a ficção policial como uma arte e explica as técnicas básicas que utiliza em seu site. Decidiu cedo se transformar em uma marca e para isso entrou em contato com um agente, Bengt Nordin. Ele a transferiu de sua pequena editora inicial para a Forum, uma casa de propriedade da grande editora Bonniers, onde havia disposição para investir na promoção da imagem dela. Em três anos ela se firmou como um dos autores mais vendidos na Suécia.

Sua carreira também reflete mudanças significativas no mercado do livro sueco. Enquanto em alguns dos principais países europeus, como a França e a Alemanha, ainda há preços fixos para os livros com a finalidade de proteger a qualidade literária das pressões do comercialismo, a Suécia, assim como a Grã-Bretanha, seguiu na direção oposta. Desde 1970, quando o seu equivalente ao britânico Book Net Agreement [Acordo de Preço Único do Livro] foi abolido, o setor de livros sueco se tornou um dos mais comercializados na Europa. Junto com a Noruega, a Suécia logo encabeçou a lista dos países do mundo com mais clubes de livros. As livrarias acompanharam o aumento do número de clubes de livros partindo para uma política de marketing ativo, peças promocionais em locais de destaque e ênfase em *blockbusters*. Passou-se também a comercializar livros em pontos de venda muito mais variados: lojas de departamentos, bancas de jornais, supermercados. Os livros de bolso, que haviam sido empurrados para fora do mercado na Suécia na década de 1970, tiveram um notável retorno, e no novo milênio as vendas dos livros de baixo preço de fato decolaram. Os livros de bolso eram a típica compra de impulso e desse modo foram essenciais para o aumento nas vendas de romances policiais.

Desde a primeira Feira do Livro de Gotemburgo, em 1986, muita gente do setor achou que não faria nenhum sentido levar muitos autores. Quem se interessaria em ir ver alguém que tinha escrito um livro, quando o livro em si é que interessava? Mas acabou sendo exatamente isso o que o público queria. E o culto da celebridade e o foco na personalidade continuaram a aumentar, sendo hoje ampliados centenas de vezes na câmara de eco da mídia.

A desregulamentação não atingiu apenas o preço dos livros. O acordo nacional entre editoras e escritores também foi abolido. Abriu-se a janela para negociações individuais e para os agentes literários desempenharem um papel que nunca lhes coubera antes na Suécia: representar autores à maneira britânica ou americana, inclusive em relação às editoras, negociar direitos autorais mais generosos e adiantamentos para autores com boa vendagem, tentar vender direitos para o exterior com muito mais empenho do que os editores haviam feito anteriormente. Hoje, os agentes fazem trocas de autores entre editores, exigem melhores adiantamentos, direcionam o marketing e introduzem um autor no mercado externo antes mesmo que os livros dele sejam publicados na Suécia.

Um livro não é mais apenas um livro. Pode ser um filme, uma série de televisão, um seriado e, vez por outra, uma tira de história em quadrinhos. Os romances policiais se tornaram até parte da indústria turística sueca. Tudo isso pode fornecer uma publicidade extraordinária, embora apenas para os autores que já deram o primeiro passo para um verdadeiro sucesso de vendas. Como observou o sociólogo da literatura Johan Svedjedal, agora a questão não é tanto vender livros, mas sim vender mundos fictícios completos.

* * *

Sjöwall-Wahlöö, Mankell e muitos de seus sucessores contribuíram para aumentar o prestígio do romance policial. Outras formas de ficção popular, como a "literatura de mulherzinha", a *chick lit*, continuam a ser menosprezadas pelos críticos e pelas classes instruídas. Quando Jackie Collins foi à Feira do Livro de Gotemburgo em 1989, todos os cadernos literários se uniram para desaprovar sua presença, e a presidência da União de Escritores da Suécia protestou contra o seu convite. No entanto, os escritores policiais de hoje são extremamente bem-vindos ao palco da feira. São levados a sério, seus livros são comentados na mídia e a ficção policial como um todo se tornou mais visível e encontrou novos leitores.

Com o aumento constante do número de títulos publicados, porém, a qualidade geral dos livros caiu. E os críticos reclamam de séries intermináveis, estilos fracos, personagens estereotipados e tramas irremediavelmente previsíveis. Ao que parece, a pressão comercial está fazendo a ficção policial, tanto a sueca quanto a internacional, apresentar uma violência mais explícita, ficar mais inclinada a glorificar o sadismo, o que pode em alguns anos levar um público enfastiado a abandoná-la e assim apressar o fim do apogeu que o romance policial alcançou em nossos dias.

Por enquanto, contudo, o romance policial continua muito forte do ponto de vista comercial, porque dá a um público considerável de leitores exatamente o que eles querem. Se os escritores policiais dos anos 1950 visavam à classe média otimista e os da década de 1990, aos radicais descontentes, os autores atuais estão escrevendo para os consumidores sobrecarregados dos meios de comunicação, que exigem livros com uma declaração de conteúdo e o mínimo de surpresas possível.

Obviamente, uma crítica tão generalizada não é de todo justa. Afinal de contas, o romance policial sueco, ou talvez mais exatamente o suspense e a literatura popular no sentido mais amplo, manteve uma boa dose de suas qualidades inovadoras. John Ajvide Lindqvist escreveu uma história de horror em seu primeiro livro, *Låt den rätte komma in* [Deixe ela entrar], e nas sequências dele, fazendo nessa categoria tradicionalmente desprezada algo que surpreendeu os críticos e o público em geral. Johan Theorin vem incorporando com muita habilidade velhas lendas e histórias de fantasmas a suas histórias policiais passadas em Öland, na costa leste da Suécia. E o lado brutal da Estocolmo de hoje encontrou sua voz quando Jens Lapidus teve um sucesso vertiginoso com seu romance *Snabba cash* [Dinheiro fácil]. Ele virou o suspense tradicional de cabeça para baixo, tirando a polícia de cena e retratando a sociedade do ponto de vista do malfeitor. O mundo do centro da cidade de Estocolmo, onde traficantes de drogas dos bairros de periferia, mafiosos violentos, gangues de motociclistas, celebridades e jovens de classe alta que cheiram cocaína estão envolvidos juntos na busca das únicas coisas que importam: dinheiro, luxo e posição social.

Então, em 2005, apareceu o escritor que iria superar todos eles em sucesso comercial. Um homem de cinquenta anos que nunca havia escrito um romance antes, que parecia estar escrevendo em todos os gêneros e subgêneros ao mesmo tempo, e que morreu de maneira trágica antes que seu primeiro romance fosse publicado.

ESTREIA E MORTE

Foi em algum momento no ano de 2003 que Stieg Larsson resolveu apresentar seus dois manuscritos prontos à Piratförlaget.

Tinha conhecimento do contrato de pagamento não convencional deles, do sistema de participação de lucros entre editora e autor, e achava tudo aquilo muito simpático. Mas, em vez de resposta, devolveram-lhe o pacote fechado; ele o reenviou e telefonou para a editora depois de transcorrido um período apropriado. Disseram-lhe que ainda não o tinham lido por falta de tempo. O material acabou sendo devolvido com uma carta-padrão de recusa.

Stieg estava muito mais interessado em escrever do que em vender o seu produto no mercado do livro. Nunca lhe havia ocorrido contratar um agente, por exemplo, e não estava com a menor pressa de procurar outro editor.

Robert Aschberg, que havia lido o manuscrito e visto seu potencial, percebeu que era o momento de intervir. "Mikael Ekman e eu costumávamos insistir com Stieg para que tirasse o traseiro da cadeira e levasse seus livros para outro editor, mas ele não estava nem aí para isso. Achei que o livro deveria ter uma grande editora com uma forte equipe de vendas, então liguei para Svante Weyler, que na ocasião era diretor da Norstedts e havia publicado uns dois livros meus, e disse-lhe que tinha um sucesso infalível para eles caso pudessem se comprometer a lê-lo rapidamente."

Weyler prometeu que o fariam e dois arquivos com o título "Os homens que não amavam as mulheres" (o título da futura publicação do primeiro volume na Suécia) chegaram à escrivaninha de Norstedts.

Weyler, como diretor administrativo, e Eva Gedin, editora, leram um livro cada, e passaram os dois romances para Lasse Bergström, editor-chefe aposentado, que ainda costumava ler para eles os manuscritos mais promissores.

Lasse Bergström disse que nunca ouvira falar daquilo antes: um escritor desconhecido no campo literário terminar dois romances completos antes de procurar um editor, e estar com um terceiro a caminho. Assim, ele leu depressa, em um fim de semana, e em seguida escreveu um relatório abrangente e entusiasmado sobre os dois livros. Observou que o autor conseguira manter unido o mais amplo leque de tramas e que fazia concessões conscientes e divertidas a vários gêneros de suspense. O primeiro livro era quase um romance policial de mistério clássico; o segundo era mais um policial de investigação forense. O terceiro livro viria a ser uma versão ainda de outro gênero, o romance de espionagem. Na opinião de Lasse Bergström, tinham todas as probabilidades de se saírem muito bem.

Eva Gedin e Svante Weyler concordavam com ele. Tratava-se de um iniciante extraordinariamente maduro com amplo domínio do veículo escolhido, e os leitores por certo iriam adorar a dupla Mikael/Salander.

Dali em diante, as coisas andaram ligeiro. Os editores ligaram para o autor e marcaram uma reunião. Um Stieg Larsson encantado lhes disse que o terceiro volume estava quase pronto e que ele via os livros como uma trilogia sobre a vida de Lisbeth Salander. E haveria mais pela frente. Ele planejava uma série de dez. O que queria dizer era: "Se vocês podem comercializá-los profissionalmente, eu posso escrevê-los".

Quando mais tarde leu o relatório de Lasse Bergström, ele riu satisfeito, sobretudo do comentário final — "Morda a língua, Jan Guillou!" —, e pensou que aquilo poderia realmente dar certo.

Eva Gedin via Stieg como um típico homem de Norrland: descontraído, lacônico, mas perfeitamente seguro de si. Ele não tinha a menor dúvida de que o que escrevera era bom. Contou que achava divertido tudo o que se relacionava com o trabalho de escrever um romance, e assim fora escrevendo sem pensar muito na publicação, e de repente descobrira que tinha quase três volumes debaixo do braço.

A Norstedts propôs um contrato de três livros, incluindo direitos de publicação de livro de bolso, um acordo inédito para eles com um escritor desconhecido. Stieg receberia um adiantamento de 600 mil coroas suecas. Era uma quantia incomumente alta para um autor novo, embora não tão grande em relação a três títulos.

Do ponto de vista do marketing, os editores estavam numa excelente posição com um autor que, embora não publicado, se mostrara um escritor de suspense de excepcional fluência. Tinham três manuscritos quase prontos e assim podiam planejar um lançamento de alto nível com um nome para a série, um projeto gráfico característico e capas padronizadas, além de tempo de sobra para considerar todos os aspectos da campanha de marketing. O próprio Stieg deu a ideia de um site interativo com o nome de Millennium, e isso levou ao título da série.

A Norstedts decidiu esperar até o verão de 2005 para se permitir um planejamento adequado. Durante o mês de abril de 2004, Eva Gedin e Stieg Larsson tiveram conversas sobre aspectos gerais da publicação e sobre o esboço principal dos livros.

"Uma coisa realmente impressionante", Eva Gedin lembra, "era o fato de ele ter a trama inteira na cabeça, apesar da complexidade. Nunca perdia de vista nenhum personagem e nunca confundia nem um nome sequer. Mas tinha dúvidas que gostava de expor, como que aparência Salander devia ter, como seria seu modo de falar e que peso poderia ter."

"Eu quase perguntei a meninas no metrô quanto elas pesavam, depois pensei melhor", escreveu Stieg num e-mail para os editores, "mas acho que 42 quilos está bom."

Houve de fato apenas uma questão na qual eles discordaram. A reação imediata de Eva Gedin ao título *Os homens que não amavam as mulheres* foi achá-lo frio, alegar que poderia até afastar alguns leitores. Mas Stieg, que estava sempre aberto a discutir tudo, não concordava. E no final o título ficou como ele queria.

No decorrer de todo esse período, Stieg estava trabalhando incrivelmente e não era nada fácil entrar em contato com ele. Às vezes, a pressão era tanta que ele mal sabia onde estava. No fim de abril, escreveu em um e-mail para o editor:

> Acabei de perceber que hoje é a Noite de Walpurgis.* Tinha esquecido completamente. Meus colegas mais jovens estão reclamando que querem ir para casa ou sair para tomar uma cerveja, então prometi que hoje podem sair às nove da noite. O coitado do Daniel Poohl, nosso secretário de redação, faz duas semanas que está dormindo no escritório. E eles estão até começando a falar em sindicalização. Humm.

Eva Gedin lhe perguntou uma vez como ele encontrava tempo para escrever romances. "Não preciso de muito sono", foi a resposta. "Escrevo à noite." Depois do recesso de verão, mais ou menos quando Stieg entregou o manuscrito do terceiro livro, os editores estavam começando a trabalhar no primeiro. Elin Sennerö foi designada editora de Stieg e repassou o texto em detalhes com ele.

"Ele era muito seguro sobre o que pensava ser bom e ruim, e irradiava uma grande autoconfiança. Havia uma quantidade imensa de fatos nos livros, mas Stieg tinha um domínio incomparável de todas as áreas sobre as quais tinha escrito."

No verão, Eva Gedin fora visitar livrarias a fim de examinar capas de livros policiais, porque estava convencida de que deveriam fazer algo bastante especial para aquela série. Um conceito que afinal se definiu na criação de um leiaute igual ao de uma revista com o nome da série Millennium imitando um título de revista no alto, e abaixo algumas linhas em formato de elogios da

* A Noite de Walpurgis, na Suécia, é uma festa com fogueiras e comemorações.

crítica para o livro em si. O efeito seria também disfarçar parcialmente o título na massa de informações, enquanto o nome do autor se destacaria com toda a clareza.

A edição do primeiro volume foi concluída em outubro. Coincidiu perfeitamente com a Feira do Livro de Frankfurt anual, o principal local de comércio internacional do livro para comprar e vender direitos de publicação entre países. A Agência Norstedts, o departamento de direitos autorais estrangeiros, decidiu fazer um teste inicial do mercado em Frankfurt para avaliar o potencial interesse estrangeiro na série. Uma sinopse dos primeiros dois volumes foi preparada como base para apresentação e discussão com editores selecionados.

Magdalena Hedlund, da Agência Norstedts, que vinha lidando com Stieg Larsson desde o início, esperava poder usar a feira para divulgar os próximos títulos. Provou ser mais fácil do que o previsto. Logo se formou uma pequena fila de editores querendo ler a sinopse, e durante a feira receberam uma oferta imediata para publicação de todos os três livros, feita pela editora alemã Heyne, que tivera uma viva recomendação de seu *scout* na Suécia. A Norstedts aceitou após uma breve conversa, em parte por achar que a oferta era muito satisfatória, partindo de uma editora grande e respeitada, mas também para poder se gabar de ter vendido os títulos imediatamente a um dos países mais importantes da Europa. Só então o pessoal da Norstedts ligou para Estocolmo e deu a notícia da primeira venda para o exterior.

"Foi a cara do Stieg", relembra Eva Gedin, "já que a Heyne pertencia ao império Bertelsmann. E ele sabia que a Bertelsmann era a dona da Random House americana, que havia publicado muitos de seus autores favoritos. Assim, argumentou ele, essa poderia ser também a oportunidade de levar os livros para os Estados Unidos. E foi exatamente o que aconteceu, só que ele não viveu para ver."

Comentários sobre a futura trilogia se espalharam para além do comércio de livros, e começaram a chegar pedidos de informações vindos de empresas cinematográficas. A Norstedts consultou Stieg sobre cinema e direitos de filmagem em geral. Um dos seus desejos expressos foi que a Televisão Strix e Robert Aschberg, presidente do seu conselho, fossem convidados para participar das negociações. A Norstedts e Stieg Larsson tiveram uma reunião com Aschberg e seus colegas, que apresentaram seu conceito de uma versão cinematográfica.

"Telefonei depois para Stieg para perguntar o que ele achara", diz Magdalena Hedlund, "e ele observou que de fato eles tinham algumas ideias excelentes, mas queria que a Norstedts oferecesse os direitos também a outras companhias cinematográficas."

Isso foi no dia 8 de novembro de 2004. A essa altura, Stieg Larsson já sabia que todos os três livros seriam publicados na Suécia, depois em vários outros países e que havia toda a possibilidade de serem filmados. Teve as primeiras indicações de que eram de fato bons e de interesse para um mercado mais amplo do que apenas o sueco. Foi tudo o que ele soube.

No dia seguinte, 9 de novembro, Robert Aschberg entrou em contato com a Norstedts novamente, mas dessa vez com uma notícia dolorosa. Contou-lhes que Stieg acabara de morrer de um ataque cardíaco no hospital St Göran.

"Foi um choque colossal e numa fase tão decisiva", diz Eva Gedin. "Fora tudo preparado, estava tudo caminhando, e então Stieg morreu de forma tão inesperada. Nós paramos de trabalhar ao saber de sua morte. Encontramos a família, depois veio o enterro. Mas nunca houve dúvida sobre a continuação do projeto. Todos concordávamos que os livros tinham de ser publicados. Mas era um enorme desafio. Como iríamos lançar esses romances sem ter o autor conosco?

Eva Gedin mandou e-mails para as editoras estrangeiras contando-lhes o que acontecera. Houve uma consternação geral, naturalmente. Mas a maioria era de opinião de que o projeto deveria prosseguir como planejado. A maior hesitação foi nos países com os quais a Norstedts não trabalhara muito antes, mas também na Grã-Bretanha e nos Estados Unidos, onde de início a ausência de um autor foi motivo de apreensão.

Dentro da Norstedts, o trabalho editorial prosseguiu nos volumes 2 e 3. "Foi uma sorte termos examinado o primeiro livro com tanto cuidado", diz Eva Gedin. "Eu também discuti o segundo e o terceiro com Stieg, de modo que havíamos estabelecido uma base sólida para a continuação do trabalho de edição."

Elin Sennerö achou que o segundo e o terceiro livros precisaram de menos edição que o primeiro. Muitas perguntas e dúvidas haviam sido resolvidas no primeiro livro, e ela sabia que tipo de mudanças Stieg aceitara sem discutir.

Os homens que não amavam as mulheres foi lançado para o verão de 2005. A expectativa era grande e muitos temiam que tudo terminasse num verdadeiro anticlímax. Mas não foi preciso ninguém se preocupar. O objetivo da Norstedts era vender 20 mil exemplares, mas o livro vendeu mais que o dobro. Antes do fim do ano, haviam distribuído mais de 50 mil exemplares.

Foi com o segundo volume, porém, que as vendas realmente decolaram. Mais de 100 mil exemplares da edição encadernada de *A menina que brincava com fogo* foram vendidos em um ano. E era só o começo. O volume 3 vendeu 400 mil exemplares em seu primeiro ano.

Ao mesmo tempo, prosseguiam as negociações para os direitos de filmagem da trilogia, que afinal foram para a Yellow Bird, empresa fundada por Henning Mankell, Lars Björkman e Ole Søndberg, principalmente com a intenção de filmar a série Wallander, mas que a partir de 2007 passou a pertencer à produtora Zodiac Television. A Norstedts disse que a Yellow Bird havia apresentado a melhor oferta e era a mais adequada para produzir os filmes, decisão que aborreceu Aschberg de modo considerável, pois ele achou que poderia ter aumentado bastante sua oferta se lhe tivessem dado a oportunidade.

UM FENÔMENO INTERNACIONAL

O carro de som de propaganda da Trilogia Millennium começou a circular de um país para outro. "O cartaz de 'Bem-vindos à Suécia' no aeroporto de Arlanda devia ter o retrato de Stieg Larsson em vez de mostrar o do rei e da rainha", era a opinião do editor britânico Christopher MacLehose. E sem dúvida são Larsson e sua Trilogia que hoje representam a Suécia para a maioria dos visitantes estrangeiros.

Quando os livros de Stieg Larsson estavam prestes a ser lançados, a onda de ficção policial parecia no apogeu. Editores europeus, da Alemanha em particular, haviam comprado os direitos de muitos escritores suecos de livros policiais. Alguns alcançaram sucesso comercial, mas outros não satisfizeram as expectativas. Comentava-se que o mercado europeu estava ficando saturado de romances policiais suecos.

Dez anos antes, o interesse internacional pela ficção sueca não passava de moderado. E sempre apenas pelos livros infantis, em especial os de Astrid Lindgren, que dera à Suécia um perfil verdadeiramente próprio no contexto mais amplo.

Os livros de Sjöwall-Wahlöö tinham feito bastante sucesso nos Estados Unidos e na Europa na sua época, mas a verdadeira descoberta se deu com os romances de Henning Mankell na Alemanha. Os livros das aventuras de Wallander foram publicados por um pequeno selo alemão, mas no primeiro momento não tiveram acolhida muito favorável, apesar de sua enorme popularidade na Suécia. Os títulos só deslancharam quando o importante grupo editorial de Carl Hanser, de Munique, comprou os direitos e relançou a série através da Paul Zsolnay, sua marca subsidiária, no outono de 1998, com o apoio de uma enorme campanha de marketing e capas chamativas. Mankell rapidamente se tornou o autor mais vendido no mercado alemão, e cada novo livro ia direto para o topo da lista dos best-sellers da *Der Spiegel*.

Havia algo nas histórias de Mankell sobre uma Suécia isolada no extremo da Europa e em seu retrato do rabugento mas escrupuloso Kurt Wallander que tinha grande apelo para o público alemão. A mídia também deu a Mankell um bocado de cobertura na Alemanha, fascinada por um escritor que era tão diferente dos habituais fornecedores de best-sellers: morava na África a maior parte do ano, era abertamente político e ousou falar de questões sérias, como a catástrofe da Aids e a injustiça do sistema econômico mundial.

Uma sucessão de autores suecos e escandinavos seguiu então os passos de Mankell na Alemanha. Eram em sua maioria escritores de policiais, como Edwardson, Marklund, Nesser, Leif G.W. Persson e outros. Quem mais vendeu, porém, foi Marianne Fredriksson, que escrevia romances sem nenhum elemento característico dos livros policiais e de mistério.

As histórias suecas de detetives de repente passaram a ter fãs, como os times de futebol, e ficção policial sueca se tornou um conceito, com um site próprio na internet, sob o recém-criado nome de *Schwedenkrimi*. A Alemanha transformou-se no portão de entrada por onde escritores suecos tinham de passar em seu caminho para o sucesso internacional. Poderiam depois seguir para a Holanda, a França, talvez a Espanha e a Itália — e, em caso de sorte, até para a Grã-Bretanha e os Estados Unidos.

Então, quando se tratou de lançar Stieg Larsson em Frankfurt, em 2004, a plataforma já existia. Ele era mais um entre os muitos que surfavam na onda de policiais suecos. Hoje em dia, claro, a situação se inverteu: Larsson é que é a força motriz, levando mais e mais livros suecos com ele e abrindo portas para mais e mais países. Agora todo mundo presta atenção quando um novo escritor policial sueco é mencionado. A Bonniers, por exemplo, vendeu *O hipnotista*, da dupla de autores que usa o pseudônimo Lars Kepler, para mais de vinte países antes mesmo de o livro ter sido publicado em casa.

A Suécia, durante décadas conhecida pela produção de romances sérios sem suspense nem trama, tornara-se fonte proeminente de best-sellers na Europa.

Em abril de 2010, os livros de Stieg Larsson haviam sido comercializados para 44 países e venderam-se 26 milhões de exemplares. Henning Mankell e Astrid Lindgren ainda permanecem muito acima desse número no total de vendas, mas nenhum escritor sueco realizou tanto em tão pouco tempo e com tão poucos títulos quanto Stieg Larsson.

Em 2009, ele foi um dos dois ou três autores mais vendidos no mundo. Uma fusão de números computados pelas principais revistas do comércio de livros o coloca no primeiro lugar na Europa. A Trilogia Millennium está ao lado de outros fenômenos de vendas da última década: os livros de Harry Potter, de J. K. Rowling, *O Código Da Vinci*, de Dan Brown, *O caçador de pipas*, de Khaled Hosseini, e os livros da série *Crepúsculo*, de Stephenie Meyer.

Em retrospecto, tudo parece dispensar explicação. Quando os livros começaram a vender internacionalmente, porém, ninguém sabia ao certo se seriam um triunfo ou um fracasso. Vários editores os haviam recusado. Houve relutância sobretudo na Grã-Bretanha e nos Estados Unidos.

"Devo ter sido o oitavo editor na Grã-Bretanha a examinar os livros", diz Christopher MacLehose, diretor da editora do mesmo nome dentro da Quercus Publishing, que finalmente aceitou a trilogia.

A essa altura, já havia uma tradução completa feita por Stephen T. Murray, pressupondo que no devido tempo os livros fossem publicados nos países de língua inglesa. A companhia cinematográfica sueca Yellow Bird também tinha grande interesse nisso, pois queria lançar os filmes na Grã-Bretanha e nos Estados Unidos.

"No que me dizia respeito, não havia dúvida nenhuma depois que os li", diz MacLehose. "Era impossível parar de ler, e cada volume era ainda melhor que o anterior."

Havia três razões básicas para a hesitação, acredita MacLehose: "O autor era sueco, estava morto e havia apenas três livros para publicar".

Muitas vezes os autores precisam esperar pelo quarto ou quinto livro antes de fazer sucesso, por isso não era uma perspectiva tão atraente quando se sabia que os três eram tudo o que haveria. Mas esse critério também deixou de valer. As traduções na Grã-Bretanha e nos Estados Unidos foram publicadas mais tarde que na maioria dos outros países ocidentais, mas, quando as vendas aceleraram, o ritmo foi o mesmo de todos os outros lugares. Na primavera de 2010, *A rainha do castelo de ar* foi o livro mais vendido na Grã-Bretanha, e a trilogia já vendera 5 milhões de exemplares no total. Quando esse terceiro volume foi lançado nos Estados Unidos, em maio, foi impressa uma primeira edição de meio milhão de exemplares.

Na Alemanha, o segundo lar do romance policial sueco, o sucesso inicial surpreendentemente demorou para acontecer, mas a aceleração das vendas das edições de bolso levou a um total de mais de 4 milhões de exemplares. E não muito atrás estão a França e a Espanha, países onde a literatura sueca não costuma alcançar um público maior.

É óbvio que Stieg Larsson não só estava na onda, mas na crista da onda de mudanças do comércio internacional de livros. Já é um fato aceito que os romances literários mais interessantes estão vindo cada vez mais do Terceiro Mundo ou dos países da periferia da Europa. Agora, os best-sellers parecem acompanhar a mesma tendência.

"O romance policial sueco, tendo à frente Larsson e Mankell, foi a sensação do ano na Europa", noticiava *The Guardian* em artigo de 29 de abril de 2009, referindo-se a um levantamento realizado pelos sociólogos da literatura Miha Kovac e Rüdiger Wischenbart, que analisaram listas de livros de ficção mais vendidos em sete países da Europa em 2007 e 2008. As classificações europeias, baseadas no tempo em que os livros dos vários autores haviam permanecido na lista de cada país, mostrou a Suécia com mais títulos que todos. Larsson veio no alto, Mankell um pouco abaixo, mas também Liza Marklund, Jens Lapidus, Mark Levengood, Jan Guillou, Åsa Larsson e Johan Theorin. E lá embaixo, abaixo de todos os suecos, estavam grandes nomes americanos recordistas de vendas, como James Patterson e Mary Higgins Clark.

"Wischenbart e Kovac preveem que o sucesso dos criadores de Mikael Blomkvist e Kurt Wallander em toda a Europa poderá em breve ser seguido pelo sucesso de ficcionistas suecos que já estão influenciando a lista dos quarenta mais lidos", acrescentou *o Guardian*.

Não se trata apenas de um fenômeno da ficção policial sueca, mas reflete um processo mais amplo no mercado do livro, a mudança do domínio da língua inglesa. Nessa lista pan-europeia de livros, apenas treze autores são escritores de língua inglesa; os restantes 27 escrevem em outras línguas.

É também digno de nota que os novos títulos e autores que estão vendendo bem tenham vindo de uma mistura surpreendente de pequenas, médias e grandes editoras, enquanto os nomes consagrados vêm de quase todos os principais conglomerados de editoras. Em um mercado internacional do livro em que a crise está cada vez mais em evidência, grande parte da esperança de recuperação, tanto literária quanto comercial, está em editoras independentes inovadoras, o que naturalmente se pode encontrar em qualquer lugar do mundo.

Um exame mais aprofundado dos editores internacionais de Stieg Larsson revela que são os que pertencem aos grandes conglomerados nacionais ou internacionais de meios de comunicação que publicaram a trilogia em países como Alemanha, Estados Unidos, Espanha e Holanda, bem como Noruega e Finlândia. Mas na Dinamarca, França e Grã-Bretanha, por exemplo, foram editoras independentes de porte médio que adquiriram os direitos da Millennium.

Depois da Suécia, a Dinamarca, com seus 5,5 milhões de habitantes, talvez tenha sido, proporcionalmente, o país que mais vendeu livros de Stieg. A antes alternativa editora Modtryk distribuiu 1,6 milhão de exemplares da Trilogia Millennium aos leitores dinamarqueses até a primavera de 2010.

A Modtryk começou como uma verdadeira cria da década de 1960, com um catálogo de livros políticos progressistas. Mas aos poucos teve de encontrar mais títulos que proporcionassem lucro e garantissem a sobrevivência da empresa. Sua diretora editorial,

Ilse Nørr, explica: "Todo mundo ligado à Modtryk havia lido Sjöwall-Wahlöö nos anos 1970, e percebemos que a ficção policial poderia ser mais do que mero entretenimento. Era um gênero que também poderia oferecer uma crítica da sociedade e talvez até mesmo contribuir para mudá-la, o que se ajustava perfeitamente à Modtryk".

Determinaram sua lista de policiais, e, com o interesse ainda morno das grandes editoras pela compra de direitos estrangeiros e tradução de romances policiais do exterior, para dizer o mínimo, a Modtryk conseguiu, assim que o romance policial sueco começou a ganhar impulso, pôr as mãos em toda uma linha de escritores de suspense de que gostavam mais: Jan Guillou, Leif G. W. Persson, Håkan Nesser, Arne Dahl, Åsa Larsson, Jens Lapidus.

Por isso, também apuraram os ouvidos quando Agneta Markas e Magdalena Hedlund lhes falaram sobre Stieg Larsson, e rapidamente procuraram ler o manuscrito do primeiro livro.

"Lembro que notamos três coisas", diz Ilse. "Que os romances tinham um ritmo fantástico, estimulando o leitor a ler mais, que nos apaixonamos por Salander e que o tema levantava questões importantes."

A essa altura, contudo, o tépido interesse das grandes editoras dinamarquesas pelos policiais suecos se aquecera consideravelmente, e os títulos foram a leilão. Como a Modtryk enchera bastante os cofres depois de sucessos anteriores no gênero e era a mais entusiasmada, pôde fazer o lance mais alto. E não se arrependeu. Logo percebeu que Larsson iria superar muito todos os seus sucessos anteriores de ficção policial.

"Foi um fenômeno que só fazia crescer, e, em algum momento de 2007, quando o segundo livro saiu, a imprensa começou a fazer comparações com *Harry Potter*. Quando lançaram a edição original sueca de *A rainha do castelo de ar*, em outubro de 2007, disseram que só o hinário sueco tivera uma tiragem maior."

* * *

Quando o entusiasmo do público pelos livros de Stieg Larsson alcançou o auge na França, ficou claro que a Trilogia Millennium seria um fenômeno único na "onda de policiais" sueca. Lá também os livros tinham ido para uma editora que não fazia parte dos grandes conglomerados: Actes Sud, na cidade provençal de Arles. E o homem por trás da decisão da editora era alguém com uma dedicação de longa data à literatura sueca na França: Marc de Gouvenain, editor e tradutor autônomo.

Marc de Gouvenain fez de tudo antes de se ocupar com literatura. Viajou pelo mundo inteiro, trabalhou na Etiópia e no Marrocos, dirigiu uma agência de turismo e escreveu seus próprios livros de viagem. Na década de 1960, começou a visitar regularmente a Suécia, trabalhou como faxineiro no Departamento de Proteção Ambiental do país e como metalúrgico em uma usina siderúrgica de Malmö, e conheceu Lena, a sueca com quem se casaria. De volta à França, foi incentivado a traduzir romances suecos por C. G. Bjurström, o lendário elo dos mundos literários francês e sueco e introdutor das literaturas de um país no outro.

Marc de Gouvenain começou a trabalhar para a Actes Sud e organizou para eles uma série literária escandinava, Domaine Scandinave, com trabalhos de diversos escritores, como Torgny Lindgren, Kerstin Ekman, P. O. Enquist, Göran Tunström, Christine Falkenland e Peter Kihlgård.

Ouviu falar pela primeira vez dos livros de Stieg Larsson enquanto se dirigia com Agneta Markas a uma festa de um editor da Norstedts, numa noite de dezembro de 2004, durante uma visita a Estocolmo. "Sempre confiei totalmente no julgamento dela, então corri para ler o manuscrito do primeiro livro e achei que deveríamos tê-lo, e assim o contrato foi assinado em janeiro de 2005."

Ele ligou para o diretor da Actes Sud e disse que havia comprado um título excelente e que talvez tivesse chegado a hora de iniciar a série de ficção policial sobre a qual haviam falado por tanto tempo. Apesar de não querer continuar a traduzir, os livros de Stieg Larsson o fizeram mudar de ideia. Gostou dos romances da Trilogia Millennium e, embora não fossem seus favoritos absolutos entre os policiais da Actes Sud, eram sem dúvida bons. Como pensava que tinham potencial comercial e poderiam vender uns 20 mil a 30 mil exemplares, talvez ganhasse uma boa quantia se os traduzisse. (Na França, assim como na Grã-Bretanha, os tradutores ganham uma porcentagem de direitos autorais, embora poucos livros vendam o suficiente para compensar o pagamento antecipado feito para a tradução, normalmente baseado numa taxa por mil palavras.) De modo que decidiu levar a cabo a tradução ele próprio, junto com sua ex-mulher Lena Grumbach.

O primeiro livro saiu em junho de 2006 e o segundo, no outono do mesmo ano. Mas as expectativas não se concretizaram. Foram bem recebidos, mas as vendas permaneceram modestas. No início de 2007, os editores perceberam que as probabilidades de atingir vendas elevadas estavam se evaporando depressa. Assim, o departamento de marketing decidiu lançar uma campanha publicitária. A data de publicação do terceiro volume foi adiantada. Pessoas influentes dos meios de comunicação foram informadas sobre esses extraordinários livros suecos e a trilogia foi relançada como "a série *cult* já lida por milhões". Então, finalmente, os livros começaram a voar das prateleiras: "*la mayonnaise a pris*", a maionese estava no ponto. Depois de quase estacionar, a curva de vendas cresceu exponencialmente no fim de 2007 e continuou numa trajetória semelhante ao longo de 2008.

A febre de Larsson na França, assim como na Espanha, acompanhou e estimulou o aumento das vendas de ficção policial como um todo, dando origem até a uma nova forma de marketing na comercialização do livro francês. A FNAC, a maior cadeia de livrarias de lá, espalhou cartazes anunciando os "*Polars suédois*" ou "*Polars scandinaves*", uma expressão agora praticamente sinônimo de romances de suspense em geral. (A palavra *polar* é de fato derivada de *policier*, mas se aplica a todas as formas de suspense.)

Enfim, o alcance dos livros de Stieg Larsson se estendeu muito além do núcleo habitual de países onde o romance policial sueco era vendido — Escandinávia, Alemanha e Holanda. O sucesso na Espanha se seguiu ao da França. A editora Destino chegou aos livros através da tradução francesa e decidiu investir neles. Lá, como na França, as vendas explodiram quando o terceiro volume foi publicado. A Destino vendeu 200 mil exemplares só no dia do lançamento e, no total, o mesmo que na França: 3,5 milhões de exemplares dos três livros na primavera de 2010.

No mercado espanhol de livros, gravemente afetado pela crise financeira, Larsson é quem mais atrai atenção, e os editores estão procurando febrilmente novos autores policiais suecos para traduzir. Tudo o que se relaciona com a Trilogia Millennium se tornou mania. O primeiro-ministro José Luis Zapatero admitiu ser um admirador de Stieg Larsson e, quando visitou a capital sueca, aproveitou a oportunidade para fazer um dos "passeios Millennium" organizados pelo Museu da Cidade de Estocolmo. Na Espanha, deu-se ênfase especial aos temas de cunho mais sociopolítico dos livros, em especial ao tema da violência masculina contra as mulheres. Qual é o segredo por trás do fenomenal sucesso em um país após o outro? Do ponto de vista do leitor, é uma pergunta fácil de responder. Os livros têm uma heroína peculiar, extraordinária.

Num belo dia de verão, no mais famoso dos livros infantis de Astrid Lindgren, Píppi Meialonga se muda para a Villa Villekulla. Ninguém sabe quem ela é. Parece que não tem pais nem amigos. Píppi Meialonga está sozinha no mundo. É assim que Lisbeth Salander aparece pela primeira vez nos escritórios da Milton Security, como descobrimos no capítulo 2 do primeiro romance Millennium. Ninguém sabe quem é ela, que por sua vez não fornece informações a respeito. Vagueia por lá como um cão perdido e é chamada de "*a moça de dois neurônios*, um para respirar, o outro para se manter de pé". Podem usá-la no máximo para fazer café e cuidar da correspondência.

Na realidade, a situação dela é ainda pior. Porque, se tem poucos ou nenhum amigo, o que tem de sobra são inimigos poderosos. Mas assim como Píppi, que pode levantar seu cavalo acima da cabeça, Lisbeth é dotada de poderes quase sobre-humanos. Tem uma memória fotográfica, sabe resolver o teorema de Fermat e consegue derrubar um motociclista de cem quilos com um único chute de caratê. Também pode descobrir qualquer coisa sobre qualquer pessoa. O mais importante de tudo, porém, é que ser incomunicável é sua maior força. Em situações de extrema vulnerabilidade, ela se fecha ao mundo exterior, constrói seu próprio mundo interno de regras rigorosamente lógicas e, em seguida, age, se vinga e se liberta.

Um autor decidiu tirar uma heroína de livros infantis da história literária e a fez entrar no presente, agora crescida e transformada em uma garota gótica com cabelos tingidos de preto, tatuagens, *piercing* nas sobrancelhas e camisetas com frases de advertência, como "*I am also an alien*" [Eu também sou um alienígena] ou

"*Consider this a fair warning*" [Considere-se avisado do perigo]. Quando Stieg Larsson falou a amigos e conhecidos sobre ela, enquanto escrevia os livros, alguns se perguntaram com que ele estaria brincando.

Em 2002, enquanto Stieg ainda estava compondo sua história de Lisbeth Salander, Astrid Lindgren morreu. Já antes de sua morte, ela era considerada quase uma santa nacional, e Píppi Meialonga foi um dos mais amados personagens de livros infantis do mundo. Seria difícil imaginar um modelo menos controverso para a heroína de um romance.

Mas decerto não foi sempre assim. Astrid Lindgren sabia, quando apresentou seu manuscrito à Bonniers em abril de 1944, que havia escrito uma história polêmica. Um livro sobre uma menina "independente de todos os adultos e que vive sua vida exatamente como lhe agrada" seria difícil para uma porção de gente engolir. E, de fato, após uma longa espera, o manuscrito foi devolvido com uma recusa. O editor, Gerard Bonnier, admitiu mais tarde que fora ele quem o recusara. "Açúcar espalhado pelo chão todo e caos no berçário. Não, eu não estava disposto a ser responsável por isso..." Mas o livro foi publicado assim mesmo, por Rabén & Sjögren. A história daquilo que a própria Astrid Lindgren chamava de "um pequeno *Übermensch* [super-homem] na pessoa de uma criança" ganhou um primeiro prêmio num concurso de livros infantis, foi elogiado nos jornais e vendeu como nunca se viu.

Podia parecer que ninguém era contra Píppi. Na verdade, era quase o oposto. Quando o segundo livro foi publicado, deu-se a tempestade. Um dos professores de literatura mais renomados do país, John Landquist, declarou que a maneira de Píppi comer bolo jogando açúcar no chão "lembrava a imaginação de um deficiente mental, ou de alguém com uma obsessão patológica". O livro sobre Píppi era mal escrito, depreciativo e ofensivo. "Essa menina esquisita e suas aventuras de mau gosto no livro de Lindgren permanecerão na memória, se lembradas, como uma experiência muito desagradável, como um desconforto menor no fundo da mente."

Talvez a posteridade devesse agradecer a John Landquist. A influência subversiva da personagem Píppi certamente nunca teria um impacto tão grande se não fosse por ele. Porque, depois de sua intervenção, uma enxurrada de críticas inundou as páginas de cartas dos jornais e da imprensa especializada em educação. Tudo tinha a ver com teorias educacionais e métodos de criação. Sobre ordem e disciplina em oposição a liberdade e valores centrados na criança. E isso continuou até 1995, quando Carin Stenström, colunista e democrata-cristão, escreveu no *Svenska Dagbladet* que "a adulação a Píppi virou tudo de cabeça para baixo, a escola, a vida familiar, os padrões de comportamento [...] Glorifica o egoísmo, a presunção, a falta de consideração pelos outros e o escapismo".

Astrid Lindgren não se apressou em responder a todas as críticas. Mas sabia que sua Píppi havia incentivado muitas crianças reprimidas — sobretudo meninas. Em um artigo no *Aftonbladet* alguns dias depois, em março de 1995, ela escreveu: "[A reação] é compreensível, uma vez que tem havido meninos, meninos, meninos durante todo o tempo — e então vem uma menina. É razoável que, se as meninas vão começar a pensar, talvez eu também possa".

À sua moda, Píppi Meialonga era o que os suecos chamam de romance de ideias e os franceses, um *roman à thèse*, expondo uma teoria social. Foi publicado exatamente quando a Segunda Guerra Mundial chegava ao fim e uma nova época estava surgindo. A tirania dominadora fora vencida e todas as estruturas autoritárias deviam ser igualmente repudiadas. Uma ordem social mais justa precisava ser introduzida e as crianças, especialmente, como os membros mais fracos da sociedade, deviam ser consideradas pessoas por si mesmas.

Na realidade, essas ideias vinham circulando havia muito tempo. Formaram as bases de Summerhill, a escola experimental do psicólogo infantil britânico Alexander Neill, na década de 1920, e do equivalente sueco de Gustav Jonsson, Barnbyn Skå, na década de 1940. Embora fora do alcance dos círculos radicais esclarecidos, de modo geral a sociedade do entreguerras se manteve intransigente e implacável; a privação social trata a todos igualmente, inclusive as crianças. No entanto, a sociedade de alguma forma tinha de intervir e aliviar toda aquela miséria lá fora. Era preciso encontrar uma estratégia para resolver os problemas. A visão predominante, na primeira metade do século XX, era de que as crianças que se tornavam delinquentes ou eram mal-educadas ou de natureza degenerada. Neste último caso, elas próprias eram o problema.

O rótulo de "degenerado" deu total liberdade à sociedade para pôr crianças sob a tutela do Estado ou interná-las em manicômios sem ter de provar que algum delito ou crime havia sido cometido; e a tutela poderia ser estendida e cobrir toda a sua juventude, se necessário.

"Manicômio" não parecia um termo muito atraente, por isso a palavra "casa" era usada. Era um lugar onde crianças infelizes teriam segurança e alguns cuidados e atenção. Píppi devia ter sido uma criança problema, como as descritas em relatórios oficiais e regulamentos de manicômios. Presumivelmente, um caso de educação deficiente, uma vez que não tinha mãe e o pai estava governando uma ilha deserta nos Mares do Sul em vez de ensinar à filha como se comportar. Era com toda a certeza uma criança degenerada, de modo que o mais lógico seria interná-la em um orfanato.

É preciso admitir que a sociedade melhorou em muitos aspectos nos anos do pós-guerra, vistos pelos suecos como os tempos de colher os benefícios do conceito de "casa do povo" apregoado pelo primeiro-ministro Per Albin Hansson. Mas as forças de opressão ainda estavam lá, fundindo-se com novas formas de poder burocrático, político e comercial.

Como teria sido a vida para Píppi se ela tivesse continuado anarquicamente antissocial ao entrar nos vinte anos e estivesse viva hoje? Com certeza um batalhão de médicos, terapeutas comportamentais, psiquiatras, orientadores vocacionais, *life coachers* e fisioterapeutas estaria à disposição para lhe dar apoio.

Muitos diagnósticos teriam sido feitos, com várias combinações de letras — DAMP, TDAH, DDA —, mas ela teria terminado em uma clínica psiquiátrica de qualquer maneira, trancada, isolada, cheia de sedativos. E a história poderia ter acabado aí.

Mas não acaba. Porque a Píppi de Stieg Larsson é bem diversa de uma menina desajustada e autodestrutiva, cujas resistência e raiva são esmagadas pela burocracia. A bem-humorada história de Píppi Meialonga foi revivida como um conto do mal, uma fantasia febril e exagerada sobre conspirações sem precedentes e homens perversos sedentos de poder.

Desde o primeiro instante, mesmo quando ainda no útero, a Píppi de Stieg Larsson, Lisbeth Salander, é categorizada e carimbada, classificada como inimiga do Estado. E, no momento em que entra no mundo, precisa logo ser removida dele. Então um psiquiatra sinistro a declara psicologicamente perturbada e ela é trancada em uma clínica. Despojada de seus direitos, torna-se vítima de mais abusos e ainda é explorada e violentada até por aqueles que deveriam protegê-la.

Na Trilogia Millennium, narrada com objetividade e riqueza de detalhes, a história de Lisbeth Salander rompe seus próprios limites. A narrativa vai além da credibilidade associada ao romance policial realista. No entanto, está firmemente enraizada em uma realidade que de fato existia na Suécia. Funciona como um relato fiel do escuro submundo da sociedade durante o período do Estado-previdência generoso, da forma como as pessoas, em geral as mais vulneráveis, podiam ser maltratadas e perder todos os seus direitos legais.

No fundo de tudo estão os ecos das práticas legais corruptas da década de 1950, quando Vilhelm Moberg agia como tribuno do povo, por exemplo, em nome do artista Gustaf Unman, que foi internado em um hospital psiquiátrico enquanto seu tutor constituído, Folke Lundquist, se apropriava do seu dinheiro, e os protestos de Unman não eram levados em conta, porque ele havia sido oficialmente declarado como não responsável por seus atos. Há também no livro um lembrete sobre os abusos que ocorreram em acomodações de crianças em lares adotivos e detenções em reformatórios e orfanatos. Investigações atuais sobre a época revelam um quadro impressionante de como sofriam as crianças internadas em clínicas psiquiátricas. Negligência e maus-tratos eram comuns, assim como abuso sexual, encarceramento, ameaças e humilhações, que, sobretudo no caso das meninas, tinham conotações sexuais.

Na vida real, houve o caso de deficientes intelectuais em uma instituição em Skåne que foram usados como cobaias humanas como parte de uma investigação sobre o papel do açúcar na formação de cáries, obrigados a comer um caramelo especialmente fabricado até seus dentes apodrecerem por completo.

E então, talvez a mais perturbadora violência em massa contra fracos e vulneráveis na história da Suécia moderna: a esterilização imposta ao longo de um período de quarenta anos, entre 1935 e 1975, a cerca de 60 mil pessoas, cujo objetivo era impedir que mentalmente deficientes e outros "parasitas sociais" se reproduzissem. O historiador Maija Runcis demonstrou em uma tese acadêmica que as mulheres mais vulneráveis do ponto de vista social eram as mais submetidas às esterilizações, de certa forma obrigatórias. E as decisões eram muitas vezes baseadas em julgamentos muito vagos, preconceituosos e moralistas. Runcis escreve sobre a solicitação de um médico de província ao conselho responsável pelo atendimento a crianças para a esterilização de uma menina de quinze anos, que se considera ter dificuldades de aprendizado, "porque foi informado de que ela frequenta lugares onde se dança, mostrando grande interesse em rapazes; é essa convivência imprópria com rapazes que motiva o presente requerimento".

Nos romances de Stieg Larsson, o indivíduo fraco carece de compensação legal. A autoridade é inacessível, totalitária. Porém ele evita estender a análise a um apelo por reformas sociais. Um dos personagens masculinos inegavelmente positivos nos romances, o "bom" tutor de Salander, Holger Palmgren, é descrito como "uma mistura estranha de jurista e trabalhador social [...] fazia quarenta anos que o velho cuidava de adolescentes com problemas".

Na ficção e na realidade, acredita-se que as violências tenham outras causas. Dizem respeito à tradição autoritária, uma tradição não muito diferente do fascismo, que deveria ter desaparecido com o fim da Segunda Guerra Mundial mas não o fez, e ao desprezo pelas mulheres.

Stieg Larsson deixa Píppi sair do orfanato: livra Salander da esterilização obrigatória. Mas não lhe dá liberdade de fato. Do ponto de vista da sociedade, Lisbeth Salander só tem liberdade condicional. É posta sob tutela, o que antes se chamava de uma declaração de incapacidade: não pode fazer o que quiser com sua vida ou seus bens. A gama de atividades permitida pelas autoridades é extremamente limitada. Como não pretende obedecer a nenhuma dessas restrições, ela constrói sua própria liberdade de ação. Com talento e perseverança, ela se torna uma *hacker* de categoria internacional, e com a ajuda dos computadores age à vontade no espaço digital, anulando as limitações que lhe foram impostas. Também ignora a sexualidade tradicional, fazendo amor com homens e mulheres, e abandona sua aparência de menino em favor de seios mais voluptuosos. No final, liberta-se até geograficamente e vai para os Mares do Sul de Píppi, no seu caso para as Índias Ocidentais, levando seu baú de ouro virtual, que subtraiu do patife financista Wennerström com um golpe brilhante de *hacking*. Ela é também uma verdadeira filha da geração pirata. Quando Stieg estava escrevendo seus livros da Trilogia Millennnium, o Pirate Bay tinha acabado de içar sua bandeira. Esse site sueco de compartilhamento de arquivos, no qual as pessoas físicas podem baixar música, filmes, livros digitais e similares, foi o maior do gênero no mundo, o equivalente digital de entretenimento da Ikea, com a diferença de que os preços não só eram baixos como podiam ser inexistentes. Para a indústria de entretenimento convencional, o site era de fato um pirata, e em 2006 o longo braço da lei fechou todos os seus servidores. Mas os processos contra ele em 2008 e 2009 e a formação do Partido Pirata indicavam que algo estava acontecendo nessa década que ia muito além do controle ou do entendimento dos políticos, das grandes empresas ou dos cidadãos comuns. Ficou provado que existiam milhares de Lisbeth Salanders por aí.

Mas seria inconcebível que Salander entrasse para algum partido, pirata ou não. Ela parece mais um membro da Ação Antifascista: fanaticamente ética e ativista empenhada, tão autônoma que não se dispõe a cooperar com ninguém. Ainda que seja exatamente o que faz quando encontra Mikael Blomkvist — a respeito de quem já sabe tudo o que há para saber, porque verificou seus dados pessoais e entrou em seu computador como *hacker*.

E assim se estabelece a parceria Mikael-Salander. Eles não formam apenas um par que não combina: são duas pessoas de mundos completamente diferentes. Salander está no extremo do repertório ficcional, uma personagem de conto de fadas, ao passo que Mikael é realista, uma figura convencional de histórias de detetive. Um pouco chato, talvez, mas um bom sujeito. Tem uma vida amorosa bastante intensa, pouco exigente e aparentemente tranquila, e que, do modo masculino habitual, ele acredita ser livre de preconceitos, mas que na verdade é muito machista. Dedica apenas de vez em quando o mais fugaz dos pensamentos à ex-mulher e à filha. É um homem urbano típico do século XXI, alguém que se desloca com facilidade de um ambiente para outro, que escolhe suas relações e seus projetos mas evita compromissos de longo prazo; um hiperindividualista com traços idealistas.

O retrato de Blomkvist não o mostra como original; ele tem outras funções nos romances. Sua personalidade é bastante incompatível com a de Salander, o que complica o trabalho deles em conjunto e é, em consequência, uma vantagem para a trama. A tensão dramática dos livros deriva do fato de o ritmo e o suspense serem criados por resistência máxima.

E, por ser um homem sem qualidades, Mikael salienta a proeminência do único herói real da história, sobre quem toda a luz deve brilhar: Lisbeth Salander.

Mikael Blomkvist aceita complacentemente o papel secundário que tem a representar. Faltam-lhe os típicos atributos masculinos de prestígio e desejo de poder. Portanto, não constitui ameaça para Salander, e ela pouco a pouco se conscientiza, para sua própria surpresa, de que gosta dele e até mesmo confia nele.

Desejo e exercício do poder, no entanto, são as características essenciais da galeria de vilões que aparecem nos livros. A trilogia ao mesmo tempo denuncia a repressão da mulher como um legado permanente da sociedade, perpetuada pelos que ocupam posições de respeitabilidade ou de autoridade, como os três irmãos na família do industrial Vanger ou o advogado Bjurman; e a depreciação cotidiana das mulheres, que tem o potencial de explodir em rompantes de ódio furioso.

Todas as vezes que alguém alegava que os assassinatos de mulheres descritos no primeiro livro em particular eram brutais a ponto de ser inacreditáveis, Stieg Larsson sempre respondia que a realidade era muito pior. Ele examinou sistematicamente centenas de relatórios policiais e procedimentos judiciais, além do que foi escrito sobre os casos de Melissa Nordell e Catrine da Costa, que foram assassinadas de forma bestial e quase ritualística. E, para Stieg, que havia estudado a ideologia fascista por muitos anos, parecia óbvio que aquilo tinha a ver com uma visão distorcida da humanidade. O pensamento nazista é inteiramente permeado com uma identificação com o poder, de acordo com Harald Ofstad em seu livro clássico *Our contempt for weakness* [Nosso desprezo pela fraqueza]:

> Um verdadeiro homem não pode nunca ter contato profundo com uma mulher. O mundo dela é totalmente diferente do dele. Homens de verdade só podem ter contato com homens — como na SS e em outros grupos do sexo masculino. Os homens de verdade são ligados uns aos outros em camaradagem e lealdade ao líder.

Um autor alemão, Klaus Theweleit, publicou um livro amplamente resenhado no fim de 1970, intitulado *Männerphantasien* [Fantasias masculinas], baseado em cartas, diários e obras literárias de pessoas do chamado Free Corps, esquadrões armados criados no final da Primeira Guerra Mundial para reprimir a revolução de esquerda alemã de 1918-9. Esses esquadrões se transformaram em grupos autogovernados e indisciplinados com uma forte noção de solidariedade, e foi a partir deles que cresceram as unidades nazistas de combate, especialmente as SA.

O que mais interessava Theweleit era a atitude dos homens com relação a sexo e seu complicado relacionamento com as mulheres e os corpos das mulheres. E como os conceitos deles sobre pureza e maternidade estavam em desacordo com uma sexualidade premente e carregada de ansiedade: tudo o que eles não podiam admitir, o que não podiam falar mas que explodia nas situações de extrema violência e falta de inibição social em que esses homens se encontravam, manifestadas em fantasias grosseiras dirigidas àqueles definidos como o inimigo, e mais especialmente às mulheres.

O indefeso preso nas garras do poderoso normalmente não tinha escolha senão a submissão. Mas para Salander a questão é não se submeter em nenhuma circunstância. Sua história é uma fantasia sobre como os mais oprimidos e maltratados podem se tornar invencíveis se não se deixarem alquebrar. A maneira de agir de Salander é a individual, é a vingança. Nisso ela é a cara do seu tempo. O escritor dinamarquês Carsten Jensen supõe que a incrível popularidade dos livros Millennium deriva de fantasias de vingança por parte de uma nova classe média

> com um baixo limiar de frustração e uma cabeça cheia de insultos imaginários que exigem desabafo imediato [...] Lisbeth Salander, um sonho de onipotência sob a forma de vítima de violência, começa como uma Píppi Meialonga da era digital e termina como uma figura de Cristo completa, com enterro e ressurreição.

Naturalmente, Lisbeth também pode ser vista como uma representante mais do que explícita dessa nova raça de mulheres guerreiras que são chamadas de ninjas feministas, que apareceu na década de 1990 em romances como *Dirty weekend*, de Helen

Zahavi, ou *The geography of fear*, de Anja Snellman, ou filmes como *Thelma e Louise, Nikita* e *Kill Bill.*

Em uma sociedade cética e embrutecida, existem apenas dois papéis a escolher: vítima ou algoz. E Bella, a ameaçada protagonista do livro de Zahavi, não tem dúvida sobre o seu. Quando ela vai à cidade, não leva um batom na bolsa, mas sim um revólver.

Nina Björk, em seu livro *Under det rosa täcket* [Sob o edredom rosa], escreve:

> Há uma força feminista naquelas mulheres que vejo como as feministas do ceticismo. Protesto como liberação, o prazer de ver e ler sobre mulheres que se depararam com uma repressão que eu como mulher reconheço, e que se recusam a aceitá-la. Mas elas também personificam uma falha fundamental do ser humano: não dar lugar à fraqueza.

Stieg Larsson insere epígrafes históricas em *A rainha do castelo de ar*, sobre o fato de mulheres guerreiras sempre terem existido. Estavam presentes até quando a sociedade suprimiu informações sobre elas.

Em um texto de colaboração para a discussão sobre alistamento militar feminino na *Internationalen*, que Stieg escreveu (sob o pseudônimo Severin) em 1983, ele ressalta que não há prova de que as mulheres sejam fisicamente mais fracas do que os homens, ou que as mulheres tenham sido mais pacíficas ao longo da história:

> As mulheres não devem ser obrigadas a prestar serviço militar, porque lutar é contra a sua natureza. Seu papel tradicional neste vale de lágrimas é criar a paz, curar feridas e dar carinho.
>
> Conheci muitas mulheres que representam tudo isso. Conheci igualmente muitos homens fazendo os mesmos papéis. Mas também conheci mulheres belicosas, militantes e agressivas, que parti-

ciparam da guerra como soldados armados, treinaram e lutaram ao lado dos homens. Claro que as mulheres devem trabalhar pela paz, mas não disseminando uma nova mitologia das mulheres.

A violenta turbulência de Salander também pode ser vista como um tapa na cara do que chamaríamos "feminismo separatista". Na essência, homens e mulheres são iguais. Igualmente expressivos quanto ao físico e igualmente introvertidos, igualmente inclinados à violência e igualmente amantes da paz. Os homens tiveram a posição de vantagem e exploraram isso, usando até a força física como arma. Será que seria diferente se os papéis se invertessem? Não podemos saber, é claro.

VINDO DO FRIO

Stieg Larsson foi o escritor policial que veio do frio. Viveu seus primeiros anos entre as florestas do norte da Suécia, mas quando se tornou contador de histórias seus contos eram da capital, Estocolmo, das classes médias urbanas do século XXI, trabalhando em meios de comunicação, comprando apartamentos caros em Södermalm e fazendo vida social em cafés e restaurantes. Era um ávido consumidor de histórias de suspense e filmes leves de entretenimento, um adversário instintivo do esnobismo cultural, que depois de sua morte foi elogiado e analisado — e também criticado — por alguns dos maiores nomes do mundo literário, entre eles Mario Vargas Llosa, Christopher Hitchens e Carsten Jensen.

Ele revigorou a tradição sueca de ficção policial com crítica social, mas declarou que ele próprio só lia romances policiais dos Estados Unidos e da Grã-Bretanha, já que não valia a pena ler os suecos.

Stieg cresceu cercado de cooperação e solidariedade e continuou a acreditar em ambas. Mas em seus livros o meticuloso trabalho em equipe da polícia foi descartado. Seus dois protagonistas, Salander e Blomkvist, fazem sua caçada por conta própria, sem compromisso com a polícia ou com outras autoridades, e quase de modo independente um do outro — um retrato notável do extremo individualismo de nosso novo século. Ele também não é um escritor policial muito interessado em debater que aspectos da sociedade atual seriam as causas dos crimes; o importante é encontrar os vilões, persegui-los, pegá-los.

Ele era um feminista consciente com uma heroína que levanta barricadas, combate as redes de homens mal-intencionados e é ela própria ao mesmo tempo andrógina e militante de gênero. Mas ele tem um protagonista masculino que vive o típico sonho masculino, a fantasia de que todas as mulheres são apaixonadas por ele enquanto ele mantém sua independência, sua distância amigável, e só ama de fato seu trabalho.

Essa dualidade está em tudo. Talvez seja parte do segredo. O que dá aos livros sua sensação de modernidade sem a superficialidade, o ceticismo ou a característica *ego trip* de tantos outros romances policiais contemporâneos obcecados por violência. E atraindo tantos tipos diferentes de leitores. Todo mundo encontra algo com que se identificar nesses livros.

É possível um romance ser falho e excepcional ao mesmo tempo? Essa pergunta foi feita pelo romancista peruano Mario Vargas Llosa. A resposta é: sim, na verdade é possível. Os romances de Stieg Larsson não são notavelmente bem escritos e sua estrutura está longe de ser perfeita, mas tais observações são irrelevantes porque há algo mais em ação, uma espécie de força narrativa primitiva atraindo o leitor para todas essas histórias e tangentes inesperadas e sedutoras, essas narrativas de opressão e vingança. Como nos romances clássicos do século XIX de Dickens, Dumas, Victor Hugo: a pessoa lê por ler, porque quer mesmo é que o livro nunca chegue ao fim. Como é possível um romancista estreante conseguir tal coisa? Essa pergunta talvez jamais seja respondida.

Apesar disso, é possível ver como a vida dele e sua atuação contra o racismo são muito coerentes com seus romances, até mesmo além do tema. Como suas pesquisas minuciosas sobre organizações extremistas de direita são transformadas em tramas intrincadas e enciclopédicas, em que todas as peças do quebra-cabeça se encaixam com perfeição, em que não há pontas soltas nem nomes esquecidos. Como nos romances de seu predecessor Frederick Forsyth, os livros podem ser lidos como uma espécie de reportagem cuidadosamente pesquisada em forma de romance, na qual o leitor é convencido de que cada detalhe está correto e todos os fatos foram verificados. No entanto, esse não é o ponto principal, muito menos o segredo por trás do sucesso dos livros. Um autor pode dedicar tempo e trabalho infinitos investigando fatos, percorrendo arquivos, fazendo entrevistas, e não necessariamente produzir um livro que o público vai de fato desejar ler. É preciso haver outros ingredientes para fazer um livro ser tão amado.

Quando ainda adolescente, Stieg sentava em seu quarto alugado fantasiando e escrevendo ficção científica. Escreveu uma história curta para o superamador fanzine *Sfären* sobre uma menina com extraordinários dons telepáticos que era extremamente tímida e que nunca falava com ninguém. Ele próprio obviamente conservou essa capacidade especial de viver em sua própria imaginação e a curiosade sobre pessoas cujo comportamento era fora de padrão. Quando começou a trabalhar nos livros da Millennium, deixou tudo isso aflorar. Romances eram fáceis porque agora estava escrevendo por prazer e podia dizer o que bem quisesse.

E aí deixou realmente os monstros emergirem das profundezas da floresta. Suas páginas estão repletas de todos os males da sociedade contemporânea: abusos, estupro, contrabando, tráfico de drogas, conspirações complicadas.

Pode-se acreditar nisso tudo? Sim, é preciso acreditar ou toda a estrutura narrativa cairia como um castelo de cartas. É a razão de todos esses fatos precisos e pedantes estarem espalhados pelas 2 mil páginas da trilogia. O leitor tem de ser convencido de que o grupo reacionário secreto, uma espécie de maçonaria, que existe dentro da Polícia de Segurança e vigia com a ferocidade de um dragão segredos cruciais e perigosos sobre Salander e seu pai, poderia existir na vida real. Por isso existe o relato meticuloso da evolução dos serviços secretos suecos depois da Segunda Guerra Mundial. Verossímil ou não — cabe ao leitor decidir. A maioria deles inegavelmente escolheu pôr de lado qualquer descrença.

Os livros de Stieg Larsson são um exercício de equilíbrio entre a fantasia desvairada e um desejo quase fetichista por fatos. Como romances, estão no ponto central entre a vida real e o imaginário. E Stieg se deparou de fato com o mal, olhou o perigo nos olhos, recebeu incontáveis ameaças de morte. Quantos escritores policiais podem dizer o mesmo?

Stieg Larsson sabia escrever? A resposta é um sonoro sim. Stieg passou a vida toda escrevendo: artigos, histórias, livros sociopolíticos, e-mails. Eis o que datilografou em sua máquina de escrever aos dezenove anos: "Vou lhe contar sobre Annie Johnson. Vou lhe contar o que de fato aconteceu. Você provavelmente não vai acreditar em mim, e não o culpo. Ninguém acredita mais em mim".

Muito mais viria pela frente. Nada menos do que três dos romances mais lidos de nosso tempo.

Stieg assinou seu testamento, sem testemunhas e portanto inválido, na década de 1970: "Vão tomar um café juntos em algum lugar. Vivam a vida ao máximo e se divirtam".

E a vida de fato seguiu seu curso desde a morte dele. Mas não em um clima de harmonia e conciliação. Em vez disso, existe um trágico conflito entre as pessoas mais próximas a ele, cuja hostilidade aumenta em correlação com o sucesso crescente dos romances.

Stieg Larsson e Eva Gabrielsson nunca se casaram. Eva disse que planejaram várias vezes formalizar sua relação, mas o que basicamente os dissuadiu foram as atividades antinazistas de Stieg e todas as ameaças que recebeu. Os violentos grupos nazistas faziam uso de registros públicos para localizar e perseguir seus adversários, mas como Stieg não estava registrado em seu endereço de casa e seu nome não constava no registro de casamentos, ele não era fácil de encontrar.

Ele nunca fez outro testamento. Depois que a Norstedts resolveu publicar os romances, diz Eva que Stieg pretendia formar uma empresa junto com ela que receberia a renda dos livros. Ela achou que a Norstedts iria criar e administrar uma empresa desse tipo para eles, ao passo que a Norstedts insiste que deve ter havido um mal-entendido, já que nunca administram empresas em nome dos autores. Logo depois da morte de Stieg, ficou muito claro como a herança seria dividida. A lei sueca, em matéria de coabitação, oferece muito pouca proteção para casais em união estável no caso da morte de uma das pessoas. O sobrevivente não é herdeiro do falecido, mas simplesmente tem direito à metade dos bens da família e da residência conjunta, a despeito do tempo que o casal viveu junto.

Assim, quando a divisão dos bens foi realizada, na primavera de 2005, a herança de Stieg, mais os direitos autorais de suas obras literárias e metade da residência comum, foram para seu pai, Erland, e seu irmão, Joakim, este último através da herança da falecida mãe de Stieg, Vivianne. Assim, a companheira de mais de trinta anos de Stieg não ficou de fato com nada.

Quando a Trilogia Millennium se tornou um sucesso tão grande em um país depois do outro, todos perceberam que a renda obtida pelos direitos literários seria muito maior do que o adiantamento da editora, de pouco mais de meio milhão de coroas suecas. No entanto, a lei de propriedade autoral não se refere apenas a quem receberá o dinheiro, mas também a quem decide de que forma as obras serão exploradas: onde deverão ser empregadas, o uso que pode ser feito delas em outros meios, que contratos podem ser assinados, que revisões podem ser feitas.

Uma vez que a propriedade autoral passou para o pai e o irmão de Stieg, a Norstedts precisava estabelecer uma ligação com eles para decidir todos os assuntos relativos ao futuro dos livros. Vários contratos foram assinados em 2005 e 2006, para traduções em vários idiomas, edições diferentes, também uma opção de filme e, em seguida, o contrato com a Yellow Bird.

Erland e Joakim Larsson acharam que as circunstâncias os obrigavam a assumir a responsabilidade pela supervisão do processo e garantir que novos projetos continuassem.

Eva Gabrielsson queria assumir sozinha o controle de toda a produção literária. Afirmava que isso era mais importante do que o dinheiro. Achava que era a atitude lógica porque ela era a única que conhecia as intenções de Stieg quanto ao que escrevia. O então diretor da *Expo* elaborou um esboço de contrato para isso, separando os aspectos financeiros de direitos autorais dos aspectos intelectuais, e alocou esses últimos a Eva, que receberia uma remuneração adequada.

Os Larsson, no entanto, não estavam preparados para abrir mão por completo da responsabilidade pelo controle da propriedade literária e rejeitaram a proposta.

Na situação que se desenvolveu a partir do outono de 2005, conforme o interesse pelos livros de Stieg Larsson e as pressões comerciais aumentavam, mais e mais contratos internacionais eram assinados e tinham início os planos para as filmagens. O que parecia uma situação problemática no início se transformou em conflito declarado e total quebra de confiança entre as duas partes.

Um elemento de desacordo se referia ao manuscrito inacabado do quarto volume da série, que estava no computador de Stieg quando ele morreu. Em termos formais, o computador era de propriedade da *Expo*, e Daniel Poohl o examinara logo depois da morte de Stieg para ver se continha alguma questão importante sobre a *Expo*. Não tinha o menor interesse em um possível texto literário que estivesse lá. Para onde foi o computador depois continua sendo um segredo. Presume-se que o texto incompleto tenha entre 150 e 300 páginas. Joakim Larsson diz que Stieg lhe escreveu um e-mail pouco antes de morrer e contou que o livro estava quase terminado.

Eva Gabrielsson queria ter o manuscrito, como parte do acordo sobre o controle das obras, a fim de garantir sua conclusão se necessário; enquanto Erland e Joakim achavam que deveria ser entregue à Norstedts para a editora poder decidir se era viável, e para que todo o lucro da venda fosse para a *Expo*, como Stieg desejava.

No outono de 2005, o advogado de Erland e Joakim Larsson enviou a Eva Gabrielsson o esboço de um acordo para partilha da herança. Propunha que os dois transferissem para ela a metade da propriedade que haviam herdado e que ela entregasse o computador e o quarto manuscrito. A partir disso, as negociações poderiam começar com recompensa financeira ou uma porcentagem de direitos autorais para ela referentes a qualquer livro que viesse a ser publicado. O advogado lhe informou mais tarde que eles cogitavam ir à justiça para solicitar uma ordem de apresentação de documento (isto é, o manuscrito), o que Eva considerou chantagem — ela só teria permissão de ficar com o apartamento se entregasse o computador. Joakim Larsson afirmou que enviou um e-mail a Eva para explicar que eles não tinham intenção de levar aquela medida adiante e lhe disse para excluir a cláusula sobre o computador, se assim o desejasse. Pretendiam doar-lhe a outra metade da propriedade de qualquer maneira — como de fato foi feito posteriormente.

O conflito se intensificou nos últimos anos, e a mídia relatou cada passo dado por ambos os lados, com as diversas iniciativas e contrapropostas.

A batalha da herança se tornou um elemento integrante da mitologia da Millennium. Não há nenhuma indicação de que alguma das facções esteja imbuída de má vontade, e ambas expressaram o desejo de chegar a um acordo, mas até agora isso foi impossível. Erland e Joakim Larsson anunciaram que estão dispostos a dar determinada soma da herança a Eva Gabrielsson e que eles estão preparados para discutir como o controle das obras pode ser compartilhado, mas isso pressupõe que os dois lados possam conversar. Eva tem insistido que o elemento vital para ela é a tutela exclusiva do legado literário de Stieg em sua totalidade, e que está disposta a se encarregar disso em troca de uma porcentagem baixa dos direitos autorais.

No início de 2008, as partes anunciaram que decidiram não publicar o quarto romance Millennium. Então, parecia que a mais extraordinária de todas as séries de suspense suecas chegara ao seu término. Mas em que medida essa decisão foi gravada em pedra é uma questão muito diferente.

Mas não há a menor sombra de dúvida de que Salander e Mikael vivem na imaginação dos leitores. Como todas as criações literárias, são eles em última análise os únicos curadores do legado literário de Stieg Larsson.

Índice remissivo

ESTA OBRA FOI COMPOSTA PELA SPRESS EM MINION E IMPRESSA EM OFSETE
PELA GEOGRÁFICA SOBRE PAPEL PÓLEN SOFT DA SUZANO PAPEL E CELULOSE
PARA A EDITORA SCHWARCZ EM OUTUBRO DE 2012